2020年度教育部人文社会科学研究青年基金项目西部和边疆地区项目"义务教育统编教材《道德与法治》使用研究（项目编号：20XJC880007）"研究成果；
成都师范学院2023年度第一批次高水平学术专著出版资助项目"多元立体 全息育人"（项目编号：CS23XSZZ07）研究成果

多元立体 全息育人
——《道德与法治》教材使用研究

姚翠薇 ◎ 著

吉林大学出版社

图书在版编目（CIP）数据

多元立体　全息育人：《道德与法治》教材使用研究 / 姚翠薇著. -- 长春：吉林大学出版社，2023.11
ISBN 978-7-5768-2743-9

Ⅰ. ①多… Ⅱ. ①姚… Ⅲ. ①政治课－教材－研究－小学　Ⅳ. ①G623.102

中国国家版本馆CIP数据核字(2023)第240260号

书　　名	多元立体　全息育人——《道德与法治》教材使用研究	
	DUOYUAN LITI　QUANXI YUREN——《DAODE YU FAZHI》JIAOCAI SHIYONG YANJIU	
作　　者	姚翠薇	
策划编辑	高珊珊	
责任编辑	高珊珊	
责任校对	冀　洋	
装帧设计	品诚文化	
出版发行	吉林大学出版社	
社　　址	长春市人民大街4059号	
邮政编码	130021	
发行电话	0431-89580036/58	
网　　址	http://www.jlup.com.cn	
电子邮箱	jdcbs@jlu.edu.cn	
印　　刷	四川科德彩色数码科技有限公司	
开　　本	787mm×1092mm　1/16	
印　　张	14	
字　　数	230千字	
版　　次	2023年11月　第1版	
印　　次	2023年11月　第1次	
书　　号	ISBN 978-7-5768-2743-9	
定　　价	58.00元	

版权所有　翻印必究

前　言

党的十八大以来，党中央作出重要指示，明确提出教材建设是国家事权，要健全国家教材制度，统编、统审、统用。2016 年，义务教育阶段德育教材名称全部改为《道德与法治》，由"一标多本"变为"一标一本"。德育课程是实现"立德树人"教育任务的重要方式。

思政课是落实立德树人根本任务的关键课程，道德与法治课程是义务教育阶段的思政课。课程作为教育思想、教育目标和教育内容的主要载体，集中体现了国家意志和社会主义核心价值观，是学校教育教学活动的基本依据，直接影响人才培养质量。2022 年 3 月，教育部颁布了《义务教育道德与法治课程标准（2022 年版）》，其宗旨在于提升学生思想政治素质、道德修养、法制素养和人格修养等，不断增强学生做中国人的志气、骨气、底气，最终目的在于为培养以实现中华民族伟大复兴为己任的有理想、有本领、有担当的时代新人打下牢固的思想根基。2022 年 12 月，教育部办公厅发布《关于开展大中小学思政课一体化共同体建设的通知》，统筹推进大中小学思政课一体化建设，切实发挥思政课立德树人关键课程作用。

在学习圈理论、深度学习理论、合作学习理论、建构主义理论等基础理论的指引下，在《义务教育道德与法治课程标准（2022 年版）》的指导下，进行《道德与法治》教材的使用课前，注重对学情的分析，建立学习共同体，解读和补充文本；课中教学实施环节，首先注重激趣导入，创设真实的教学情境，再选取核心议题，以挑战性和思辨性的话题驱动学生的思维，教师再对学生提出的问题进行总结分类，形成教学的主要探究任务，根据任务组织学生进行合作探究，最终解决问题，在这个过程中不断启发学生的批判精神，提高学生分析问题、解决问题的能力。课后强化学科实践，践行道德与法治规范，促进学科素养的形成。

道德与法治课程评价要围绕学生发展核心素养，发挥评价的引导作用，运用多种评价方式，发挥评价的诊断、激励和改善功能，促进知行合

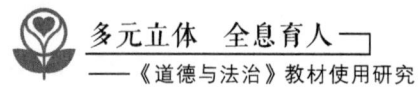

一，不仅要注重学生道德认知和法治意识的发展，更要注重道德情感和道德行为的变化。

百年大计，教育为本，教育是社会发展的重要组成部分，它关系着国家的长治久安。教育应当随着时代的进步而不断前进，"道德与法治"作为九年义务教育阶段的德育课程，肩负着提升学生道德素质、促进学生全面发展、为国家培养人才的重要职责。优秀的道德与法治教学模式有助于培养学生的学科核心素养，能唤醒学生对道德与法治学科的情意，有助于提高学生的协作能力，能促进学生的团队合作意识，有助于在生活中践行道德，将道德生活作为基本的生活方式。在《道德与法治》教材的使用研究中，我们总结出明确目标、精心设计；创设合理的情境和全息的氛围，高效实施，全息育人；加强家庭的协助和社会力量的参与，形成多方合力。这几点经验，便于本课程的教师更好地实施课堂教学，充分发挥道德与法治课堂的价值。

目录 CONTENTS

绪论 ·· （1）
  一、研究的背景 ··· （1）
  二、研究的问题 ·· （12）
  三、研究的思路与方法 ··· （13）
  四、本书的内容框架 ·· （15）
  五、研究的意义与创新 ··· （16）

第一章 我国德育教材的发展态势 ·································· （20）
  一、初步探索时期（1949—1976） ······························ （20）
  二、规范发展时期（1977—1999） ······························ （21）
  三、改革提升时期（2000—2012） ······························ （25）
  四、深化拓展时期（2012 至今） ································ （28）
  五、相关研究述评 ··· （29）

第二章 中西方德育教材的发展与实施态势 ····················· （31）
  一、美国小学德育教材的发展与实施态势 ···················· （32）
  二、英国小学德育课程教材的发展与实施态势 ·············· （37）
  三、北欧国家小学德育课程教材的发展与实施态势 ······· （41）
  四、日本小学德育教材的发展与实施态势 ···················· （45）
  五、新加坡小学德育课程教材的发展与实施态势 ·········· （47）
  六、小结 ··· （53）

第三章 统编教材的使用现状 ·· （55）
  一、统编教材的特点分析 ··· （55）
  二、统编教材的使用调查——基于成都市泡桐树小学的数据 ····· （64）
  三、统编教材的使用存在的问题、原因 ······················· （79）
  四、教材使用取向 ··· （86）
  五、已有统编教材的使用模式 ··································· （88）
  六、教材研究述评 ··· （97）

第四章 教材使用的基本原则 ……………………………………（99）
 一、课堂特质 ……………………………………………………（99）
 二、使用原则 ……………………………………………………（104）

第五章 教材使用的方法模型 ……………………………………（112）
 一、理论指导 ……………………………………………………（114）
 二、教学目标 ……………………………………………………（123）
 三、操作程序 ……………………………………………………（125）
 四、教学评价 ……………………………………………………（144）
 五、教学条件 ……………………………………………………（150）

第六章 小学《道德与法治》教材使用的验证 ………………（161）
 一年级上册《校园生活真快乐》＋二年级上册《我们的班级》
  整合设计 ……………………………………………………（161）
 一年级上册《我的好习惯》＋二年级下册《我会努力的》整合
  设计 …………………………………………………………（167）
 三年级下册《我和我的同伴》＋四年级下册《同伴与交往》
  整合设计 ……………………………………………………（171）
 六年级上册《我们的守护者》＋《法律保护我们健康成长》
  整合设计 ……………………………………………………（176）

第七章 中学《道德与法治》教材使用的验证 ………………（185）
 七年级《法治初探》系列活动方案 …………………………（185）
 八年级生物、地理、道法组跨学科主题融合活动方案 ………（187）
 八年级上册《法不可违》教学设计 …………………………（189）
 九年级上册《创新永无止境》教学设计 ……………………（194）
 九年级上册《民主与法治》单元整合设计 …………………（195）

第八章 结　论 ……………………………………………………（197）
 一、明确目标，精心设计 ………………………………………（197）
 二、高效实施，全息育人 ………………………………………（198）
 三、多方合力，鼓励践行 ………………………………………（199）

结　语 ……………………………………………………………（201）

参考文献 …………………………………………………………（203）

后　记 ……………………………………………………………（216）

绪 论

一、研究的背景

当今世界处于一个经济、信息、知识大发展的时代,各国对人才的培养已经不仅仅局限于知识的储备,更强调各种能力的协调发展。习近平总书记曾在多个重要场合强调学校教育要将立德树人、德育为先放在首要位置。2014年,习近平总书记在上海考察期间提道:"培育和践行社会主义核心价值观要在落细落小落实上下功夫,特别是要抓好青少年等重点人群";在北京市海淀区民族小学考察时提出:"学校要把德育放在更加重要的位置,努力做到每一堂课不仅传播知识,还传授美德,让社会主义核心价值观的种子在学生们心中生根发芽。"2016年,习近平总书记在北京市八一学校考察时强调:"基础教育是立德树人的事业,要旗帜鲜明加强思想政治教育、品德教育,加强社会主义核心价值观教育,引导学生自尊自信自立自强。"2019年,习近平总书记主持召开学校思想政治理论课教师座谈会时强调:"青少年是祖国的未来、民族的希望。青少年阶段是人生的'拔节孕穗期',这一时期青少年心智逐渐健全,思维进入最活跃状态,最需要精心引导和栽培。"①

进入新时代,我国正处于世界百年未有之大变局,面临着坚持和发展中国特色社会主义、建设社会主义现代化强国、实现中华民族伟大复兴等一系列任务,正在为实现"两个一百年"奋斗目标而努力。我党立志于中华民族千秋伟业,必须培养一代又一代拥护中国共产党领导和我国社会主义制度、立志为中国特色社会主义事业奋斗终身的有用人才。这就要求我们把下一代教育好、培养好,从学校抓起、从娃娃抓起。在学校教育中必须始终坚持育人为本、德育为先,引导学生爱党爱国爱人民,增强国家意

---

① 习近平主持召开学校思想政治理论课教师座谈会 [N]. 人民日报,2019-03-19 (1-2).

识和社会责任意识,教育学生理解、认同和拥护国家政治制度,了解中华优秀传统文化和革命文化、社会主义先进文化,增强中国特色社会主义道路自信、理论自信、制度自信、文化自信,引导学生准确理解和把握社会主义核心价值观的深刻内涵和实践要求,养成良好政治素质、道德品质、法治意识和行为习惯,形成积极健康的人格和良好的道德品质,促进学生的核心素养提升和全面发展,为学生一生成长奠定坚实的思想基础。大力培育和践行社会主义核心价值观,以培养学生良好思想品德和健全人格为根本,以促进学生形成良好的行为习惯为重点,坚持教育与生产劳动、社会实践相结合,坚持学校教育与家庭教育、社会教育相结合,不断完善中小学德育工作长效机制,全面提高中小学德育工作水平,为中国特色社会主义事业培养合格建设者和可靠接班人。

(一)国家立德树人的政策导向

习近平总书记在新时代背景下强调教师要坚持立德树人,大力培养德智体美劳全面发展的社会主义建设者和接班人。① 2017年8月17日,教育部下发《中小学德育工作指南》,提出从课程育人、文化育人、活动育人、实践育人、管理育人、协同育人六个方面全方位、多渠道地为学校德育工作开展提供新的要求和思路。

思政课程作为教育思想、教育目标和教育内容的主要载体,集中体现了国家意志和社会主义核心价值观,是学校教育教学活动的基本依据,直接影响人才培养质量。② 2019年8月14日,中共中央办公厅、国务院办公厅印发《关于深化新时代学校思想政治理论课改革创新的若干意见》,提出要遵循学生认知规律设计课程内容,体现不同学段特点。③ 其中,特别指出小学阶段的思政课程重在启蒙学生的道德情感,引导学生形成爱党、爱国、爱社会主义、爱人民、爱集体的情感,培养学生具有做社会主义建设者和接班人的美好愿望。

---

① 杨振斌. 坚持立德树人培养时代新人 [N]. 光明日报, 2019-01-02 (6).
② 中华人民共和国教育部. 关于全面深化课程改革落实立德树人根本任务的意见 [Z]. 2014-03-30.
③ 李晔. 道德与法治课堂教学的具身性转向——以"公民基本权利"为例 [J]. 中学政治教学参考, 2020 (36): 10-11.

教材是传达课程理念的媒介，是教学内容的重要载体。教材不仅有提高学校教育教学质量的功能，还有促进学生全面发展的功能。[①] 斯宾塞（Herbert Spencer）在1859年提出"什么知识最有价值"的问题，他的回答是科学。阿普尔（Michael W. Apple）追问"谁的知识最有价值"，他倡导知识要指向社会公正与人的解放。今天，我们还要问"培养什么样的人"和"为谁培养人"的问题。教材是落实国家课程要求，影响教学实施的重要媒介。[②]"道德与法治"课程承载着立德树人的重要使命，教材不再是脱离学生实际的道德范本，而是伴随学生道德成长的伙伴。直接呈现的道德训诫不利于学生品德形成，道德不是写出来的条条框框，道德是具体的、蕴含在学生的生活情境中的。统编教材正是站在学生的立场上，再现学生生活，促使学生对自身熟悉的生活进行反思。只有将生活真正融入道德与法治教学过程中，在促进学生的成长与发展的同时，深化他们的思想认识，才能不断培育其社会主义核心价值观，增强其国家意识和国情观念，不断培养其民族自信心和自豪感，落实立德树人的根本任务要求。

（二）"双减"背景下的提质增效

2021年7月，中共中央办公厅、国务院印发了《关于进一步减轻义务教育阶段学生作业负担和校外培训负担的意见》[③]，提出要"全面贯彻党的教育方针，落实立德树人根本任务，着眼建设高质量教育体系，强化学校教育主阵地作用……构建教育良好生态，促进学生的全面发展、健康成长"。"双减"政策的出台，表面看是作业问题和校外辅导问题，但实质是通过规范校外培训、深化校外培训机构治理等倒逼学校提升教学质量。教育教学质量提升不能靠题海战术，也不能靠校外辅导机构的"助力"，而是切实依靠精准的教学活动、精细的教学引领、精确的实践演练，从而有效落实立德树人根本任务，促进学生全面发展和健康成长。

长期以来，中小学教育中存在较为严重的重智轻德的倾向，一直提倡

---

①曾天山. 教材论[M]. 南昌：江西教育出版社，1997：23.
②高柏. 道德与法治课程立德树人教育目标的偏离与复归[J]. 教学与管理，2020（25）：66-69.
③中共中央办公厅国务院办公厅印发《关于进一步减轻义务教育阶段学生作业负担和校外培训负担的意见》[EB/OL]. http://www.gov.cn/zhengce/2021-07/24/content_5627132.htm.

的"德育首位"并未得到真正落实，德育核心地位未得到真正体现。中小学德育工作始终处于较为被动的状态，有待进一步提高学校德育工作的针对性和实效性，德育工作缺乏科学系统的指导；德育工作的考评缺乏行之有效的量化指标，德育骨干人才培养机制不完善，德育队伍建设缺乏有效支持，教书育人、管理育人、服务育人的立体化德育网络未有效发挥积极作用，德育与教学、学生生活实际存在脱离现象等。在当前的中小学德育实践中，可以看到学校德育工作投入大量的人力、物力和财力，但是德育的实际效用却不突出；学校德育活动丰富多彩，但适应学生身心发展特点的活动相对较少；德育评价标准严格、重视程度高，但品德的外显行为评价与学生内在道德修养之间的差距仍难弥合。德育的复杂性和整体性、情感性和内隐性、长期性和反复性、自主性和人文性等特征，使得中小学德育面临诸多问题和挑战。

"双减"的执行和落实不能仅停留在减少作业量、考试次数、教学内容难度等外在层面，真正意义的"双减"应该是和"提质""增效""赋能"紧密联系在一起的。"双减"背景下，学校德育要求有高质量的教材内容，教材是教师开展教学最重要的参照。为贯彻落实党的十八届四中全会关于在中小学设立法治知识课程的要求，从2016年起，义务教育小学和初中起始年级"品德与生活""思想品德"教材名称统一更改为"道德与法治"。① 2017年秋季，教育部组织编写的统编义务教育小学《道德与法治》教材统一在全国一年级使用，2018年延伸至二年级，2019年实现了国家统编义务教育学校全覆盖。此外，要求教师能将学生生活实践中的相关素材、资源融入教学内容之中，让教学内容更富有鲜活性、针对性和实效性。将生活世界中的相关内容融入、渗透到德育内容之中，能让德育教学更加鲜活，激发学生的德育活动兴趣，调动学生德育活动积极性，让德育活动更加具有适切性。要有意识地避免课堂德育以机械的说教、灌输为主，避免德育内容和方式被知识化、教条化，使得学生成为贴满德育规范的展示板，生硬被动地接受各种条条框框，避免德育教学偏离其本真和初

---

① 教育部办公厅. 关于2016年中小学教学用书有关事项的通知 [EB/OL]. http://www.moe.gov.cn/srcsite/A26/moe_714/201604/t20160428_241261.html. （2016-04-08）.

衷。双减政策下的德育教学也应当从传统的说教、灌输，转向启发、引导、对话、交往、感受和体验，以充分的德育学习、实践和感受让学生积极主动地展开德育思考和探索。

（三）《义务教育课程方案和课程标准（2022年版）》的具体要求

德育学科作为一门基础学科，由未分化形态间接的道德教育发展到当今直接的道德教学，承载着重要的育人功能和任务。学生体验、收获、掌握学科知识、弘扬核心价值观、进行情感体验的过程本身也是育人，而德育学科的主要任务是基于社会发展和学生成长的需要，以正确的政治思想、道德规范和法治观念对学生进行循序渐进的系统化教育，不断引导学生进行道德知识学习、道德情感体验、培育和践行社会主义核心价值观等。随着中国特色社会主义事业发展进入新时代，教育需求从"有学上"转向"上好学"，进一步明确"培养什么人、怎样培养人、为谁培养人"成为重要议题。此外，当今世界科技发展日新月异，网络新媒体迅速普及，儿童青少年成长环境深刻变化，人才培养面临新的挑战，道德与法治课程也必须与时俱进，更加符合"培育新时代担当民族复兴大任的时代新人"的培养目标。

正是在此背景之下，2022年3月教育部颁布了《义务教育道德与法治课程标准（2022年版）》。《义务教育道德与法治课程标准（2022年版）》中指出"思政课是落实立德树人根本任务的关键课程，道德与法治课程是义务教育阶段的思政课"，其宗旨在于提升学生思想政治素质、道德修养、法制素养和人格修养等，不断增强学生做中国人的志气、骨气、底气，其最终目的在于为培养以实现中华民族伟大复兴为己任的有理想、有本领、有担当的时代新人打下牢固的思想根基。

《义务教育道德与法治课程标准（2022年版）》表明道德与法治课程具有政治性、思想性、综合性和实践性。该论断在道德与法治的五大课程理念中也有所体现。

第一，在课程功能上，以立德树人为根本任务，发挥课程铸魂育人的思想引领作用。《义务教育道德与法治课程标准（2022年版）》特别强调道德与法治课程对学生的思想价值引领作用，强调课程对于培育学生正确的政治思想态度、对祖国和祖国优秀文化的强烈认同感、对形成积极人生理想抱负的重要意义。《义务教育道德与法治课程标准（2022年版）》指出"要以马克思列宁主义、毛泽东思想、邓小平理论、'三个代表'重要思想、科学发展观、习近平新时代中国特色社会主义思想为指导，引导学生理解用马克思主义的立场、观点、方法观察时代、把握时代、引领时代的意义，形成正确的世界观、人生观、价值观，践行和弘扬社会主义核心价值观，坚定理想信念，厚植爱国主义情怀，增进对伟大祖国、中华民族、中华文化、中国共产党、中国特色社会主义的高度认同，把爱国情、强国志、报国行自觉融入坚持和发展中国特色社会主义事业、建设社会主义现代化强国、实现中华民族伟大复兴的奋斗之中"。

第二，在课程结构上，强化课程一体化设计和课程的整体性、综合性，遵循育人规律和学生成长规律。《义务教育道德与法治课程标准（2022年版）》指出该课程以"成长中的我"为原点，将学生不断扩大的生活和交往范围作为建构课程的基础。课程内容安排遵循学生身心发展特点和成长规律，按照大中小学德育一体化的思路，依据我与自身，我与自然、家庭、他人、社会，我与国家和人类文明关系的逻辑，以螺旋上升的方式组织和呈现教育主题，强化了课程设计的整体性和综合性。

第三，在课程内容上，以社会发展和学生生活为基础，构建综合性课程。该课程旨在引导学生学习和掌握道德与法律基本规范，提升思想政治素质、道德修养、法制素养和人格修养，坚持学科逻辑和生活逻辑的统一，主题学习与学生生活的结合。课程内容选择更加注重中国特色社会主义进入新时代对道德与法治教育提出的新要求，注重课程内容的针对性、现实性和问题导向。

第四，在课程实施上，坚持教师价值引导和学生主体建构相统一，建立校内与校外相结合的育人机制。道德与法治教育既要充分发挥教师的主导作用，对学生晓之以理、动之以情、导之以行，力争价值性和知识性相统一、灌输性和启发性相统一；也要突出学生的主体地位，充分考虑学生的生活经验，引导学生开展自主、合作的实践探究和体验活动；更要坚持校内教育与校外教育相结合，引导学生走出课堂、走出校园，积极参与社会实践活动，把知识运用于社会，服务于人民，并借此强化学生的社会责任感，提高其实践创新能力。

第五，在课程评价上，《义务教育道德与法治课程标准（2022年版）》

指出其评价要围绕发展学生核心素养，发挥评价的引导作用，改进结果评价，强化过程评价，探索增值评价；坚持学生自我评价、教师评价、同伴评价、家长评价和社区评价相结合，借助信息技术探索和优化纸笔测试、学生成长记录袋、日常行为表现记录卡等定性和定量多种评价方式，提升道德与法治课程评价的科学性、专业性、客观性。

相较于此前有关思想道德教育的课程标准，《义务教育道德与法治课程标准（2022年版）》展现出以下新特点。第一，落实了大中小学德育一体化的理念、思路和要求。新标准通过统筹核心素养、课程性质、理念、目标、内容、实施等各部分内容，使《义务教育道德与法治课程标准（2022年版）》既是一个有机统一的整体，又体现出不同学段的特殊性和适切性。第二，凝练了政治认同、道德修养、法治观念、健全人格、责任意识五个方面的核心素养，突出了素养目标导向，明确了五大学科素养在促进学生成长中的具体作用。第三，实现了课程目标的综合性表述与分学段阐述的有机统一。《义务教育道德与法治课程标准（2022年版）》提出了五个方面的总目标，包括树立民族意识、国家观念，培育国际视野和人类命运共同体意识，具备政治认同素养；学习了解基本道德要求和行为规范，形成初步道德认知和判断，养成良好的道德品质；具备基本的法律规则意识和安全意识，遵守宪法和法律规范；正确认识生命的意义和价值，珍爱生命，热爱生命；关心集体、社会和国家，具有主人翁意识、责任感和集体主义精神。此外，《义务教育道德与法治课程标准（2022年版）》还按照不同学段，以五大核心素养为内容，进一步具体规定了各个学段的目标，将总目标的相关内容与要求细化到不同学段中。第四，强调内容的综合性和生活实践性。新标准在课程内容组织、教学实施、考试与评价等方面强调道德与法治课程的综合性特征，强化本课程与实际社会和生活的关联性、实践性。

《义务教育道德与法治课程标准（2022年版）》对课程教学也提出了新要求和新挑战。一是，课程教学强调加强政治引导、深化政治认同。《义务教育道德与法治课程标准（2022年版）》强调政治性是本学科课程性质的首要特征，"政治认同"是本学科核心素养的首要关键点。坚持道德与法治课教学的政治引导，既体现了课程育人功能的要求，也体现了课程性质的要求。因此，在教学过程中要把握好道德与法治课的方向性，加强对学生的政治引导,全面有效落实政治认同核心素养,积极彰显道德与法治课独特的思想引领作用。二是,着力开展道德与法治一体化教学,服务学生的全面发展。《义务教育道德与法治课程标准(2022年版)》开篇即提到"人无德不立,国无德不兴;法治兴则国兴,法治强则国强",社会进步和人的全面发展以公民道德修养和法治素养的形成为基础,在学生成长过程中,道德教育与法治教育两者相辅相成、相得益彰,对促进学生全面发展、健康成长具有重要意义,对于培养学生成为担当民族复兴大任的时代新人具有重要意义。三是,将课程内容的主题学习与学生真实生活相结合,坚持学科逻辑与生活逻辑的有机统一。教师要鼓励学生积极参与实践探究和体验活动,真正做到学以致用,知行合一,在具体的社会实践中强化学生的社会责任感;注重采用启发式、互动式、探究式等多种多样的教学方式,鼓励学生进行研究型、项目化、合作式的学习,促进学生学习方式的变革;探索开展议题式教学,通过创设多样化的问题情境,促进深度学习和学生创新能力的发展。

(四)学科核心素养的提出

注重核心素养培育是新一轮课程改革的价值取向。《义务教育课程方案和课程标准(2022年版)》在其引言部分就指出"各课程标准基于义务教育培养目标,将党的教育方针具体化细化为本课程应着力培养的核心素养,体现正确价值观、必备品格和关键能力的培养要求",而学科核心素养是指以学生发展核心素养为导向,学生在进行一段时间的相关学科学习后除了掌握该学科的相关知识以外,还具有该学科鲜明特征的能力与品质。其中《义务教育道德与法治课程标准(2022年版)》对培育学生的核心素养提出了具体而明确的要求:政治认同、道德修养、法治观念、健全人格、责任意识五大核心素养。实际上,《义务教育道德与法治课程标准(2022年版)》与中国学生发展核心素养、学科核心素养等相关研究内容一脉相承,其核心要义都在于深切关注"学生在接受相应学段的教育过程中,应该形成怎样的适应个人终身发展和社会发展需要的必备品格和关键能力"。2014年3月,教育部印发《关于全面深化课程改革落实立德树人根本任务的意见》(以下简称《意见》)中深入回答了"培养什么人"的问题,根据学生身心发展水平和社会发展要求,明确了学生应具备的适应终身发展和社会发展需要的必备品格和关键能力，即学生发展核心素养。《意见》一经发布，教育领域对核心素养培养的关注度空前高涨。学科核心素养的提出解决了思想政治课"培养什么样的人"的问题。核心素养的提出也标志着我国教育目的的明确化，我们要培养的人不再是"死读书，读死书"的人，而是不仅要有文化底蕴，还要有终身发展的能力，正确的价值观，能在未来社会实现自我发展和促进社会发展的人。那么，"怎样培养人"的问题就迫在眉睫。《义务教育道德与法治课程标准（2022年版）》明确提出五大学科核心素养，以及围绕学科核心素养建构的课程内容和相关主题教学进一步回答了"怎样培养人"的问题。

道德修养是基础，法治素养是核心。道德与法治教学的目的在于提高学生的道德品质及修养，培养学生的道德判断力。培育小学生的道德与法治核心素养，实质上就是要培养学生的良好品质和综合能力，使学生拥有健康的生活品格，形成正确的价值观、人生观以及世界观。[①]《义务教育道德与法治课程标准（2022年版）》明确指出"道德与法治课程围绕核心素养，体现课程性质，反映课程理念，确立课程目标"，核心素养不再被视为"课程目标"之外的要求，正说明了核心素养在道德与法治课程与教学中的"目标导向"作用。围绕核心素养的核心要义，进一步明确道德与法治课程的总目标和学段目标。其中，总目标是整个义务教育阶段的道德与法治课程与教学需要达到的目标，具有宏观、整体的特点，是按照核心素养要素及其表现对学生学习道德与法治课程后应该达到的目标的描述；而学段目标则是总目标的细化，是将总目标的要求分解到不同阶段的表现，具有中观、局部的特点，是核心素养各要素在不同学段的具体表现。相关的单元和主题课程内容，则是对各学段目标的进一步落实和细化，是落实课程育人导向的"微观单元"。教学实施的各方面内容，则是将这些"微观单元"变成教学内容的途径、方式和手段。可以说，通观整个课标，学科核心素养贯穿课程教学始终。[②] 核心素养培养的提出更说明现在培养学生已经不仅仅是知识层面的培养了，更倡导科学情境与人文情境的有机

---

① 姜春玲. 道德与法治学科核心素养的培育 [J]. 中国教育学刊，2021（10）：107.
② 李晓东，李楠. 义务教育道德与法治课程的新要求及教学应对——以统编教材《道德与法治》（八年级上册）为例 [J]. 天津师范大学学报（基础教育版），2022，23（4）：7-13.

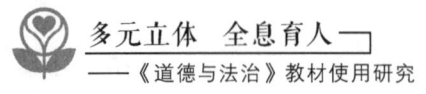

统一。

狭义上德育仅指道德教育,而在广义上所有关于人的社会性发展的教育都属于德育的范畴。道德与法治的课程教学不仅仅限于道德教育与法治教育,更为重要的是促进学生的全面发展。

思想政治素质,是一个人作为国家公民参与社会政治生活所必须具有的基本素质。思想素质包括人的思想觉悟、思想意识、思想观念、思想方法、思想作风等,是解决思想认识问题的根本。新时代的思想素质就是坚持和运用辩证唯物主义和历史唯物主义的世界观和方法论,坚持和运用马克思主义立场、观点、方法,坚持社会主义道路不动摇。政治素质是人们从事社会政治活动所必需的基本条件和基本品质,是公民的政治方向、政治立场、政治观念、政治态度、政治信仰、政治技能的综合表现。政治素质是公民对国家政治制度、政治体制的认同和政策的贯彻执行。新时代的政治素质就是坚持四项基本原则,坚决拥护党的领导,始终与党中央保持高度一致,让听党话跟党走的信念成为自觉的追求,弘扬和践行社会主义核心价值观,做社会主义核心价值观的坚定信仰者、积极传播者、模范践行者。在课标中,思想政治素养表现为核心素养的政治认同,具体包括政治方向、价值取向和家国情怀。

道德素养,是一个人作为"人",作为社会成员、家庭成员等应该具有的品质,是道德认识、道德情感和道德行为的综合体现,是道德品质和行为习惯的统一。《义务教育道德与法治课程标准(2022年版)》依据社会公德、职业道德、家庭美德、个人品德四个方面,对核心素养之一的道德素养做出了具体规定。

法治素养,是作为一个公民在法治生活中所必须具备的法律知识、法治思维和法治观念等。习近平总书记在党的十九大报告中提出要"提高全民族法治素养",将其作为坚持全面依法治国的重要内容。《关于加强社会主义法治文化建设的意见》也指出,建设社会主义法治文化,需要切实提高全民族法治素养,引导全体人民成为社会主义法治的忠实崇尚者、自觉遵守者、坚定捍卫者。法治素养是对法治的一种信念和遵从,包括法治知识、法治观念、法治思维、法治精神和法治信仰等。课标对义务教育阶段学生的法治素养强调的是法治观念,要求全体学生树立宪法法律至上、法律面前人人平等、权利义务相统一的理念,使尊法学法守法用法成为人们的共同追求和自觉行为。

人格素养,是人所必须具备的心理品质和道德素养。课标提出,健全人格是指具备正确的自我认知、积极的思想品质和健康的生活态度,包括自尊自信、理性平和、积极向上、友爱互助等。①

思想政治素质、道德素养、法治素养和人格素养,是从不同侧面对人的社会性发展所作出的规定,只有把四个方面有机联系起来,才能使一个人成为一个健全的人、一个社会的好成员、一个国家的好公民。②

(五)新时代教育"全面发展"核心目标的明确指向

时代发展对人才的需求提出了新的要求,传统的应试教育早已无法满足社会发展对学生的基本要求。《中共中央国务院关于深化教育改革,全面推进素质教育的决定》明确指出:要转变教育观念,改革人才培养模式……坚持以人为本的理念,强调学生的全面发展。③ 培养学生发展核心素养、促进学生的全面发展是新时代中小学教育的核心目标,是我国基础教育的旨归。其中,中小学生发展必备品格是指学生在成长和发展中应该具有的品德和人格,具体表现为社会公德、个体私德及其精神面貌和行为品质。想要培养学生的必备品德和人格,为学生的后续学习和成长奠定坚实的精神基础,就必须对学生进行必要的品德教育,并将其落实在基础教育中,即开展道德与法治教育以培养学生终身发展和推动社会发展所必需的品德。全面发展,德育为先,就是要把德育渗透在全面发展教育过程之中,为其他教育定向、铸魂,以德定才智,以德健体魄,以德悦美,以德塑造劳动品质。学校的核心使命是立德树人,"五育"并举的核心使命也是立德树人,而立德是树人的前提和基础,五育并举必须坚持以德为先。

马克思指出,人的本质是在人与人之间的交往中形成的社会关系。在共同生活的社会中,人与人在交往中遵从共同的规则,这一规则即社会伦理,社会伦理内化在个体中即道德,所以,道德是社会性的核心,也是人的精神的灵魂。德育是个体对社会伦理规则的内化过程,它通过有意识、

---

① 冯建军. 义务教育道德与法治课程性质 [J]. 思想政治课教学,2022 (5):4-10.
② 冯建军. 义务教育道德与法治课程性质 [J]. 思想政治课教学,2022 (5):4-10.
③ 中共中央国务院. 关于深化教育改革,全面推进素质教育的决定. [EB/OL] http://old. moe. gov. cn/publicfiles/business/htmlfiles/moe/moe_177/200407/2478. html.

有组织的活动，将社会伦理规则转化为个体德性。① 想要促进学生的全面发展，培养德智体美劳和谐发展的社会主义接班人，就要将育人、育德、育心整合起来，将价值引领与自主建构统一起来，将道德与法治、情感与认知、精神与心理整合于学生完整的生活过程中。《义务教育道德与法治课程标准（2022年版）》指导下的德育课程聚焦学生成长主题，以其不断扩展的生活圈（家庭—学校—社会—国家—世界）架构每个学生独特的外部成长空间，通过将道德、心理健康、法律、国情作为内容轴，将学生需要学习处理的与自我、与他人和集体、与国家和社会的关系作为形式轴，彼此交织，形成不同的学习主题域，推动学生在社会主义核心价值观的引领下进行自我探索，从而促进其内部德行的自主建构、自我丰富和发展。②

二、研究的问题

进入新时代，我国面临着坚持和发展中国特色社会主义、建设社会主义现代化强国、实现中华民族伟大复兴等一系列任务，这就要求在学校教育中必须始终坚持育人为本、德育为先，使学生养成良好的政治素质、道德品质、法治意识和行为习惯，形成积极健康的人格和良好心理品质，促进学生核心素养提升和全面发展，为学生的成长发展奠定坚实的思想基础。"道德与法治"课程作为学校教育中专门的德育课程，对于提升学生的思想政治素养、道德素养、法治素养、人格素养等学科核心素养具有至关重要的作用。统编版《道德与法治》教材是教师和学生进行教学和学习的首要材料，根据研究需要，基本问题可以分解为以下几个主要问题和更加具体的一些问题。

（一）德育教材和使用的特点如何？

1. 中国的德育教材和使用有什么特点？
2. 国外的德育教材和使用有什么特点？

---

①冯建军. 构建德智体美劳全面培养的教育体系：理据与策略［J］. 西北师大学报（社会科学版），2020，57（3）：5-14.

②杨一鸣，王磊. 彰显国家意志促进人的全面发展——新时代初中道德与法治教材编写思想刍议［J］. 中国教育学刊，2018（4）：12-17.

（二）统编《道德与法治》教材的使用现状如何？

1. 统编《道德与法治》教材有什么特点？
2. 统编《道德与法治》教材的使用存在什么问题？
3. 统编《道德与法治》教材使用存在问题的原因是什么？
4. 已有的道德与法治教学模式有哪些可以借鉴？

（三）统编《道德与法治》教材有哪些基本原则？

1. 道德与法治课堂特质有哪些？
2. 统编《道德与法治》教材的使用应遵循哪些原则？

（四）统编《道德与法治》教材的使用方法模型是什么？

1. 确定统编《道德与法治》教材使用的理论基础是什么？
2. 统编《道德与法治》教材的教学目标如何确定？
3. 统编《道德与法治》教材使用的操作程序有哪些？
4. 统编《道德与法治》教材使用如何进行评价？
5. 保障统编《道德与法治》教材使用的教学条件有哪些？

通过对上述问题的论述分析，深入剖析统编版《道德与法治》教材的特点、使用原则、使用模式、使用现状等，为一线教育者更高效地使用统编版《道德与法治》教材，为学校德育课程落实立德树人、高效培育学科核心素养提供线索和依循。

三、研究的思路与方法

（一）研究思路

本书以"义务教育统编版《道德与法治》教材的使用"为研究的逻辑起点，首先对国内外德育教材和课程实施的建设和发展历程进行回顾，并在此基础上分析统编《道德与法治》教材的特点、使用中存在的问题、教材使用取向、使用模式、使用基本原则、使用方法模型。同时，以成都市泡桐树小学为调研点，使用问卷调查、访谈法等综合了解统编版《道德与法治》教材在实践中的使用现状、存在的问题等，借助相关实践和理论研究，以期为一线教育者保质高效地通过"道德与法治"课程教学，落实政治认同、道德修养、法治观念、健全人格、责任意识等学科核心素养的培育，为培养担当民族复兴大任的时代新人奠定坚实的思想基础。

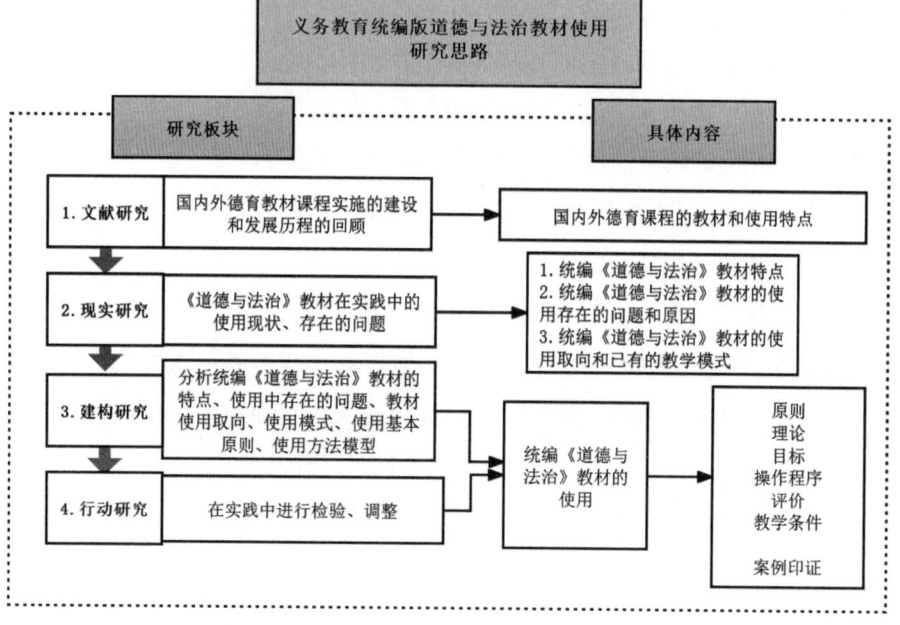

图 0-1　研究思路图

（二）研究方法

1. 文献研究法

文献法是通过搜集查找与某一主题相关的文献资料，并整合分析，结合有价值的文献对某一问题进行研究的方法。该方法的优点是研究者可以借鉴参考前人已经进行过的研究，进行更加深入和更大范围的研究。本书借助图书馆资源、中国知网、移动图书馆、学习强国等资源库，查阅与学校德育、《道德与法治》教材等主题相关的书籍、期刊、论文以及教育政策文件，了解研究现状，学习有关德育教材的相关内容。

2. 问卷法

问卷法是国内外社会调查中较为广泛使用的一种方法，是指根据有关研究主题，按照一定的研究逻辑，以设问的方式表述问题，通过控制式的测量对所研究的问题进行度量，从而收集可靠资料的一种方法，问卷调查法具有易控制、成本低、标准化等优点。本书采用自编问卷，问卷编制聚焦学生的五大素养，以及五大素养下的十个子素养，以学生在这五大素养以及十个子素养上的表现，形成行为描述、行为包含的内容、十个子素养和五大素养的对应表，并根据此对应表编制成五点量表，借此调查统编版《道德与法治》教材在实际教学中的使用情况和存在的问题等。

3. 访谈法

访谈法是获取研究资料的重要方式，访谈法可以为研究提供较为真实的一手资料，可以通过访谈直接了解被访者的想法与心理活动，了解相关的真实情况。本书通过对一线德育老师的采访，获得教师对于统编版《道德与法治》新教材使用的困惑、现状等，面对面交流，倾听他们的感受，并分享他们的课程设计理念、课程计划、设计原则等，更深入地了解道德和法治课程教学和教材使用的现状，使得本书更具实践性和现实性。

四、本书的内容框架

在充分梳理总结研究文献资料的基础上，以《义务教育道德与法治课程标准（2022年版）》为重要指导，以成都市泡桐树小学的问卷调查结果为依据，分析统编版《道德与法治》教材的使用现状、使用原则、使用方法模型，探析统编版《道德与法治》教材使用的优化路径。本书主要分为绪论和八个章节。

绪论：主要介绍研究背景与意义，为本书提供现实依据；阐明研究思路与方法，明确研究重难点。

第一章：对国内德育教材的发展历程进行分析整理。按照国内德育教材改革的重要时间节点，论述了我国德育教材在初步探索时期、规范发展时期、改革提升时期、深化拓展时期的发展和演变。

第二章：对芬兰、瑞典、丹麦等北欧国家，以及美国、英国、新加坡、日本等国家的德育课程和教材建设进行了整理分析。

第三章：统编版《道德与法治》教材的使用现状调查分析。首先根据教材内容特点、结构与体例特点、审美与隐喻特点三方面对统编版教材的特点进行分析。其次，在此基础上，运用问卷调查法对成都市泡桐树小学的统编版《道德与法治》教材的使用情况进行调查。基于调查结果，分析当前统编教材使用过程中存在的问题及原因，最后对教材的使用取向和使用模式进行了整理分析。

第四章：讨论统编版《道德与法治》教材的基本使用原则。以学习圈理论、深度学习、合作学习、知识迁移学习理论、建构主义理论、生活教育理论，以及《义务教育道德与法治课程标准（2022年版）》中的相关指导和要求为新教材使用的理论基础，根据"道德与法治"课程所具有的思想性、人文性、道德属性、生成属性、知行合一属性、共生性等课堂特质，提出新教材的使用应遵循学科素养指向、学生中心指向、立德树人导向、促进深度学习和高水平认知发展、倾听与理解、互动与融合、日常实践的延伸以及促进道德生命和生活的进阶等原则。

第五章：统编版《道德与法治》教材使用的方法模型。根据课前、课中、课后的划分，明确在不同的阶段教师可以采取的不同措施和手段。

第六、第七章：中小学《道德与法治》教材使用的验证。

第八章：结论。包括改进一线教师教材使用的策略和建议，以及明确课程教学目标、合理设计课程教学、高效实施课程教学、提高德育教师专业素养、促进家校社的全面合作等。

五、研究的意义与创新

（一）研究意义

1. 理论意义

随着统编版《道德与法治》新教材在全国范围内的统一使用和《义务教育道德与法治课程新标准（2022年版）》的出台，对德育教师和学生使用和学习新教材提出了新的要求和挑战。通过整理分析新教材使用现状、使用基本原则、使用方法模型，有助于更好地实现新教材所强调的核心素养，助推新教材在一线教学实践中更好地承担培育时代新人的重要使命。

第一，有利于《道德与法治》新教材教学理念的实现。新教材和《义务教育道德与法治课程标准（2022年版）》实施后，道德与法治课程发展成为一门集思想性、人文性、道德属性、知行合一属性、共生性为一体的课程，以学生现实生活为基础开展教学，以促进学生健康成长，以良好道德品质形成为教学理念。研究新教材的使用现状，有助于更好地培育和发展新教材所倡导的学科核心素养。

第二，有利于落实立德树人根本任务。教育的根本任务是立德树人，道德与法治是落实立德树人根本任务的关键课程。统编版《道德与法治》新教材的编写目的就在于紧跟新时代变化、紧密结合学生实际生活，以丰富多彩的教材活动安排，引导青少年树立良好的道德素养和健康的生活方式，更好地践行社会主义核心价值观。通过对新教材内容、体例与结构、审美与隐喻等方面特点的分析，以及对新教材使用模式、使用原则、使用方法的整理论述，有助于研究者和一线教师高效高质地领悟《义务教育道德与法治课程标准（2022年版）》和新教材，借助《义务教育道德与法治课程标准（2022年版）》和新教材切实将学科核心素养的培育落地，将立德树人的根本任务落地。

第三，有利于丰富和完善有关教材使用研究的理论。我国关于教材使用的研究已经具备了相对完整的研究体系，但是以往研究中更多的是关注一线教学实践中的应用，对教材内容本身的研究、对教材某一方面因素的具体研究很多，对教材使用的模式、基本原则、方法模型的综合研究却相对较少，研究也相对零碎，缺乏理论建构与系统分析。本书则以统编版《道德与法治》新教材使用研究为重点，深刻参考《义务教育道德与法治课程标准（2022年版）》中的相关要求和建议，分析新教材使用的模式、使用原则、使用方法等，一方面有利于凸显从理论到实践的自上而下的教材使用的相关建议，增强教材使用理论对一线教育者的指导意义；另一方面，则有利于拓展教材使用的研究视角，丰富和完善有关教材使用研究的理论。

2. 实践意义

第一，有利于提升课程教学质量。本书细致和深入地分析了新教材使用的现状、存在的问题及原因，并剖析了新教材的使用取向、可采用的教材使用模式、使用基本原则和方法模型，基本建构了统编版《道德与法治》新教材使用的方法论模型，有助于研究者和一线教育者深入了解新教材使用的相关理论、方法和模式，进一步完善新教材使用方法，增进课堂教学的良好效果，提升课程教学的实际质效。

第二，有利于提高《道德与法治》教材使用的教学效果。在选择和整合与学生实际生活密切相关的教材内容的基础上，借用贴近学生生活实际的丰富教学资源，使学生能够通过教师创设的学习情境更轻松地学习相关内容，不仅能够提高学生的学习兴趣，而且通过学生的实践和情感体验，

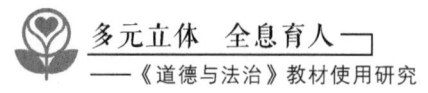

便于提高学生的认知能力和实践能力,从而提高道德与法治课的课堂教学效果。

第三,有利于丰富《道德与法治》教材使用的方法。在新教材与《义务教育道德与法治课程标准(2022年版)》的背景下,本书整理分析了有助于统编版《道德与法治》新教材使用的相关模式,包括开放式探究学习法、生活化教学法、情境体验法、混合式教学法、问题导向法、审美化教学法、议题式教学法、体验式教学法,对多种德育教材使用方法的详细论述,有利于一线德育教师综合选择适合学生认知发展特点和教材内容的相关使用方法。

(二)研究创新

本书的研究重点在于统编版《道德与法治》新教材的使用,通过对该教材在实际教学中的应用分析,建构了一套完整的理论体系。本书的创新点体现为以下四个方面。

第一,研究视角的创新。本书的研究视角主要以统编版《道德与法治》新教材和《义务教育道德与法治课程标准(2022年版)》为基础,结合实际教学情况,分析新教材使用过程中的问题和挑战,做出详细论述与分析,建构了统编版《道德与法治》新教材使用的理论体系。相较于现有文献,本书对教材使用模式、使用基本原则、使用方法模型等进行了深入探讨,是一个全新的研究视角。

第二,研究内容的创新。本书既关注教材使用理论的论述与建构,也关注新教材在一线教学实践中的使用。通过对新教材在实践使用中的情况调查和分析,本书发现新教材使用过程中存在的问题和挑战,并在此基础上讨论了新教材使用原则、使用方法、使用模型等,实现了教材使用理论与使用实践的结合,体现出教材使用实践对教材使用理论的印证,以及教材使用理论对教材使用实践的指导。

第三,研究方法的创新。本书采用了定性和定量相结合的方法,既通过实地调查、问卷调查等手段收集和分析数据,也利用文献研究、案例分析等方法进行综合分析。这种方法不仅能够全面地了解新教材的使用情况,还能够从多个角度进行分析,提高了研究的可信度和可靠性。

第四,实践应用的创新。本书在理论研究的基础上,结合新教材的使用实践，提出了统编版《道德与法治》教学的基本原则和方法模型，分年级设计了多个验证方案，如八年级《法不可违》教学方案、七年级《法治初探》系列活动方案等。这些方案都是针对新教材提出的，具有一定的创新性和实践应用价值。

总之，本书的创新点主要体现在研究视角的创新、研究内容的创新、研究方法的创新和实践应用的创新等四个方面。这些创新点不仅使得本书的研究成果更加深入、细致和全面，也拓宽了教材使用研究的领域，并具有重要的理论和实践意义。

多元立体　全息育人
——《道德与法治》教材使用研究

第一章　我国德育教材的发展态势

教材是教师进行教学的核心材料,也是学生在学校获得系统性知识、进行学习的主要材料。中华人民共和国成立以来,德育教材的使用和发展经历了初步探索、"文革"和"文革"后恢复、教材建设走向规范发展、改革与提升,以及深化拓展五个阶段。

一、初步探索时期（1949—1976）

中华人民共和国成立后,为尽快恢复学校教育秩序,加强人才培养效率,于1950年规定在基础教育阶段,所用教材进行统一编写和供应。此后,教育部颁布了《小学课程暂行标准初稿》,规定在小学五、六年级开设政治常识课。其中,根据教育部和出版总署出台的《1950年秋季中小学教科用书表》,小学政治采用老解放区的教材。由武纡生编写、经中央人民政府出版总署编审局修订的《高级小学政治课本》由华北新华书店出版发行,这是中华人民共和国成立后第一套小学政治教材。1952年教育部颁发了《小学暂行规程（草案）》,取消了政治常识课。在此后一段时间内,除了部分地区短暂开设过社会主义教育课之外,小学主要通过周会和少先队活动对学生进行思想品德教育。1957年"反右派斗争"开展之后,不少省市在小学高年级开设了政治课。由于这一时期国家没有统一开设政治课的要求,多使用地方自编教材。[1]

中华人民共和国成立初期,全国各地初中德育教学没有统一的教材,教材变动十分频繁,很多政治著作成了"代用教材"。1957年3月,毛泽东指示开设中学政治课程,编写新的德育教材。自此初中各年级增设德育课,统一课程名称为"政治课",次年改为"社会主义教育课",教材由各地自行编写。1963年5月,教育部组织人教社和北京大学等七所高校的教

---

[1] 程伟. 新中国成立以来小学德育教材建设的回顾与展望[J]. 基础教育课程,2021(13):58-65.

师共二十多人,开始编写初高中政治教材。10月,各教材编写组编出了教材初稿,试教后,初中德育教材《政治常识》和《社会发展简史》在全国正式出版发行。1964年7月,《中央宣传部、高教部党组、教育部临时党组关于改进高等学校、中等学校政治理论课的意见》规定在全国使用统编教材,标志着我国初中统编德育教材建设正式启动。①

这一时期义务教育阶段德育教材建设呈现出以下特点。一是变动频繁。中华人民共和国成立初期,百废待兴,迫切需要对学生进行思想政治教育,但是由于对德育课程尚未形成统一的认识,导致相关政策和教材经常变动。二是具有浓厚的政治色彩。由于受到"左"倾思潮的影响和历次政治运动的冲击,"突出政治""以阶级斗争为纲"的思想贯穿教材始终,强调对新民主主义社会的拥护、对旧社会的批判,注重集体主义教育等。

二、规范发展时期(1977—1999)

"文化大革命"结束后,教育教学秩序亟待重整与恢复。在此背景下,教育领域中通过数次颁布的与德育相关的计划与方案,使得德育教材建设逐渐走向规范化。1977年底,全国教材出版发行工作会议召开,国家做出"基础教育阶段的教材由教育部负责统编"的决定。1978年,教育部颁发了《全日制十年制中小学教学计划试行草案》,1979年9月,为迅速改变中小学政治课"教材不理想"的局面,教育部印发了《全国中小学思想政治教育工作座谈会纪要》,提出要下大力气编出一套适合中小学生的高质量教材。自此,人民教育出版社开始启动教材重建工作,组织华东师范大学等单位重新编写各年级的德育教材,同时制定出教学大纲,也相应出版了各册教材的教学参考书。

其中,为使小学政治教材更加贴近学生生活,1981年教育部颁发的《全日制五年制小学教学计划(修订草案)》中以"思想品德"的课名替代了"政治"的称谓。根据这一计划,教育部在1982年正式颁发了《全日制五年制小学思想品德课教学大纲(试行草案)》,该教学大纲对思想品德课的教学目的、教学内容和教学要点、各年级教学内容和要求都做出了

---

① 邱利见,刘学智. 守正创新:我国初中德育教材建设的回顾与展望[J]. 出版科学,2021,29(2):23-31.

细致而明确的规定。1986年，国家教育委员会对《全日制五年制小学思想品德课教学大纲（试行草案）》进行了修订，颁布了正式的《全日制小学思想品德课教学大纲》，对思想品德课的性质、定位做了进一步的明确，课程内容也进行了适当调整和补充。1988年，《九年制义务教育教材编写规划方案》发布后，国家教委委托人民教育出版社、北京师范大学等单位编写了适合不同地区、不同层次的"八套半"教材（农村小学部分复式教学教材算半套）。1997年，国家教委在《关于印发〈九年义务教育小学思想品德课和初中思想政治课课程标准（试行）〉的通知》中指出，"小学思想品德课和中学思想政治课教材建设继续贯彻在统一要求的前提下试行教材多样化的方针"，此后，人民教育出版社、江苏、湖南等先后组织编写出版了一批小学思想品德教材。

1978年1月，中央规定，初中政治课包括"科学社会主义"课程和"社会发展简史"课程。1980年3月，教育部确定在初中一至三年级依次开设"青少年修养"课程、"政治常识"课程、"社会发展简史"课程，同时人教社组织华东师范大学等单位重新编写中学各年级德育教材，制定教学大纲。随着1982年教学大纲的颁布，初中德育教材逐渐淡化政治色彩，更加注重对青少年进行革命和共产主义信念方面的教育；逐渐结合学生的心理特点；首次涉及法律相关内容，开始注重法治教育；首次配套出版初中德育教学大纲、统编教材和教学参考书。1986年，教材"审定制"确立，"一纲多本"的教材政策开始在全国施行，新的初中思想政治教学大纲随之出台，各机构纷纷根据大纲开始新教材的编写。1988年初，人教社与北京师范大学合作修订编写的一套中学思想政治课本（试用本）为21个省、自治区教育厅（局）所选择试用，成为当时的主流教材。1992年3月，国家教委重新颁布中学思想政治课教学大纲，规定初中政治不再分列课名，统称为"思想政治"。根据新印发的大纲，中学思想政治课教材编写领导小组集中全国力量编写出一套初中通用教材。1993年，由人教社与江苏省教研室合作编写的一套初中思想政治通用教材和配套教师教学用书，被全国十几个省（市）选用。1997年，国家首次印发《九年义务教育小学思想品德课和初中思想政治课课程标准（试行）》，根据此标准，人教社组织编写了一整套高质量的初中思想政治示范性教材，并于1999年秋季在全国使用。

第一章　我国德育教材的发展态势

这一时期的德育教材以模板化结构呈现出以下鲜明特点。

第一，教材内容以榜样故事为主。这一时期的教材中，80%以上的内容都在展示各种英雄名人、伟大事迹。首先是榜样人物，这些人物的言行举止、生活事迹都能充分体现课标中"五爱"和"五讲四美"的要求，主要分为三大类：其一是社会英雄人物，这些人来自不同领域，但是都对社会做出过杰出的贡献，被社会奉为道德榜样，例如革命英雄、教育家、科学家等；其二是编造的优秀少年，这种少年故事主要是以独立成篇和紧跟英雄人物故事的方式呈现；其三是真实的少年英雄，这种故事相对较少，他们的某些事迹体现出了高尚的道德品质和情操，受到社会的关注，例如保护公共财物的张志新、草原英雄小姐妹等。到了20世纪90年代中后期，社会舆论开始探讨在教材中宣扬儿童为大义舍弃生命这种做法是否恰当，随着质疑的声音出现，这类真实少年英雄的故事从教材中删除。其次是反面人物，即品德低下、缺乏道德素质的人，让学生直观地去理解什么样的言行举止是可耻的、是坏的、是应该受到批判的，以反面人物形象和故事刺激学生树立起正确的道德观念。榜样故事的作用机制并不是来源于人物本身，而是人物在特殊情境中发生的特殊事迹，教材想突出的是感人事迹中榜样人物所表现出的勇敢、坚强、机智、爱集体等优秀品质。编者通过形象生动的语言，营造出了一种崇高的氛围，使抽象的道德品质具象化，便于学生理解学习。

第二，安排了足够多的课后练习。这一时期的德育教材在每一篇榜样故事后都设置有练习题，这些练习题可以按照由浅入深分为三个层次。第一个层次是问答练习，课文后面会根据故事的内容进行提问，这些问题较为简单，答案往往都是指向故事人物的言行举止，很容易从文中找到。这种问题设置的目的是让学生再次回顾故事主人公的行为，加深对榜样道德行为的印象，强化道德判断。第二个层次是比较练习，这类练习通常出现在有反面人物的故事之中，"通过让儿童对故事中的他人言行或者是与其相关的、相对的言行进行对与错的判断和评价，引导学生进行深入思考，强化或者进一步内化良心的标准与是非观念"。[1] 随着教材的不断更新，判

---

[1] 孙彩平.小学德育教材中儿童德育境遇的转变及其伦理困境[J].华中师范大学学报（人文社会科学版），2016，55（3）：162-170.

断比较题逐渐成为课后习题的主要类型，问题的设计也越来越详细、复杂，囊括的范围也越来越广泛，从外部行为到内心思想都有涉及，但是这类判断比较题答案依然非常的明显，对错很容易分辨。第三个层次是联系自身，进行我与他者的对比，即引导学生把自己的言行和榜样故事中人物的言行放在一起比较。其目的是激发学生的道德情感，当学生的行为和故事的主人公行为类似，都是趋向于道德和善良时，学生就会产生满足、自豪的情感，从而实现积极的自我认同。相反，学生则会产生愧疚的情感，从而调节自己的言行举止。

第三，以模板化结构进行呈现。这一时期的教材在呈现方式上讲究整齐有序、严肃庄重。首先体现在颜色上，教材的单元目录都是黑色字体，没有任何花样装饰，并且有的教材还是左右双栏排版。在单元设置方面，主要以德目为依据进行编排，单元数量较少，每一单元的内容却很多且不平均。比如1978版教材只分为了四个单元，但是第四单元安排了7课内容，不过每一课都非常注重结构规范，如1986版的教材结构为"课题—文章—插图—练习—阅读材料"。从教材的安排结构可以看出，教材的重点还是在突出德育知识的学习，阅读材料正是为了拓宽学生的知识面而设置的。

这一时期的德育教材也存在如下一些问题有待优化和完善。一是榜样故事远离生活。教材中设置的大量榜样故事都是以独特的社会情境为背景的，例如家庭困难、条件恶劣、环境艰苦。这就导致了榜样故事与学生的现实生活情况割裂开来，学生看似学习到了一个道理，但是在实际生活中鲜有机会进行实践，学生的道德情感和道德认知没有办法转化为道德实践，"教育仅仅停留在抽象的层面，学生学习到仅仅是抽象的道理"，[1]这样的德育其实并不成功。二是教材内容过于成人化。教材中的榜样事迹和人物大多是成人故事，虽然教材中也有优秀少年和儿童英雄的故事，但是相比起榜样人物数量太少，再加上后期儿童英雄故事逐渐被删除，儿童榜样故事就更少了。成人事迹背后所蕴含的都是成人世界的道德价值观，和儿童存在一定的年龄差距，"在良好学习生活中产生素朴的德性是儿童发

---

[1] 章乐. 小学德育课程实效性的提升策略——兼论统编小学《道德与法治》四年级教材的特点[J]. 课程·教材·教法，2019，39（10）：24-29.

展的特性，与成人社会的'德'有所区别"[1]。因此学生不一定能真正理解内化这种道德价值观，也很难将其运用到现实生活中来，这就导致了德育课程出现知行脱节的现象。三是榜样效应机械化，缺乏思考。学生对于榜样会不假思索地心生向往崇拜，并不会去思考和追问这些榜样人物行为背后的动机和价值，这不利于学生道德品质的长效发展。

三、改革提升时期（2000—2012）

1999年第三次全国教育工作会议胜利召开，教育部出台了《面向21世纪教育振兴行动计划》，我国新一轮基础教育课程改革正式启动。同年6月颁布了《中共中央国务院关于深化教育改革全面推进素质教育的决定》，2001年6月正式印发《基础教育课程改革纲要（试行）》，这标志着基础教育正式进入了国家规模的课程改革时代。在此次课改中，小学取消了思想品德课，取而代之的是品德与生活（一、二年级）、品德与社会（三至六年级），初中则继续延续使用思想品德这一课程名称。2002年，《全日制义务教育品德与生活课程标准（实验稿）》和《全日制义务教育品德与社会课程标准（实验稿）》颁布，体现了课程改革的全新理念，也为后续的教材编写指明了方向。课程标准实验稿颁布后，德育教材恢复了过去的"一纲多本"，教育部以立项的形式向社会招标，凡是通过教育部审核认定的出版社都可以编写、出版教材。自2002年起，先后有多套中小学德育教材通过教育部审查。参与教材编写的人员不仅包括学科专家，还包括了一线教师以及教育学、心理学等方面的专家，大大提高了教材编写的专业化水平。新的教材也成了教学改革的领头雁，为教学模式和教学方法的改革指明了方向。

这一时期的德育教材具有教育内容生活化、教材编写逻辑科学化、内容呈现方式丰富化的特点。

第一，教育内容生活化。首先教材所选择的内容"以普通的生活事件为主、以日常生活事件为主、以今天的生活事件为主、以首属群体中的生

---

[1] 郭思乐. 德育的真正基础：学生的美好学习生活——论教学生态在德育中的地位[J]. 教育研究，2005（10）：3-10.

活为主"①，重点突出"我的生活"。例如在小学一年级人教版德育教材中，有10篇课文都是以"我"为课题，其他的内容最终落脚点也都是在儿童的自我生活上，这种生活化内容有助于促进学生掌握生活技能和解决生活问题的策略。比如苏教版一年级下册有一课是《我掉了一颗牙》，这一课中向学生详细讲述了儿童为什么会换牙，不刷牙会有怎样的危害以及应该如何正确刷牙，以此来帮助学生养成正确的刷牙习惯。其次是以活动代替了知识。2002年的德育课标中明确提出："本课程的教科书主要不是作为知识的载体来供教师讲授的，它是教师引发儿童活动的工具，是儿童开展活动时可利用的资源。"②新时期的教材内容不再有大量的道德知识，取而代之的是各种各样的学生实践活动。"低年龄段儿童的道德学习可以在涂色、游戏、角色扮演、说唱儿歌童谣、手工制作、画画等活动中开展，中高年龄段儿童的道德学习则更多通过观察、采访、记录、辩论、讨论、创作作品、写感想、设计、美文欣赏、模拟、改变生活的行动等活动进行。"③丰富多样的活动凸显了学生的主体性，使学生能够在实践中形成道德观念、检验道德标准。

第二，教材编写逻辑更加科学。课改之前的教材编写逻辑是按照道德类型进行的，而这一时期的教材遵循了儿童身心发展的规律，按照儿童生活事件发生的前后顺序进行编写。比如人教版一年级《我上学了》这一单元中，先是让学生明确小学生这一角色定位；然后注意上学途中经过了哪些地方，有什么标志；再是到了学校，熟悉新的环境，关注学校有什么特点；最后是认识学校中的新朋友。这种编排细致入微，并且与学生的实际生活相吻合。同时，在单元安排上，也是遵循了从小到大的顺序，"我的成长—我的学校生活—我的家庭生活—我的家乡（社区）生活—我的国家生活—我的世界生活"。

第三，呈现方式更加丰富。课改后的德育教材在呈现上不再是单一的课文加插图的方式，而是变成了由各种卡通人物和童话人物组成的情境

---

①鲁洁. 品德与社会（教师用书）（三年级上）[M]. 南京：江苏教育出版社，2002：2-4.

②中华人民共和国教育部. 全日制义务教育品德与社会课程标准（实验稿）[S]. 北京：北京师范大学出版社，2002：2.

③孙彩平. 小学德育教材中儿童德育境遇的转变及其伦理困境[J]. 华中师范大学学报（人文社会科学版），2016，55（3）：162-170.

图。比如在教材中加入主持人形象，低年级教材以动物卡通形象居多，高年级教材以同龄儿童形象居多。教材中的卡通主持人向学生提问，就好像是在和学生进行对话，使学生更有代入感。教材还有大量留白，以便于学生记录下想法和体会，使教材不再刻板固化，而是变成了一个开放性文本，同时设置的问题更具思考性。教材在叙述上不再是成人式的说教，而是采用了儿童之间的相互对话，用符合学生年龄特点的语言方式提问，多是开放性问题，需要学生理解材料，运用自己的生活经验进行思考。比如统编版《道德与法治》四年级下册中《合理消费》这一课，先是让学生在教材中的心愿卡处写上自己想要的东西，然后再对教材中给出的不合理消费的案例进行分析，最后提问："你觉得自己的心愿卡，理由充足吗？有没有想改动的地方？"这种开放性的问题给学生预留了更多的探索空间，能够让学生结合自身情况进行思考。

  但是这一时期的德育教材也存在需要进一步完善和提高的部分。一是过于强调自我。教材中过多地强调对"我的生活"的关注，忽视了他者和外部世界对于培养道德的重要性。想要自我更加完美，就必须要通过"我"与他者相互交往，在交往的过程中不断寻找意义，超越已有的道德价值，完善自己的精神世界。二是道德逻辑偏功利化，教材内容中潜移默化地宣扬实用主义思想。比如《保护动植物》这单元，教材所体现的思路是：先让学生观察生活中的动植物，然后讲述自己和它们之间的小故事，从而引导学生发现动物和植物具有美化环境、陪伴人类、维护生态平衡等作用，所以人类应该要保护动物植物。其中暗含的是人类中心论的思想，保护动植物的原因是它们对人类有用，而不是它们自身存在的价值。这种功利性的逻辑会让小学生更加以自我为中心，难以让学生有深层思考。

  通过对比课改之前和之后的教材可以发现，教材编写理念发生了变化。课改之后的教材编写都是以生活化德育、主体性德育为理论基础的；德育课程的外在性功能削弱，更加注重学生个体性格品德的塑造；并且教材不再是用完即扔的知识载体，而是变成了与儿童交流、对话的文本，是儿童成长的记录册。在内容方面，20世纪中后期的德育教材有着明显的成人化倾向，教材中80%以上的内容都在展示各种英雄名人、伟大事迹，以成人为对象的题材占了较大比重，且多以男性为主。课改之后的教材，书中所展示的形象以儿童为主，并且平衡了性别，教材的内容也主要是以儿童的生活为中心，儿童题材占比较大。在编写上，课改以前的德育教材基本上遵循着"看、说、做"的模式，看主题故事，看完之后发表想法感受，最后做课后相关作业。在呈现上，以主题为线索，提供了大量固定现成的信息，例如"他的想法是什么""他为什么选择这样做"，这些问题在材料中都能找到现成的答案，并没有给学生留有太多的思考和感受空间。课改之后的教材，则是按照"情境讨论—体验感受—留白"这样的模式进行编写的，加入了设置情境、讨论问题、欣赏美文这些内容，丰富了呈现方式，对话式的文本扩大了信息量，问题的设置也变成了"你是怎么想的""你有什么样的感受"等，凸显了学生的主体性，让学生有更大的空间进行思考和发展。

四、深化拓展时期（2012至今）

2012年11月，党的十八大召开，会议上正式提出了社会主义核心价值观，并确认培育和践行社会主义核心价值观是推进中国特色社会主义伟大事业、实现中华民族伟大复兴中国梦的战略任务。为深入贯彻落实党的十八大和十八届三中全会精神，积极培育和践行社会主义核心价值观，2013年12月中共中央办公厅印发了《关于培育和践行社会主义核心价值观的意见》，要求把培育和践行社会主义核心价值观融入国民教育全过程，要从学校教育抓起、从娃娃抓起。2014年10月，中国共产党十八届四中全会召开，会议上提出要推动全社会树立法治意识，"把法治教育纳入国民教育体系，从青少年抓起，在中小学设立法治知识课程"。2016年1月，为进一步落实十八届四中全会精神，全面推进依法治教，教育部研究制定了《依法治教实施纲要（2016—2020年）》，在这样的大背景下，德育教材编写与教学迈入了新发展时期。

"共同的教材使大家习惯于统一的观点和思想。"[1] 自党的十八大以来，教材建设备受国家重视和关注，党中央明确提出教材建设是国家事权，要健全国家教材制度。因为语文、历史、道德与法治三门学科教材的意识形态属性强，具有极其重要且特殊的育人功能，因此以习近平同志为核心的

---

[1] 杜威. 民主主义与教育 [M]. 魏莉，译. 武汉：长江文艺出版社，2018：21.

党中央提出语文、历史、道德与法治教材采用"统一编写、统一审查、统一使用"的"三统一"方针,将教材建设上升到国家事权的战略高度,成立了国家教材委员会。2012年,教育部选拔了一批具有较高思想意识和较强学术能力的德育专家、教研人员、教师负责统编《道德与法治》教材的编写工作。本套教材以社会主义核心价值观为主线,遵循育人规律,注重法治教育,加大了传统文化和革命文化的比重。2017年,《教育部办公厅关于2017年义务教育道德与法治、语文、历史和小学科学教学用书有关事项的通知》发布之后,《道德与法治》教材于2017年秋季学期开始在全国中小学起始年级投入使用,2018年延伸至二年级,2019年实现义务教育学校全覆盖。统编小学《道德与法治》教材一方面体现了国家对法治教育的重视,除了在教材各个章节融入法治教育相关内容之外,还设置了法治教育专册,以增强法治教育的系统性;另一方面,教材进一步强化了中华优秀传统文化教育、革命传统教育、社会主义核心价值观教育的内容,进一步彰显教材的中国底色,积极培养学生的文化认同。

五、相关研究述评

中华人民共和国成立至今,我国中小学德育教材建设硕果累累,课程大纲、课程标准和德育教材都发生了巨大的变化。21世纪新课改之后,德育逐渐摆脱了政治化和功利化的倾向,不再是空中楼阁。德育教材开始关注到学生个体,回归学生最真实的生活,更注重生活情境的营造和实践活动的组织,让学生的道德认知和道德情感能够在现实中实践,做到了"知情行"的统一。

第一,党和国家对教材建设的重视是其良性发展的根本保障,德育教材的发展充分展现了社会主义思想的发展脉络。中华人民共和国成立初期,党和国家就十分重视德育教材的编撰工作,要求统编统用。改革开放以后,德育教材虽然开始淡化政治色彩,但也注重对青少年进行革命和共产主义信念方面的教育,革命理想、共产主义品德,要从小开始培养。新时代,习近平总书记对统编教材的建设和思想政治课程的一系列重要论述,对我国统编德育教材的建设具有十分重要的战略意义。

第二,教材内容和编排结构指向学生的培养与成长。教材内容的选择和编排,需要编者对人才的培养有着明确的定位。改革开放以后的中小学德育教材,无论是教材的目标定位、内容的选择与组织,还是结构的编排与设计,本质上都指向学生的培养与成长,不同的时代,对学生的德育素养的要求不一样。从德育基础知识的要求,到基本能力的要求,再到现在的学科核心素养的培育,均能做到与时俱进。特别是21世纪新课改以后,德育教材发生了巨大的变化。德育教材逐渐摆脱了政治化和功利化的倾向,开始关注到学生个体,回归学生最真实的生活,教材对生活情境的营造和生活实践活动的组织提出了要求,将德育知识融入学生的学习生活中,让学生的道德认知和道德情感能够在现实中实践,以体验式学习为主,掌握学科知识,达到学科学习目标,实现学科素养。

第二章　中西方德育教材的发展与实施态势

德育的内容包括思想教育、政治教育、法纪教育、道德品质教育。在发达国家，德育还包括情感教育、社会和情感学习、价值观教育、品格教育、关怀教育和道德教育等范畴。早在公元前370年左右，古希腊哲学家柏拉图（Plato）便讨论了人的道德品质。在其著作《理想国》当中，提到掌管国家的人应从智慧、勇敢、节制和正义这四个层面努力培养人民的美德。古罗马哲学家昆体良（Marcus Fabius Quintilianus）认为，雄辩家是教育培养的最终目标，而认定一个人是否为雄辩家的最重要的因素即此人是否具有高尚的道德品质。在15世纪，法国蒙田（Michel de Montaigne）在《论孩子的教育》一书中提到，如果把孩子的思想付诸哲学，那么孩子的思想就会健康，哲学将以美德为基础。16世纪末，英国洛克（John Locke）在他的《教育漫话》一书中，部分致力于讨论"德行、智慧、礼仪、学问"，他认为德行居于首位，并提醒教育者注意教育方式的选择，不能只是简单的说教。在17世纪，法国卢梭（Jean-Jacques Rousseau）在他的《爱弥儿》一书中提出，在德育上，先去发展理性是本末倒置的。他主张采用自然后果的方法，在道德教育中首先应当培养儿童自爱的情感；其次，让儿童明白爱是相互的；最后是培养儿童"怜悯"的情感。同时，他还提出道德实践的德育方法，让儿童在道德实践活动的过程中去形成美德。[①] 由此可见，德育之于个体健康成长和持续发展具有重要意义，深入了解其他国家的德育教育教学相关信息，有助于我们不断省思和完善德育教学。在国外，虽然没有"思想品德"和"道德与法治"等名称和提法，但"公民教育"或"政治教育"等相关课程在本质上是一样的，都是进行有关思想政治教育工作。

西方学校已经形成了固定的德育模式：第一，在德育方法上，重视道

---

① 卢梭. 爱弥儿（上卷）[M]. 李平沤译. 北京：商务印书馆，2007：305.

德实践;第二,在德育课程的内容上涉及范围广泛、贴近生活实际;第三,德育途径广泛,与学生生活息息相关。① 因此,本书通过对美国、英国、北欧国家、日本、新加坡等国家德育教材的建设和实施态势的深入分析,以期取长补短,借以完善我国的德育教材和德育实施。

一、美国小学德育教材的发展与实施态势

美国儿童当代道德教育有家长、学校、宗教机构和媒体等多重来源,因此,儿童通常面临道德要求不一致的困境。② 20世纪30年代,美国学校德育受到实用主义的影响,较注重解决学生面临的现实问题;注重发展学生的认知能力,不要求学生死记硬背一些道德规范,主张通过参加社会活动和实践,提高学生的道德意识。20世纪80年代以来,美国社会青年道德急剧滑坡,道德教育的重要性逐渐凸显。③ 1997年格鲁吉亚立法机构通过了《品格教育法》,该法规定地方学区制定和实施K-12年级课程("K"代表Kindergarten,幼儿园;"12"代表12年级,相当于中国的高三。K-12被国际上用于对基础教育阶段的通称),重点是发展学生性格特征,如勇气、爱国主义、公民意识、诚实、公平、尊重他人、尊重环境、尊重创造者、善良、礼貌、同情、宽容、勤奋合作、自尊、自控制、体育精神、忠诚、毅力和美德等。④

自20世纪80年代以后,美国德育强调道德价值和共同责任,受到科尔伯格倡导的道德认知发展论的影响,德育课程模式产生了新的时代转型,主张通过各科教学来发展德育,由此促进了美国德育课程的发展。由于当今美国家庭构成的削弱,以及导致儿童缺乏社交技能以及不当行为的其他重要变数,对学校实施品德教育课程具有更大的需求,且这一需要比

---

① 郑晓晗. 小学依托校本课程实施生活德育的研究——以上海市Y小学为例[D]. 安庆:安庆师范大学,2020:23.

② HARRIST, R. Steven Richardson Frank C. Self and Other: Tensions within Modern Liberal Individual is mand Moral Education [C]. Forumon Public Policy Online, Oxford Round Table. 2006:1.

③ 宋虹摇. 小学德育校本课程开发现状及问题研究[D]. 海口:海南师范大学,2020:72.

④ HOGE J D. Core Values and Morality Perspectives in Contemporary American Society:An Educator's Point of View [J]. The Social Studies,2001:4.

第二章　中西方德育教材的发展与实施态势

20世纪中叶要紧迫得多。①

今天，教育工作者重申了约翰·杜威（John Dewey）的主张，认为学校需要采取干预措施，解决社会不公正现象，促进民主和容忍的价值观。一个学区的教育工作者在学习教育基本原则的同时，渴望和致力于培养学生的社会心理健康。② 在民主社会中，教育具有推动一个尊重、重视和促进不同声音和经验的包容和多元化的社会的内在道德目标。③ 社会和道德责任对于有效的公民教育至关重要。④ 因此，有效公民教育的一个基本概念是：儿童在课堂和课堂之外，都应明确自己在学习和其他社会道德行为上所要担负的责任；有效公民教育的另一个基本概念是志愿服务，即从事社区服务志愿工作的行为或做法，自愿服务，不从中获取报酬。

新品格教育是近几年国内外学者统一总结的对美国教育史上道德教育中品格的统称，从另一种角度来看，美国新品格教育综合了哲学、教育学、伦理学、心理学等知识，并且进行了长达百年的改革与发展，品格教育运动是对20世纪中后期转型造成的道德真空的一种反应。⑤ 在此之下，美国形成了独特的德育体系。

美国德育课程旨在培养负责任、可信赖的国民，基本任务是提高学生的自尊心，加强学生的自律和自我修养，提高学生进行决策、解决问题的技能，培养学生积极的态度和价值观。美国小学德育课程设置具有以下特点：第一，不设全国统一教学大纲和教材，公立学校课程内容由各州宪法和教育法规定，课程设置自行决定；第二，大多数州开设包括德育课、公民课、地理课及历史课等社会科目，现约有二十多个州颁布法规推行小学

---

①COSTLEY K C, HARRINGTON K. Character Education: A Growing Need in American Schools. Online Submission，2012.

②HOLLINGSHEAD B, CRUMP C, EDDY R, ROWE D. Rachel's Challenge: A Moral Compass for Character Education [J]. Kappa Delta Pi Record，2009，45（3）：111-115.

③NOVAKOWSKI J. Revisiting Pluralism and Multicultural is in the Works of William James and W. E. B. Du Bois forGuidance in Education Today [J]. Philosophical Studies in Education，2018，49：47-57.

④Faiz Melike, DÖNMEZ C. Opinions of Some Nationals (North American, South Korean, Chinese, Indian, Turkish, and Latin American) on Some Concepts of Citizenship Education [J]. Universal Journal of Educational Research，2017，5（4）：631-640.

⑤HYMOWITZ K S. Bringingina New Era in Character Education [J]. Public Interes，2003，151：104-109.

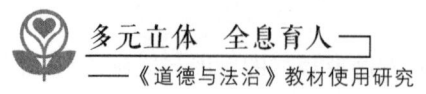

品格教育课程；第三，社会科目已演变成属于德育范畴的人生必修课，以适当的方式向小学生传授历史、地理、经济、政治学、人类学、心理学、社会学、道德等方面的知识。①

目前美国小学德育内容有下列特征：第一，重视道德判断力的培养，德育内容广泛，但都以关注人生、贴近生活、发展优良品质、培养道德判断力为共同点，坚持研讨道德问题和培养判断能力，道德两难问题讨论仍受重视；第二，倡导传授具体明确的价值观和价值取向，在从传统美德中提炼的一系列价值观的基础上编制了多种教程，如《通向幸福的路》《少儿哲学计划》以及品德教育学院编制的成套教材等，重视培养诚实与勇敢、公正和正直、勤奋刻苦、忠诚守信、宽宏大度等价值观和道德品质；第三，关注隐性课程内容，如社会实践活动和良好的校园生活体验，把课程标准取向、校风校纪、课程设置方式及校园文化等都看成是隐性教育内容。以纽约为代表的十多个州设立了如"勇气周""诚实周"等以道德品质为主题的活动周，华盛顿州建立青少年"荣誉墙"，将该州每年表彰的荣誉青少年的姓名刻在墙上。

就德育课程来说，影响面最大的是由美国品德教育学院研究编制的一套品德教育教程，该套教程在美国五大城市进行了近10年的课程实验，于1986年修改定稿并投入使用。20世纪90年代初，美国大部分公立中小学都开设了该套教程。全教程从幼儿园到九年级分为幼儿园、小学、中学三个阶段。小学德育课程的教材主要是《公民的品德》，该教材共分为10个单元，每一单元分成不同的行为目的，每一行为目的都通过3至22节教学时数来完成。课程安排上基本是每周1至2节，教学时间因年级不同和材料差别从15至30分钟不等，低年级大多是活动性的。1983年美国"全球探索中心"组织了57位著名教育家、心理学家和青少年问题专家编写了《青少年能力》一书，旨在开设进行道德能力训练的德育课程。"青少年能力"课程为培养学生道德能力设计了几十种生动活泼的活动，这些活动启发学生学会人际交流，建立自信心，了解人类的情感世界，学习对他人的尊重。② 由此可见，美国在德育课程的设置和内容的选择上根据各州和学

---

① 冯增俊. 美国小学德育课程模式历史转型及启示 [J]. 教育研究，2003（12）：51-56.
② 胡斌武. 国外学科德育课程的实施模式 [J]. 重庆工学院学报，2006（1）：116-118.

生的特点进行选择和编排。

美国 Houghton Mifflin 公司（简称 HM 公司）于 2005 年出版了一套社会科教科书（以下简称 HM 社会科）——《学校与家庭》，课程贯穿幼儿园至八年级，是美国采用率很高的一套德育教科书。该书将其培养目标理解为"培养有文化的公民，即有知识、有能力、有道德的个体，使之成为活跃的、能反思的 21 世纪世界生活的参与者"，并将这一目标分成三大内容范畴：知识和理解、公民素质和价值观、技能，每个内容范畴又包含若干领域，各领域又细分成若干要素。在《学校与家庭》一书中，教学目标如表 2-1 所示。[①]

表 2-1 美国 HM 公司出版的《学校与家庭》教学目标

知识与理解	公民素质与价值观	技能
地理	相互帮助	使用地图和地球仪技能
经济学	制作护照	使用图表技能
人物传记	生活中的法律	研究技能
历史	狗中豪杰	公民素养技能
文学	制作一张明信片	阅读和思考技能
读者剧院		视觉学习技能

该套德育教材具有强调民主、编排体例符合学生认知发展规律、教材内容贴近学生生活等特点。

第一，强调民主传统。美国建国仅 200 余年，且是一个移民大国，尽管多元文化主义一再被倡导，但"美国熔炉"所宣扬的美国至上精神始终占据社会意识形态的主导地位，因而美国的社会科虽然也重视爱国主义情感教育，可实际上更倚重的是个体民主观念及美国的价值利益。《学校与家庭》在内容上更强调民主传统的教育，要求学生了解关于美国的民主原则和价值观念以及为美国的文化、经济和政治传统做出重大贡献的各区域和民族，这与美国建国时间短，而且是个移民大国有关。正如布拉德利委

---

① 钱扑，辛敏芳. 中美社会科教材比较研究——以美国《学校与家庭》和中国《品德与社会》为例［J］. 全球教育展望，2009，38（6）：82-86.

员会主席杰克逊说:"我们美国人不像其他国家和民族,我们不是依靠共同的宗教信仰走在一起的,然而,我们有约束我们行为的共同遗产,那就是关于自由、平等和公正的民主观念。"在教材内容上,《学校与家庭》中历史教学的比重大,这与历史教育占据美国社会科教育的核心地位相呼应。[①] 可见,教材内容与国家历史和民主传统相联系是《学校与家庭》的特点之一。

第二,编排体例符合儿童认知发展规律。在编排的体例上,《学校与家庭》以社会学知识为纽带,遵循了"家社区—洲/省/区—国家—世界"这一模式,使学生由近及远,由浅入深,由具体到抽象,逐步深入地认识社会。《学校与家庭》更加突出综合学科的特点,有机地融合相关学科领域的内容,积极探索综合课程的新体系和方法,将来源于不同学科、不同领域的素材,整合为以儿童生活为基础的主题活动,通过整合学生的需求,社会的需求和学生的发展,使教材的内容不是单纯地强化某一种需求,而是均衡地把学生、社会、学科的需求体现出来。《学校与家庭》大多从大型画面开始,以真实的照片提出问题来导入,这样便显得直观而生动。可见,《学校与家庭》在编排的体例上符合学生的认识发展的过程,有助于学生理解并建立相关的知识体系。

第三,教材内容与学生生活密切相关。《学校与家庭》教科书以课为每个主题单元的主要组成部分,每一单元课的数量不同,一般在5课左右。在与生活相联系的理念下,首先,《学校与家庭》根据儿童生活的几个主要空间(家庭、学校、社区公共场)来策划课程内容,注重儿童生活的教育价值,从儿童生活中开发学习资源。《学校与家庭》竭力体现儿童的需求,从儿童能感受到的多彩的、活生生的实际出发,通过儿童感兴趣的各类主题,引导其观察和体验生活中的各种事物,加深其对生活、对社会的认识。其次,《学校与家庭》更加重视的是知识和技能、过程与方法的训练,同时也兼顾了学生良好行为习惯、优良品质的养成。教材从地理、历史、经济、政治、价值观等多视角、多维度剖析生活与社会现象,培养学生解决问题以及应对未来多变世界的能力,这也是基于引导学生在生活中

[①] 钱扑,辛敏芳. 中美社会科教材比较研究——以美国《学校与家庭》和中国《品德与社会》为例[J]. 全球教育展望,2009,38(6):82-86.

第二章 中西方德育教材的发展与实施态势

过更加有质量的生活的目的。由此可见，美国教材偏重与学生日常生活的联系，更强调学以致用，发展有效应对未来社会的各种能力。

二、英国小学德育课程教材的发展与实施态势

英国学校德育具有典型的保守主义倾向，但是在最近十几年以来受到美国的影响，开始重视学校德育中的责任教育，德育课程内容的选择也会根据学生的需要和社会的反馈进行筛选，德育课程实施也从知识讲授转向了社会活动实践。

随着时间的推移，英国学校德育目标由培养教徒转向培养贵族绅士，最后变成培养合格公民，其独特典型的宗教文化、绅士教育特征和当代著名的体谅模式使英国学校德育占据了世界教育领域的一席之地。① 值得关注的是，英国是一个日益世俗化的社会，但宗教教育是一门义务教育。宗教教育在1944年成为义务教育，部分是为了支持民主背后的道德价值观。② 宗教教育对英国德育产生了一定影响。

英国具有独特的"英国价值观"，包括民主、法治、机会均等、言论自由和所有男女无迫害的权利，英国学校有责任教授这些价值观。在自由民主中，灌输美德（道德习惯和良好品格）以及价值观（信仰和理想）是教育的基础。③ 由此可见，英国重视学生价值观的树立，并提出要在学校教育中对关键的价值观进行传递和培育。

在英国，学生的要求和社会反响也体现在德育内容中，包括社会意识、公民意识、公民的个人义务和责任、就业和消费问题、婚姻和家庭问题，以及职业道德等各个方面。④ 20世纪60年代后期，英国着手改革学校德育，其中一个重要内容是决定建设专门的德育课程。英国政府资助牛津大学和剑桥大学的两个道德研究机构编写了一套德育教材——供小学使用

---

① 郭艺倩. 中英两国中学德育课程比较研究 [D]. 乌鲁木齐：新疆师范大学，2016：26.
② WHITE, JOHN. Should Religious Education Be a Compulsory School Subject? [J]. British Journal of Religious Education，2004，26（2）：151-164.
③ PIKE, MARK A. British Values and Virtues: Schooling in Christianity and Character? [J]. British Journal of Religious Education，2019，41（3）：352-360.
④ 王蕊. 英国隐性德育对我国高校思想政治教育的方法论启示 [D]. 合肥：合肥工业大学，2014：36.

的《起始线》和供中学使用的《生命线》，并提出了教学的"情感模式"。"情感模式"教学的目的在于使青少年更快、更好地适应纷繁复杂和多变的社会，并根据不同环境和具体情况做出最佳判断。情感模式教学取得了良好的实际效果，受到教师、学生和家长的普遍欢迎，其教材在英国和北美广泛流行。

英国中小学德育教材的内容主要有以下五个方面。

第一，重视培养学生的自尊心、自信心、责任心和独立性。

培养学生的自尊心、自信心、责任心和独立性是英国中小学德育的重要内容，并且循序渐进、由简到难地按照学生身心发展规律设定教学内容。学生要了解自己的好恶，能够表达自己对事物的简单看法，增强独立思考的能力。让学生学会分享自己的体验，有分析评价的动作，拥有抒发和抑制个人情感的能力。学会自我评价，在正确看待自己的优点以及缺点的基础上认识到个人价值并且能够确定现实可行的学习目标，意识到自己具有的潜能和独特品质，具有个人发展目标，无论在任何情境下都能自信地展示自己的能力和特长。学会创设和维护良好的人际关系，在自尊自重的基础上学会尊重他人，照顾别人的想法和感受。学会勇敢面对自己的失败，正确面对自己的成功，能从失败中吸取教训，胜不骄，败不馁。让学生有正确合理的消费观，拥有管理自己消费的能力。学会正确面对各种压力，并且知道如何求助和利用各种渠道去抒发自己的感情。[①] 以便于学生拥有良好的心理、社会责任感，为学生参与社会事务做好准备。

第二，让学生拥有健康的生活方式。

健康生活方式的养成是从孩童时期开始的，所以英国的德育教材中编排有生理卫生教育的相关知识。教师要引导学生正确面对青春期身体与心理的自然发展，正确认识这些变化并且善于驾驭这些变化。学生要知道一个人由出生到死亡的全过程，了解各个年龄阶段的需求和自然变化。传授给学生相关的安全知识，让孩子们意识到为什么要遵守安全规则，认识到在不同情境下的各种冒险性行为，哪些行为是合理的，哪些行为是不可以接受的，学生要学会独自抵抗可能影响自身健康和安全的各种压力，了解紧急求助的相关程序和有关知识。在心理健康教育上，让孩子们知道自己

---

① 易秋莎.中英两国中小学德育课程比较研究[D].武汉：武汉纺织大学，2012：29.

的哪些冲动和冒险的行为会对他人造成影响甚至是危害，能够为别人着想。学生必须具备一定的法律知识，知道什么行为是合法的，什么行为是非法的，哪些物品是安全的，哪些物品是危险的。以此慢慢塑造自己的生活行为习惯，过一种健康的生活。

第三，注重公民意识和能力的培养。

学生要在步入成年之后作为社会成员为社会起到积极作用，要敢于发表自己的观点，积极参与社会事务，提高参与社会的能力，而做到这些的基础是要能够全面了解英国社会，关注并且参与讨论社会问题。所以，在英国的德育教材的设计中，在低年级阶段有要引导学生在课堂上一起讨论并且独自发表见解的设计，设置一些具有争议的话题让孩子们进行合理的争辩。进入高年级后，要增加他们发表见解和与人争辩的能力。学生必须尊重英国各民族的宗教信仰和文化，并且学会欣赏它们的多元性。

通过多种方式让学生乐意亲近社会，告诫学生哪些是反社会行为，了解到这些反社会行为给自己和他人乃至整个社会所可能带来的危害，要能够和一切反社会行为做斗争。要让学生了解社会规则，必须让他们从了解班规和校规开始，支持学生为班级生活和学校生活做力所能及的贡献，并逐渐了解法律。学生要具有群体意识，要知道自己是某一个集体或者社区的成员，是家庭的一分子，是学校的主人翁，具有归属感，进而了解到自己在这个群体之中所要担起的责任、义务、权利，并且在两者产生矛盾的情况下，知道如何解决。启发学生在解决问题的时候思考多种解决方法，并且能够选择出最合适的一种并知道理由。在环境意识方面，要让学生知道保护环境的必要性和破坏环境可能造成的后果，使其从小养成保护环境的良好习惯，以此塑造合格的公民。

第四，重视培养学生团结合作的意识和能力。

英国是一个多民族的国家，在德育教材中，编排有对不同历史时代、不同的地域的人的生活方式和人文风俗等学习内容。教师要引导学生了解人与人之间的差异性，尊重每一种生活在不同历史时代、不同的地域的人的生活方式、人文风俗、价值观。虽然人和人之间有着种族上的不同、宗教信仰上的不同、男女性别的不同和个人能力的不同等，但是要容许世界上有不同的生活方式，要接受并且理解这种差异性，不允许任何性质的歧视和欺压，特别是针对种族的歧视和暴力行为，如学生自己遇见这种情况，要知道如何寻求帮助，在遇见别人遭受这种行为的时候，要有技巧地解决，不能以暴制暴。在与不同的人接触，特别是一起学习和工作的时候，要能够听取别人的意见和建议，培养自己与不同人交往和合作的能力。在处理人际关系上，可以协调好各种关系，在遇见矛盾和冲突时，可以勇于坚持自己认为正确的观点，但要能够理解家人，关爱家庭的每一分子，并且承担自己的家庭责任，能够体会到父母的关爱，多与长辈交往，可以获取他人的人生经验和意见。

第五，培养学生的理解能力、探索能力、交流能力和参与能力。

英国的宗教和文化差异非常大，所以要意识到互相尊重的必要性，了解英国政府的结构和职能，了解公民投票权并且明白参与选择的重要性。英国是联合国成员之一，教材的内容中，有学生需要了解的相关信息，以便让学生知道英国在国际上的正确地位和作用。帮助学生理解世界各地不同的政治、经济和文化等各方面的差异，为提高他们口头表达能力和书面表达能力，鼓励他们发表对相关政治事件或者社会焦点问题的看法，支持他们组织小组或者班级辩论，并且通过查找文献、搜索信息等方式来证明自己的观点。

在英国德育教材的实施上，有以下做法。

第一，配套教材提供教师手册，提供学生支持服务。

英国因为地域、学校和教师之间的差别，教学方法是多样的。2002年资格与课程局（Qualifications and Curriculum Authority）和国家教育与技能部（Department for Education and Skills）共同出版了教师手册，为每一门课程的教学都提供了一套科学和完整的教学计划。在中小学公民教育课程的教育手册中，就提出了一些活动法案用于配套教材使用，配合课堂的教学，给予学生最充足的实践机会，而且每一位学生都有一份公民记录，记录着每次参与的实践活动，包括选举和其他特殊活动。[①] 可以说，英国学校为学生提供了学生支持服务，在教学过程中，学生不断以教师为指引，积极进行德育实践。

第二，课堂教学方式多种多样，让学生在游戏中思考，在活动中理解。

---

① 易秋莎. 中英两国中小学德育课程比较研究［D］. 武汉：武汉纺织大学，2012.

第二章　中西方德育教材的发展与实施态势

英国的《生命线》和《起始线》教材主要通过角色互换、角色扮演的方式进行教学。教师首先创设情境，然后请全班学生写出自己身处此情境的所作所为，再选择扮演某一个角色，并由同学对角色行为进行评论，最后师生共同讨论和总结。除课堂角色扮演外，教师还在课外的教学中设计团队合作的活动。在进行根本性方针、政策等具有指导性的内容的学习时，采取讲授、提问、论证等方法；在进行有争论的内容和话题的学习时，采用组织全班讨论、小组讨论、小组设计等方法。[①] 课堂教育的形式十分生动多变，在游戏中引导学生思考，用理论知识指导自己在生活中的实践活动，不用死记硬背理论知识，而是在不知不觉中得到德育，培养判断能力。

综上所述，英国德育教材的实施建立在一个更加生活化的教育环境中，采取丰富多样的教育形式，渗透教育内容，让学生更加易于接受，更有利于学生的行为养成，关注教师的参与，倡导师生的双向互动。

三、北欧国家小学德育课程教材的发展与实施态势

北欧各国在诸多方面存在共性，将其视作一个整体已经在国际社会和学术领域形成基本认同。北欧（Northern Europe）是一个政治地理名词，第一次世界大战以来，北欧一词被广泛用于指称位于欧洲大陆西北部的五个主权国家：芬兰、瑞典、丹麦、挪威和冰岛。北欧五国虽不是政治意义上的正式共同体，但同为北欧理事会国家，并且具有紧密相连的历史背景和文化传统，以及较为相近的社会政治制度，在国际和经济事务领域内又有许多相同之处，因而常常被作为一个整体看待。北欧国家注重价值观教育，价值观教育在情感方面主要涉及以价值的内在激励力量来激励学生的价值行为。为了发展以价值为导向的情感，需要某些态度技能，包括以仁慈和尊重的态度为标志，将学生视为一个在价值可能性面前享有价值选择自由的人。有人提出，如果没有这种"危险"的自由，人们就不会形成敏感的价值意识，不能成为自主的个人。[②] 此外，北欧国家还注重思想政治

[①] 易秋莎. 中英两国中小学德育课程比较研究 [D]. 武汉：武汉纺织大学，2012.
[②] PUOLIMATKA, TAPIO. Pluralism and Education in Values [J]. Research Bulletin, 1990：74.

教育和公民教育。在小学课程的组织上，部分北欧国家的设置如表 2-2 所示。其中，与德育相关课程也占据了一定的比例。

表 2-2 北欧国家的小学课程设置

北欧国家	小学课程设置
瑞典	艺术、英语、家政与消费、体育与保健、数学、现代语言（英语除外）、母语、音乐、自然科学（含生物、物理、化学）、社会科学（含地理、历史、宗教、公民）、手工、瑞典语、作为第二语言的瑞典语、手语、技术
丹麦	丹麦语、英语、基督教研究、历史、社会科学、体育与运动、音乐、艺术、手工设计/木工/金工/家政、数学、科技、地理、生物、物理/化学、德语/法语
挪威	挪威语、英语、第二外语、数学、社会科学与历史、宗教/生活哲学与伦理、艺术与工艺、自然科学、食品与健康、音乐、体育、家政、学生理事会工作
芬兰	母语与文学、第二官方语言、外语、数学、环境研究、生物与地理、物理与化学、健康教育、宗教/伦理、历史、社会科学研究、音乐、视觉艺术、手工、体育、家政、职业与教育辅导

由表 2-2 可见，北欧国家虽然没有名为"思想政治教育"的课程，但思想政治教育活动是客观存在的，类德育课程还是广泛受到国家重视的。

（一）北欧德育课程设置及教材

总体来看，北欧比较突出的思想政治教育和价值观教育的课程设置和教材有以下特点。

1. 北欧思想政治教育的课程设置及内容

思想政治教育将政治引导功能和个人发展功能并重。学校的思想政治课程包括宗教、公民、历史与地理等课程，除了传授必要的知识外，更为重要的是对学生进行道德教育。宗教课程主要向学生讲授宗教历史、教义、训诫及作用等民族精神教育课程和社会信仰教育课程；公民课主要对公民进行品德和法制教育，讲授公民权利与义务等；历史、地理课主要讲授本国与世界的历史与现状，国家地理的构成与资源等，让学生了解历史和现实，激发民族感情。另外，北欧国家的课程设置还包括内容广泛、形式多样的课外活动，这些课外实践活动是思想政治课程的重要组成部分。

北欧德育课程针对学生的年龄和接受能力，整合开展理论课和实践课，取得了良好的教学效果。

2. 北欧学校核心价值观教育的内容

北欧在意识形态建设，尤其是核心价值观培育方面形成了较为独特的模式且取得了一定效果。丹麦、挪威、瑞典、芬兰等国在保证经济增长的同时又在极大程度上保障了极高的国家认同度、社会稳定性与全球竞争力，这与其核心价值观的广泛认同与自觉践行有着密不可分的关系。在中世纪教会学校中，出现了北欧学校核心价值观教育的雏形。在中世纪教会学校中，价值观教育还没有普及，宗教教育承担了社会核心价值观的引导工作。随着公学的产生和义务教育的普及，公民与道德教育开始出现在学校教育中。20世纪50年代，北欧逐渐形成了现代意义上的核心价值观教育。

北欧核心价值观涵盖了"民主、自由、平等、团结"四大维度。在北欧人民心目中，民主既是基于平等的一种集体决策和实施的过程，又是贯穿于整个社会生活和人际关系的价值体系，具有目的与手段的双重意义；自由是提倡每个人作为自由平等的个体，能团结、互助；平等是指每个人作为个体存在的价值，其涵盖众多领域，如政治、经济、文化等；而比起内容和结果上的一致，北欧国家更注重权利和机会的实质平等与公正，团结（互助）的价值理念在民主社会主义的建设中具有重要意义。他们创建了一个共同反对各种依赖关系和歧视，富有人类尊严的社会。

如今，核心价值观教育完全浸入了北欧国家的学校教育中。挪威、瑞典、丹麦、芬兰等国家在学校教育活动中，不仅教导学生了解民主的内涵，学会平等待人，容忍不同个体之间的差异，还教育学生维护生态环境、承担共同责任等，从知识与技能、过程与方法、情感态度与价值观层面进行引导。由此可见，价值介入已经成为北欧学校教育的基本立场。

但在北欧学校的价值介入的方式上，不同的价值采取的介入方式不一样，基本上属于"有限度的价值介入"。在学生基本价值的形成过程中，北欧学校会主动介入，助力学生确立基本的民主价值观，比如国家尊严、民族团结、个体生命价值、人格等。但对于有争议的非主流价值观，学校不会采取强制输入的方式进行介入，比如男权主义、性观念、种族主义等，教师在教学过程中会隐藏支持某一价值取向的动机，在中立的态度下对不同群体的行为和观点进行陈述，鼓励学生进行讨论。在思辨的过程中，学生运用已掌握的知识、技能和方法，锻炼做出独立价值判断及评价，形成价值结论的能力。

具体而言，北欧国家的核心价值观教育的内容包括以下六个部分。[1]

第一，政治信仰和国家认同。在青少年核心价值观教育中，最根本的内容就是政治信仰与国家认同，它承载了国家的发展目标，决定了核心价值观教育的性质，指明了国家教育的方向。

第二，国家历史和传统文化。国家历史和传统文化教育是激发学生爱国情感、形成国家认同感的重要载体。北欧国家历来重视历史，并将其作为维系社会发展的关键因素，因此，历史教育成了北欧学校义务教育阶段的重要内容。

第三，民主意识和民主技能。因民主价值观在北欧国家深入人心，故学校的公民教育和道德教育的基本内容都属于民主教育，它是核心价值观教育内容中的精髓，包括民主意识的培养和民主技能的获取。首先，在于塑造具有健全人格之个体，使其形成自主观念及责任意识；其次，将个体培养成有道德理想、有国家情怀和民族情感的积极公民，从而完成民主公民教育的任务。

第四，宗教伦理和道德规范。宗教既是一种历史现象，也是一种文化现象，虽历经多个文明形态的洗礼，不断趋向世俗化，但其作为一种精神层面的支撑和内心信仰的基础，仍在人类社会的发展进程，尤其是民众教化方面发挥着极为重要的作用。

第五，民族团结与种族平等。民族团结和种族平等是北欧学校核心价值观教育中的另一个重要内容。虽然北欧主要民族为日耳曼人，是一个民族结构相对简单的社会，但其本土仍有部分少数族群，且伴随国际交流的日益频繁，外国移民也逐渐增多，形成了包括萨米人、犹太人、鞑靼族人、俄罗斯人、波兰人在内的不同民（种）族共存的局面。民（种）族间的平等与团结对于形成和谐有序的社会关系，实现国家的稳定发展具有至关重要的基础性保障作用，而青少年对待不同民（种）族的态度又直接影响着民族团结及社会凝聚力的形成。北欧学校的核心价值观教育即是通过

---

[1] 陆璐. 北欧青少年核心价值观教育研究 [D]. 南京：东南大学，2019：59.

强调不同民（种）族之间的实质平等，进而实现社会团结，加强社会内聚力的。

第六，国际理解与全球合作。北欧虽然地处欧洲一角，但在跨国流动日益加速的背景之下，各国逐渐意识到个体不仅要建立起对本国的认同，还应形成一种国际视野和全球意识，这恰与北欧将核心价值观中的"将合作扩展到全球领域"具有不谋而合的意味。在国民教育中培养青少年的国际意识，增强国际合作，这不仅是为了响应欧洲委员会促进全球教育的号召，更是发展本国经济、政治和文化的需要。

四、日本小学德育教材的发展与实施态势

道德教育是日本教育的主要组成部分，道德教育的重点是发展个人态度和社会价值观。这一学科的内容是一种世俗的人文主义，产生价值观、态度、行为和美德。日本文部省颁布的《学习指导要领》对道德教育一词做了明确的解释，即"培养尊重人和社会，对生命有敬畏之情，具有丰富的内心世界和坚韧不拔的精神，能为发展民主社会和为推动国际社会和平作贡献的、主体的日本人"[1]，并将教育的主要内容确定为：受教育者自身方面的内容、受教育者和他人的关系、自然及崇高事物的关系、集体及社会的关系。

日本学校的德育课程具有以下特点。第一，强调民族意识和民族精神的教育。日本学校的德育课程，都以民族意识、民族精神的教育作为核心和实质，渗透到德育课程中的诸多内容中。第二，尊重学生的道德体验。日本学校的德育课程注重个人见解，激发学生独立思考，鼓励学生提出自己意见，不强求见解统一，强调互谅互让；注重思想交流，把教学作为一种师生共同探讨人生真谛和交流彼此思想的活动；评估时不打分，而是分析有关学生的认识特点和行为倾向。[2]

在当代日本，根据国家对道德教育的需要，政府设置了学校道德教育

---

[1] 吴呈苓."再生"与"复古"之间：日本2017年版《学习指导要领》述评[J]. 外国中小学教育，2018（6）：1-7.

[2] 裴云. 美、日德育和社会课程对我国思想政治课程改革的借鉴意义[J]. 内蒙古师范大学学报（教育科学版），2008，21（12）：80-83.

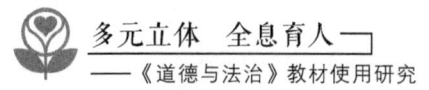

的阶段性目标和具体的实施规划。小学和初中将道德教育课程和社会课作为学生的必修课,并进行专门的教学。

2015年3月,日本文部省宣布在中小学推行"道德学科化"改革,颁布了新的《中小学学习指导要领》(以下简称《要领》)。2016年6月,文部省推出了部编本小学德育教材——《我们的道德》。《我们的道德》教材主要依据《要领》以及《教育基本法》编写,共分为3册,小学低年级(1、2年级)、中年级(3、4年级)、高年级(5、6年级)三个学段各一册,每册分别设有16、17、22个基本单元。

教材《我们的道德》编写的特点及内容,贯彻了以学生为主体的编写理念。第一,以问题情境为核心的内容模式。《要领》对道德教育实施中的具体指导方法予以明确的规定:改变过去以"阅读"为主的教育方式,构建以"解决问题"为核心的内容模式,让学生在体验式活动的过程中思考学习内容的意义。在《我们的道德》教科书中,多以体现学生道德需求和道德困惑的问题为导入,引导学生围绕问题阅读有关自然、社会、生活、人生全方位的学习材料,并通过角色扮演、讨论、评价、总结等方法促成学生的反思性表达,帮助学生澄清自身的道德选择并将其付诸实践。最终让学生将体验独白记录在教材相应部分,形成学生的个人成长档案。第二,与学生互动的活动设计。《我们的道德》教科书主要通过活动设计实现与学生的良性"互动"。通过将活动环节灵活嵌入课文之中,留出空白供学生书写、涂描和创作,为学生表达活动感受与反思提供了物理与心理空间。第三,符合儿童心理特征的审美表达。教科书的审美化表达是指将教材的美工设计、语言和文学体裁用贴合儿童情感体验的方式呈现,达到辅助德育的效果。《我们的道德》教科书中有大量反映学生真实生活场景的图片和带有日本元素的插画,照顾本国儿童审美特点。① 由此看出,以学生为主体,是日本德育教材的出发点。

《我们的道德》采用了螺旋上升的编排方式,依据《要领·道德编》中的四个维度对德育内容进行编排,即:有关自身的道德,主要是指将自己的存在方式放在与自身的关系中进行把握,以谋求形成理想的自我;有

---

① 石烨,刘长海.日本小学"部编本"德育教材研究[J].上海教育科研,2019(1):66-70.

关他人的道德,是指把自己放在与他人的关系中,以求培养理想的人际关系;有关集体和社会的道德,主要是把自己放在与各种各样的社会集团、国家、国际社会的关系中看待,以谋求生存于国际社会中日本人的自觉,养成作为民主社会和国家成员所必需的道德性;有关自然、生命以及崇高事物的道德,主要是把自己放在与自然、美好的东西、崇高的事物的关系中,以达到加深作为人的自觉的目的。① 这种螺旋上升的编排方式符合学生道德认知发展的规律。

该教材还融合了传统东方伦理和西方经验作为编写理论依据。日本较早受到传统儒家文化的影响,儒家的诸多理念,如和、信、忠、诚、礼等都深深积淀于日本人的道德规范、民族心理及社会经济生活等各方面之中。在《我们的道德》教材中也有诸多体现,例如在个人道德方面,强调自立、自制、思虑、努力、忍让、克己等内容;在有关团体和社会道德方面,强调要有勤劳、公共之心、爱家族、爱学校、爱国家等美好品德。同时,二战之后日本学者注重对西方道德教学理论的学习、解读以及本土化构建,并融合在道德教育实践中。例如《我们的道德》教材编写理念中处处闪烁着价值澄清理论和科尔伯格认知发展理论的精神,强调围绕一个或多个道德问题,通过对话和讨论的方法养成学生的价值判断和道德自觉。

该教材强调了要进一步加强教材与其他学科、学生生活的连接。《我们的道德》教材在每册书籍的开篇"如何使用这本书"部分,明确要求在其他课程、休息时间、与家人和社区居民相处时使用本教材,并就启发思考的问题在课堂和课后与他人讨论。同时,在低学段教材中需要儿童课后实践的部分设有"家人反馈"区,方便家长对学生的实践活动进行评价。高学段则要求学生在教科书中的相应部分填写在活动课中的所感所想,强化德育课程与特别活动之间的相互支撑。

五、新加坡小学德育课程教材的发展与实施态势

新加坡是以华人为主的国家,与我国有着相似的文化根基与价值观。其从一个经济基础较薄弱、缺乏悠久历史文化积淀的国家,成功地解决了

---

①石烨,刘长海.日本小学"部编本"德育教材研究[J].上海教育科研,2019(1):66-70.

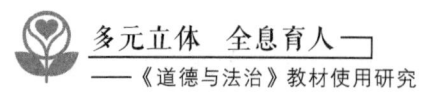

20世纪70年代经济迅速发展的同时提高公民道德素质、加强社会文明建设这一难题，实现了经济发展与社会文明共同提升，这一过程中新加坡中小学德育发挥了巨大作用，也由此积累了不少有益经验。①

新加坡政府非常重视中小学的道德教育，不仅把道德教育放在学校教育的首位，还将道德教育的重要性提升至国家工作重点、工作要务上，由国家最高领导机构或政府首脑亲自提出要求或意见，在全国范围内自上而下强力推行，借由德育在某种意义上对政治、经济和社会发展起到一定的保障和推进作用。②

新加坡中小学的德育目标是综合新加坡共同价值观、新加坡家庭价值观、与"21世纪新加坡愿景"三大方面内容进行制定的，其中"21世纪新加坡愿景"的三个方面是：每个新加坡人都重要，每个人都拥有机遇；活力新加坡；我们的家、我们的根、我们的未来。新加坡核心价值观包括"尊重、责任感、和谐、正直、坚毅不屈、关爱"，这六个词被印在新加坡《品格与公民课程》课本的封面上，可见其重要性。

社交与情绪管理技能的学习在青少年如何控制自身情绪、关心他人、做负责任的决定、建立良好人际关系及科学应付生活中挑战等方面具有重要作用。具体技能有相互联系的五个方面：自我意识、自我管理、社会意识、关系管理、负责任的决定。与公民道德相关的技能包括活跃的社区生活、环球意识、社会意识、对社会文化认知了解与敏感等。

注重对青少年进行爱国主义教育。新加坡中小学德育目标强调国家为先，以国家利益为首，目的在于造就具有良好品格的、能够为国家做出贡献并忠诚的公民，对青少年在个人行为习惯、道德品质、社会责任意识以及忠于国家等方面提出发展要求。

在新加坡，中小学均开设"品德与公民教育"课程，此课程新加坡教育部规定此课程为必修科目，"品德与公民教育"课程由品德与公民课、级任老师教辅课（FTGP）、品德与公民校本课程及品德与教育指导单元四部分组成。品德与公民课用各民族母语对学生进行价值观、知识与技能的教育，其中小学低、高年级总课时分别为30、45小时，中学总课时为20

---

① 魏新强. 新加坡学校德育途径及启示［J］. 中国青年研究，2010（8）：104-108.
② 宋虹摇. 小学德育校本课程开发现状及问题研究［D］. 海南师范大学，2020：89.

第二章 中西方德育教材的发展与实施态势

小时；级任老师辅导课对学生进行网络健康教育、全球性课题回应。总体来说要他们把握身份、人际关系与抉择的重要性。各学校都设置了道德教育研究室，按照一定标准选择符合要求的老师为青少年授课，道德教研室的负责人务必由本校校长担任。① 新加坡对学生的道德教育具有中西方融合的特色，注重对学生生活方面的教育。在学校范围内开展的公民道德教育课程作为主要途径。在课堂外，开展了丰富多彩的各项活动，如带领学生参观社会发展成就展、禁毒展等；与此同时，新加坡政府经常在社会上举办"睦邻周""礼貌周"等各种社会实践活动，借助活动培养学生的与人为善、互助友爱等良好品德。②

为了国家的安定与发展，20世纪90年代，新加坡进入了共同价值观教育阶段，发表了《共同价值观白皮书》，其提出背景在于部分新加坡学者针对社会发展现实情况提出了各民族人民都普遍认同和接受的共同价值观念。其中，学者吕霎在其文章中提出"国家至上，社会为巧；家庭为根，社会为本；关怀扶持，同舟共济；协商共识，避免冲突；种族和谐，宗教宽容"五大价值观。新加坡政府根据此价值观颁布了新的德育教材，同时终止相关宗教课程与儒家伦理思想课程，由"公民与道德教育"替代，可以看出，新加坡公民德育实质就是道德教育与公民教育这两部分的融合。

经过六年的实践与完善，新加坡教育部更新了品德与公民教育中的品德与公民课，新课程以学生的日常生活为背景来教导价值观，旨在让孩子在学校塑造良好的价值观和品格素养。③ 新加坡政府提倡"好公民"的概念，其中考虑到了宗教和公民权的多样性和复杂性。④

21世纪伊始，新加坡教育部对中小学课程进行了改革，小学将原来的"好公民"课改为"公民与道德教育"课。公民与道德教育课程涵盖了五大主题十个方面二十八项德目，内容如表2-3所示。《公民与道德教育》教材采用综合设计的方式，即将课本、学生活动作业、教师手册和视听教材（包括软片、音带、大图书、大图片、教育电视等）视为一个整体，并且

---

① 杨婧雯. 中国与新加坡中小学德育比较研究[D]. 上海：上海外国语大学，2018.
② 郑晓晗. 小学依托校本课程实施生活德育的研究[D]. 安庆：安庆师范大学，2020.
③ 黄雯雯. 中国与新加坡小学社会课程标准比较研究[D]. 扬州：扬州大学，2015.
④ TAN, CHARLENE. Creating "Good Citizens" and Maintaining Religious Harmony in Singapore [J]. British Journal of Religious Education, 2008, 30 (2): 133-142.

教材内容由浅入深，联系小学生的生活，用看图讲故事等办法帮助学生认识家庭、学校、社会、国家和世界，认识自己的社会责任。①

表 2-3　新加坡小学公民与道德教育课程

五大主题	十个方面	二十八项德目
个性塑造	了解自我	自尊、自我肯定
	廉洁正直	城市、勇气、信用、公正
	自律	毅力、耐性、礼貌
	责任感	对己、对他人、对学校和社会、对国家
与家庭的联系	爱家	孝顺、家庭凝聚力、孝敬长辈、维护家庭声誉
对学校的归属感	爱校	以学校为荣、尊重与关怀学校的成员
作为社会的一分子	团队精神	合作
	社区精神	种族和谐、互敬互重、关心和体谅
以国家为荣并忠于国家	爱国	以国家为荣并忠于国家、对国家有信心、应变能力
	认识和了解邻国	相互依存、和平及稳定

从表 2-3 可以看出，德育内容从个人逐渐延伸至世界。其中在个人层面上，聚焦在青少年的自我肯定与提升上，关键内容有：让青少年认识自我与他人的异同，发现自身的长处；青少年对自我的认识以及对自我进行管理的方式对本人与他人有怎样的影响；青少年怎样使自己的选择有利于自身和他人。家庭层面上，培养焦点在增加家庭的凝聚力，关键内容有：让青少年了解自己在家庭中的身份；怎样与家人建立并保持良好和谐的关系；清楚自己的语言行为会对自身与家人产生怎样的影响。学校层面，重点培养青少年能够建立正面良好的友谊与团队精神，关键内容有：让青少

---

① 黄慧. 解码新加坡德育 [J]. 中学政治教学参考，2018 (26)：17-19.

年了解自己在别人心中是怎样的朋友,自己在团队中是怎样的角色;明确谁是自己的朋友,要如何与朋友相处融洽;使青少年明确自己想从友谊中收获什么,以及如何利用自己的长处组建团队。社区层面上,聚焦在让青少年了解社区,了解新加坡多元文化的社会特征,并建设包容性社会,关键内容有:使青少年了解包容性社会的意义;让青少年懂得在包容性社会中如何相互了解与沟通;在包容性社会的建设中,自身的角色是什么。国家层面上,聚焦建立青少年的国家认同感,让青少年重视国家的发展与建设,关键内容有:让青少年了解作为新加坡人应该具备哪些特质,并能够做到因身为新加坡人而自豪,对新加坡有强烈归属感,愿意致力于新加坡的建设;使青少年逐渐认清自身与他人的关系对新加坡的建设有哪些有益之处;怎样做能够体现奉献精神,进而为新加坡的繁荣与稳定发展尽力。在世界层面,聚焦在让青少年心系祖国的同时放眼世界,并能够在全球化的世界中做积极公民,关键内容有:怎样在全球化世界中做一个积极公民;如何在全球化世界中与他人进行沟通交流;怎样运用自己的能力与长处应对全球化世界的需求。[①]

新加坡德育教材体系完备,设计科学合理。表现在三个方面。一是注重教材的综合设计。教材包含课本、学生活动作业、教师手册(参考书、教学要点、参考答案等)和视听教材(录音带、教育电视、透明软片等),内容丰富,体系完备。二是教材结构严谨,充分考虑学生道德发展的阶段性特点。德育教材体系遵循学生身心发展规律,从小学到大学,针对不同的对象,注意德育内容的循序渐进,课程由浅入深,系统地向学生传授道德观。三是教材内容通俗易懂。德育理论与现实并重,少抽象重实用;版面设计新颖美观、充满生活情趣。教材的扉页上明确要求这门课的教学方式是以学生为中心,鼓励学生积极参与学习讨论,彼此交流看法和感受。教师上课可以使用各种活动方式告知学生,学生在进行活动的同时也能够学会思考问题的具体策略,如头脑风暴法、头脑地图、角色扮演、纵横字谜、拼图学习、竞赛等。这些独具特色的教学方法和教学内容,极大提高

---

① 杨婧雯. 中国与新加坡中小学德育比较研究[D]. 上海:上海外国语大学,2018:78.

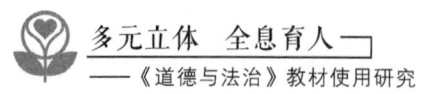
——《道德与法治》教材使用研究

了学生学习德育的热情,加强了德育在中小学校的重要性。①

新加坡主要采用"东西融合模式"进行德育教材的教学。"东西融合模式"主要是"东方内容加西方形式",课程内容主要来源于中国传统道德的思想和经典事例,但教学方法又多采用西方国家流行的现代教学方法。

一是文化传递法。即直接灌输道德或价值观的教学方法。它的目标是通过教学,把过去累积下来的知识、规则或道德标准传递给学生,让学生讨论所传递的价值观念。这种教学方法是以教师通过故事、朗诵、直接问答、角色扮演和讨论,引导学生进入所呈现的生活情境、历史名人或历史事件故事、寓言等的道德情境中,让他们辨别正误,知道是非,以便在必要时采取适当的行动。②

二是设身处地考虑法。设身处地考虑法的目的是通过教学,解除学生的心理障碍——恐惧和不信任感,并鼓励学生在评论之前,能设身处地为别人着想,了解别人的感受、需要或利益,不从自己的立场看问题或者轻易下判断。

三是价值澄清法。价值澄清法强调道德或价值观是经过自由选择、反省和行动澄清而得出来的,价值澄清法是教师设置某种问题,让学生在认清问题后,找出可以做出选择的几种可能性,并对每种选择进行权衡与考虑,通过思考清楚每种选择的后果,做出选择,并对自己的选择负责任,也敢于公开自己的选择,最终能够根据自己的选择行动。因为这种方法是让同学们最终能够对价值观有正确的认识,能够选择正确的价值观,因此在教学过程中,会要求教师给予学生一定的指导,并向学生传授正确的、符合社会要求标准的道德或价值观,对学生所做出的一些不符合道德要求的价值判断予以澄清。③

四是道德认知发展法。道德认知法是由教师为同学设置道德情境上的两难问题,并由学生对问题进行讨论,学生讨论的同时,教师注意聆听,

---

①韩迎春.中国与新加坡中小学德育过程的设计比较[J].河北师范大学学报(教育科学版),2010,12(8):33-36.

②王学风.21世纪新加坡中小学德育课程、教材与教法改革及启示[J].课程·教材·教法,2004(11):87-91.

③杨婧雯.中国与新加坡中小学德育比较研究[D].上海:上海外国语大学,2018.

因为教师需要引导他们对于困境所做选择背后的动机,并且在选择的过程,教师并不加以干涉或暗示。讨论过后由教师进行讲解,学生通过检讨自己的行为动机,能够对自己的自我意识有所提升。教师通过教学来刺激学生的自我认知结构的转变,从而提升他们的道德素养,最终用于解决现实生活的问题。[1]

新加坡教育部规定:以上四种教学方法不是僵化的模式,教师在教学时应灵活使用,如何取舍,需视哪一种教学法能更有效地达到教学目标及视学生的认知阶段而定。此外,教师可采用讲述、讨论、辩论、角色扮演、参观、游戏、实践等方式及充分利用视听教具以加强教学效果。[2]

六、小结

纵观中西方诸国,对于小学德育和校本课程的研究尤为重视,通过对文献的分析和相关资料的收集整理,在小学德育和校本课程开发领域做出的研究取得了较大的进步,一方面由于各国政策的引导,促使德育校本课程的发展处于逐渐上升的状态;另一方面由于社会发展的需要,促使课程改革,领导者们都看到了校本课程改革的必要性,同时加上德育的重要前提,结合德育开发的德育校本课程越来越受到重视。当前小学德育更多地关注"核心素养"和"立德树人"等,校本课程关注的是资源的开发与实施,在小学德育校本课程开发中,开发的策略问题和开发后的实施问题都是当前研究的重点。

第一,培养具有时代特色的"世界公民"是发达国家德育的核心目标。在当今世界,文化多元必然导致价值多元,人们在多元价值观面前难以选择统一的文化价值标准,从而引起了人们的价值观、文化信念和行为方式等方面的错位和迷失,给个体的心理及社会带来了巨大的冲击,但是,纵观各国的德育,虽然每个国家在不同的文化背景、政治制度等方面的差异的影响下,各有一套独特的维系社会生存和发展的道德标准,但是我们仍可以发现各国德育目标的一致性:立志于培养具有本国、本民族特

---

[1] 杨婧雯. 中国与新加坡中小学德育比较研究[D]. 上海:上海外国语大学,2018.
[2] 王学风. 21世纪新加坡中小学德育课程、教材与教法改革及启示[J]. 课程·教材·教法,2004(11):87-91.

色的"世界公民"。

第二，注重民族德育传统，强调培养"好公民"是发达国家德育的重要内容。确立的基本依据、核心内容与德育目标有密切联系。由于各国的文化背景和政治制度等各方面的差异，德育的内容不尽相同，在同一个国家，由于不同阶级的思想观念不同，德育的内容也有所差异，即使是同一阶级，德育的内容也会随着时代的变化而变化。但是，在这个全球化的时代，在这个政治、经济、文化不断交流、碰撞的时代，人们在推崇和平、善良、诚实、自由、平等、互助、互利等价值观上还是具有一定的共识的。

第三，主体性与非主体性，一元与多元相结合是发达国家实施德育的基本途径。生活是德育的唯一源泉，德育的目标是使学生能够过更有意义的生活，能够更好地融入社会、更好地实现自我价值。而随着现代社会越来越走向开放、民主，不同文化背景下，人们的交流也越来越多，时代发展呼吁多元文化社会中学校德育应该摒弃"训导观"，遵循"指导观"，指导学生在对多元文化道德取向与道德规范的社会价值进行分析、比较与鉴别的基础上，结合个人道德认知状况，自主、合理地选择真正符合时代要求的道德观念。为了应对多元文化的冲击和挑战，各国的德育都采取了非主体性与主体性教育相结合、一元与多元相结合的教育途径。

第三章 统编教材的使用现状

一、统编教材的特点分析

（一）教材内容特点

《道德与法治》教材将道德教育与法治教育作为主要内容，有机融入国家安全教育、生命安全与健康教育、劳动教育、中华民族传统美德、革命传统等方面内容。统编新教材更加人性化，更加突出教材的时代性，更加强调学科核心素养培育的过程性、实践性和综合性，更加贴近学生的实际、社会和生活。在不同的学习阶段通过主题单元的形式不断强化学生政治认同、道德修养、法治观念、健全人格、责任意识等学科核心素养，借助真实社会情境对学生进行道德教育，注重学生在实践过程中的道德体验，引导学生正确认识自己，以及个人与家庭、他人、社会、国家和人类文明的关系，了解国家发展和世界发展大势，增强社会责任感和担当意识。总而言之，统编版《道德与法治》教材基于课程培养核心素养的要求，教学内容上选取与学生生活经历，以及与社会时代要求密切联系的内容，注重学生实际生活体验、社会要求、学科体系间的联系，其课程内容具有以下特点。

1. 立足发展学生的核心素养

道德与法治是一门综合课程，是基于发展学生核心素养的需要，对相关内容的整合。核心素养是学生通过课程学习之后所形成的正确的价值观、必备品格和关键能力。《义务教育道德与法治课程标准（2022年版）》根据义务教育育人目标以及道德与法治的课程性质，进一步提出道德与法治课程所要培养的核心素养——政治认同、道德修养、法治观念、健全人格和责任意识。这五个方面的核心素养密切联系，为培养有理想、有本领、有担当的时代新人奠定了坚实的思想政治基础和道德修养基础。核心素养是课程内容选择的出发点和课程教学的最终归宿。《义务教育课程方案和课程标准（2022年版）》明确指出，要基于核心素养培养要求，决定课程内容选什么、选多少，加强课程内容的内在联系，突出课程内容的结构化。

2. 以社会发展和学生生活为基础

道德与法治课程内容的选择必须体现时代和社会发展的新要求，特别是中国特色社会主义进入新时代对道德与法治教育提出的新要求，除了基本的做人做事的教育，还必须落实党和国家提出的重大主题教育，尤其是习近平新时代中国特色社会主义思想的教育。道德与法治课程必须根据学生的成长发展规律，以学生真实生活情境和经历为基础，根据他们的思想发展动态和特点，有针对性地选择相关的内容，切实解决学生发展中的思想问题，使思想教育真正地入心入脑，化作自觉行动。

3. 坚持学科逻辑与生活逻辑相统一

21世纪以前，中小学德育课程主要以学科知识为线索组织，德育课被上成道德知识课，其本质是知识德育，它往往导致知行分离、知行不一，以致受到广泛的质疑和批评。为解决这一问题，新课程改革提出生活德育，根据学生现实生活情境和经历组织和展开课程教学内容，解决了学生道德发展中知行分离、知行不一的问题。但是，以学生生活组织课程内容使生活走向前台，而价值教育隐藏在后台，容易导致德育课程的价值导向不明显，弱化了价值性。因此，最新颁布的《义务教育道德与法治课程标准（2022年版）》对道德与法治课程中知识与生活的关系做了重新定位，即"坚持学科逻辑与生活逻辑相统一，主题学习和学生生活相结合"。坚持学科逻辑与生活逻辑相统一，就是课程内容设计编排要以生活为底版，在生活中学习，不能以生活遮蔽道德与法治的政治性、思想性，而应以政治性、思想性引领生活。我们要做的不是否定学科内容，而是明确如何组织这些内容。道德与法治课程内容以学科主题为明线，以学生生活为暗线，根据不同年龄阶段学生的特征，将学科主题学习和不断扩展的学生生活结合起来，将主题学习有机融入学生生活之中。这样组织的课程，既凸显了道德与法治课程的生活性，又以主题学习为线索，把课程的生活逻辑与知识逻辑结合起来。

4. 课程内容突出时代要求

根据中国特色社会主义进入新时代的新要求，道德与法治课程将党和

第三章 统编教材的使用现状

国家的重大实践和理论创新成果，特别是习近平新时代中国特色社会主义思想引入课程，充分体现马克思主义中国化的最新成果，突出中华民族传统美德、革命传统和法治教育；并根据社会和时代发展的新需要，有机整合社会主义先进文化、革命文化、中华优秀传统文化、国家安全、生命安全与健康、劳动、国防、金融素养、信息素养等相关主题教育，为培养时代新人奠定牢固的思想基础。

5. 突出学生生活的问题导向

道德与法治课程倡导课程内容要基于儿童的真实生活，增强课程内容的针对性，并彰显现实性。道德与法治课程强调面向学生的真实生活，强调直面真实问题，正视关注度高、涉及面广的问题，引导学生发现问题、分析问题，学会判断、学会鉴别，学会不断解决问题，并在解决问题中，不断提升道德判断力、思维力。此外，面对真实生活的道德与法治教育必须强化规则、纪律、秩序、诚信、团结合作、冲突解决等方面的教育，培养学生遵守规则、遵纪守法，成为一个德法兼修的现代公民和时代新人。[①]

6. 高度重视国家认同教育

国家认同是该国公民对所属国家的历史、文化、主权、制度、政治主张和价值观念等的认可而产生的归属感。近年来，随着全球化进程的加快，众多外来文化强势进入，对我国青少年造成了一定的负面影响，例如部分青少年不太了解祖国的历史传统、现实国情等，更有部分青少年出现了对国家情感上的高归属感和对国家的相对低评价的矛盾。[②] 在此背景下，《义务教育道德与法治课程标准（2022年版）》中不仅将国家认同作为学科核心素养明确提出，还通过教材的主题单元教学和时事热点将国家认同素养的培育融入课程整体教学中，通过潜移默化的方式不断加强学生的国家认同。总体而言，在统编版《道德与法治》教材中，国家认同教育内容丰富，涵盖了国家认同的5个主类目和14个次类目，其中政治认同、身份认同、文化认同内容较多；国家认同相关内容随年级增长而增多，且中、

[①] 冯建军. 义务教育道德与法治课程理念 [J]. 课程·教材·教法，2022，42（6）：20-28.

[②] 高维，颜蒙蒙. 统编教材与国家认同——统编初中道德与法治教材中的国家认同教育内容研究 [J]. 教育学报，2020（3）：34-43.

低年级以渗透方式为主,高年级以直接呈现为主;教材中国家认同教育兼顾知识学习、情感体验和行为实践,有利于从认知、情感和行为层面协同促进学生的国家认同。①

7. 强调对中华民族优秀传统文化的学习

中华文化源远流长、博大精深,对增进青少年的文化认同、文化自信、文化自觉具有重要意义,对于引导青少年形成正确的世界观、人生观和价值观具有特殊意义,是中华儿女共同的宝贵精神财富。在统编版《道德与法治》教材中有较大比例的篇幅进行优秀传统文化教育,有研究显示,74.47%的单元、39.61%的课融入了优秀传统文化教育的相关内容;在内容呈现方式上形式多样,涉及古诗词、成语故事、典籍故事、历史人物故事、民族传统节日、民族风俗、传统工艺等内容。② 道德与法治学科作为德育课程强调在教学中渗透中华优秀传统文化,通过诵读、解读、探究等多样化的学习活动,让学生感受其魅力,使中华优秀传统文化走入学生的心灵,从而深化学生的文化认同,坚定学生的文化自信,从根本上落实立德树人的任务。

8. 新增生命安全与健康教育相关内容

生命安全与健康教育有助于学生树立正确的生命观、健康观、安全观,养成良好的健康文明行为习惯和生活方式,为学生的终身健康和发展奠定坚实基础。道德与法治课程归根到底是人的教育、生命的教育。将生命教育思想贯穿于道德与法治课程学习的全过程,凸显了生命教育的课程价值。《义务教育道德与法治课程标准(2022年版)》就如何使不同生命个体都能对生命安全、生命体验、人格培养、心理健康发展等有积极体验与反馈,特别地将生命安全与健康教育贯穿于全学段、全教学过程中。以健康行为与生活方式、生长发育与青春期保健、心理健康、传染病预防与突发公共卫生事件应对、安全应急与避险等主题为课程相关主要内容,通过生活实践与课堂教学相结合、自主探究与主题单元教学相结合等方式,

---

① 高维,路璐. 统编教材与国家认同——小学道德与法治教材中的国家认同教育内容研究[J]. 基础教育课程,2020(19):56-62.

② 程伟. 教材中的优秀传统文化教育——以统编小学道德与法治教材为例[J]. 基础教育课程,2022(2):12-18.

有效地促进学生积极心态培育和身体健康成长。

(二) 结构与体例

统编版《道德与法治》教材在总体设计上强调以学生的实际生活经历为依据，以个体生命在与他人、与集体、与社会、与国家以及全球关系中的自我发展为线索，以培养社会主义合格公民为中心，遵循生活和成长发展逻辑，整合道德、法律、国情等方面的知识，凝练出教材中各个单元的学习主题，统筹安排各年级德育。教材内容和教学方式注重综合性学习和主题式学习，以多种活动栏目积极引导和吸引学生参与不同类型的学习活动；教材编写以学生生活和学习过程中所涉及的问题域作为教材内容的基本架构，且每个单元的问题域都体现出鲜明的价值导向。① 统编版《道德与法治》教材在编写结构和体例上具有以下特点。

1. 以"成长中的我"为原点

道德是人与人交往的产物，是调节人与人之间关系的行为规范。人与人之间的关系，可以扩展为人与他人、人与家庭、人与社会、人与国家、人与人类文明的关系。但归根结底，这些关系都是因自我而发生的，从自我开始，由自我延伸出去，到家庭、学校、社区、国家、人类文明，由此形成不断扩大的道德关系。"道德与法治"课程面对"成长中的儿童"，从"自我"开始，以"成长中的我"为原点，随着儿童年龄的增长，他的交往范围和社会生活不断扩展。按照不断扩展的儿童生活，随着学段提高设计课程。所以，"道德与法治"课程遵循学生身心发展特点和规律，根据大中小学德育一体化要求，以"成长中的我"为原点，以"成长中的儿童"不断扩大的交往范围为逻辑线索，螺旋上升地设计课程内容。

2. 以"成长中的我"与其他关系为线索

首先，引导儿童正确认识"自我"，初步具有自尊自强、坚韧乐观的心理素质和勤劳善良、宽厚正直、自强自律的个人品德，鼓励儿童在日常生活中养成好品行，学会处理"我"与自身的关系，保持身心健康和人格的统一。其次，引导学生正确对待人与自然的关系。要明确自然是人类的生存环境，面对自然，我们必须摒弃人类中心主义的错误理念，确立"人

---

① 陶元红. 统编小学《道德与法治》中年段教材的编写特点与实施建议[J]. 课程·教材·教法，2019，39(10)：19-23，29.

与自然是生命共同体"的理念,科学合理地改造自然,保持人与自然的生态平衡,爱护环境,过一种可持续的、绿色的生活方式。再次,引导学生积极认识自己的家庭,继承和弘扬传统家庭美德。家庭是社会的基本细胞,是道德养成的起点。引导学生自觉传承中华孝道,养成孝敬父母、尊敬长辈的良好品质,做一个家庭的好成员。然后,引导学生正确处理"与他人、社会的关系"。人的社会性本质决定了人在生活中必须处理好与他人、社会的关系。要引导学生养成以文明礼貌、助人为乐、爱护公物、遵纪守法为主要内容的社会公德,鼓励他们在社会上做一个好公民。最后,在此前的基础上,引导学生在更大范围内正确认识"与国家、人类文明的关系"。每个人都生活在国家之中,是某个国家的公民。道德与法治课程应引导青少年热爱党、热爱祖国、热爱人民,培育和践行社会主义核心价值观,传承中华传统美德,弘扬民族精神和时代精神,树立人类命运共同体意识,做具有中国情怀、国际视野的现代公民。

3. 以儿童生活为基础

道德源自生活,人的道德认知、道德情感、道德判断都不是凭空构建出来的,而是基于生活的需要,在生活中生长出来的。生活是道德成长的基础,也是道德赖以存在的根基。人的道德学习必须基于生活,道德是在对生活的认识、体验和实践中形成的。生活是生命的活动形态,是儿童自己正在经历和发生的,是他们所能够经历着的、认识到的、体验到的、实践中的生活。"道德与法治"课程以儿童为对象,以生活为基础。这里的生活是指儿童(学生)的生活。儿童与成人相比,特点不同,发展需要不同,生活也不同。儿童在生活中成长,生活是成长的基础,是课程设计的底色。道德与法治课程基于儿童的生活,反映儿童成长的需要,解决儿童成长中面临的问题,以引导他们更好地生活。

4. 以螺旋上升的方式组织和呈现教育主题

义务教育道德与法治课程涵盖从小学到初中儿童的生活。在这个过程中,随着儿童年龄的增长,他的生活时空也在不断扩大,从家庭、学校、社区到国家、世界,儿童在不同场域的生活中,处理的主要社会关系是不同的。例如,在家庭处理的是"我"与家庭成员的关系,在班级、学校处理的是"我"与老师、同学的关系,在社区处理的是公共生活中"我"与他人的关系,在政治生活中处理的是"我"与国家、世界的关系。处理不同的社会关系，遵循不同的道德与法治规则。正是在处理不同的生活关系中，成长中的"我"，面对与他人、集体、社会、国家、民族、世界的关系，道德与法治素养得以进阶性提升。道德与法治课程遵循儿童生活范围不断扩展的特点，以学科主题或跨学科主题的形式，合理设计德育内容，形成一个循序渐进、层层深入、有机衔接的课程内容体系。

5. 强化课程一体化设计的整体性

大中小学德育一体化是新时代思政课设计的重要原则。《义务教育道德与法治课程标准（2022年版）》将九年义务教育分为四个阶段，根据每个学段学生身心发展的特点对课程目标、核心素养进行学段分解，以此作为课程内容选择的依据。课程内容是为发展学生核心素养服务的，依据学段的课程目标和核心素养要求，在道德与法治的学科主题中选择适合这个学段的内容。道德与法治课程的主题包括道德教育、法治教育、生命安全与健康教育、中华优秀传统文化与革命传统教育等。该课程的内容主题是固定的，根据不同学段学生发展的特点，选择恰当的教学内容。例如，为做好幼小衔接工作，特别设置了"入学教育"，便于学生完成从幼儿园到小学的过渡，适应小学生活。强化德育课程的一体化设计，在把握学生成长的阶段性和不同特点的同时，确保育人目标、课程内容、呈现方式等适应不同阶段学生发展的需要，可以进一步推进不同学段学生学习的有机衔接和有效进阶。

6. 循序德育育人

道德与法治课程作为一门对学生进行德育的专设课程，它与日常德育、学校党团少先队组织教育组成最为重要的三条德育工作路径。作为专设课程，需要依托相关课程理论知识，但课程设置的根本目的在于价值观引领，在于影响人的情感态度，促进人的行为的改变，影响人的德性与人格健全。循序德育育人主要指的是对学生进行思想品德教育时需要遵守的规律，既要与其他学科一样遵循学生身心发展规律，又要遵循思想品德形成与发展的规律。在教材编写和教学过程中要注意多采用开放式提问，引导学生多进行开放式讨论，在教学内容安排上注意开放式留白。例如在设置开放式问题后，可以引导学生合作探讨，相互探问对方，并对对方的回答进行追问。

（三）审美

统编版《道德与法治》教材相较于旧教材在插图、对话等方面进行了较大程度的修改和完善，使得新教材更加贴切地反映出新时代的新变化，与学生实际生活情境的联系更加密切。

1. 插图美

统编《道德与法治》教材中的插图在数量、类型、色彩等方面都有了大幅度的添加与更新，插图的表现形式与当下生活联系更为紧密，时代性更强。教材作为教师教学的首要工具，教材中的插图能够为教师提供教学素材，帮助教师讲解文本知识，活跃课堂气氛；教师还可以借助直观化的插图，让学生更好地理解教学内容；此外，借助彩色插图、思维导图、方法与技能、拓展思维、探究与实践等形式，还可以增加学生的学习兴趣，引导学生自我思考，自己解决问题。另外，教材也是学生学习的首要工具，《道德与法治》新教材中的插图生活气息浓郁，创意美感十足，能够有效地锻炼学生自主探究的能力，学生能通过插图的学习培养起自主学习、主动探究的能力。

2. 自然美

大自然是活教材，自古以来就有"智者乐水，仁者乐山"等亲近大自然的说法，大自然能够向儿童展示具体的、形象的、生动的美。例如在《道德与法治》教材《我和大自然》主题单元中，《风儿轻轻吹》《花儿草儿真美丽》《可爱的动物》《大自然，谢谢您》等课程内容引领儿童打开大自然这个神奇世界，充分感受自然之美。此外，还有许多与自然相关的主题课程更是通过情境创设、主题活动开展、分享交流等活动，引导学生不断感受自然之美，并在此过程中产生人与自然和谐相处、爱护自然等美好情感。

3. 人物美

道德与法治课程作为一门德育课程，在引导学生树立正确的价值观、人生观、世界观，正确处理个人与他人、集体、社会、国家及世界的关系方面起着至关重要的作用。然而，纯理论式的说教往往让德育课程单调而苍白。不能有效激发学生的学习兴趣。统编版《道德与法治》新教材通过在教材中展示学生所熟知的榜样人物，借助图片、视频、音频等多种形式，让学生充分感受人物的品格美、精神美，从而使单调枯燥的道德说教变得更加生动形象、有迹可寻，以榜样人物的行为和精神陶冶学生的心灵。

4. 文化美

统编版《道德与法治》教材进一步强调了对中华优秀传统文化的学习和继承，其目的在于让学生在感受丰富多彩的中华优秀文化的同时，不断提升审美能力，增强对美的感受能力。同时，进一步引导学生对优秀传统文化的传承。例如，教材在"做文明有礼的人"这一单元中设置了有关传统文化中礼貌用语的内容，学生通过对传统礼貌用语的学习，不仅能够感受中华文化的语言之美，还能反思自己在日常生活中是否做到了使用礼貌用语、礼貌对待他人等，在这一学习过程中，学生既感受到优秀传统文化之美，又能在这一过程中纠正自己不文明的行为，不断塑造自己的言行，以便成为文明有礼的人。

（四）隐喻

统编版《道德与法治》教材不仅具有插图美、自然美、人物美、文化美等特点，还通过隐喻的手段，激活学生的经验和体验，激发学生的学习兴趣和情感，从而更好地促进学生对教材内容的理解并进而达成道德教化。

隐喻这一概念最早由亚里士多德（Aristotle）提出，长期以来，隐喻的研究囊括在修辞学的研究之中，大部分学者认为隐喻只是修辞学中的一个修辞格，有人认为隐喻是对两个没有任何联系的事物的比较，还有人认为隐喻是用另一间接相关的事物说一件事，可包括类比、明喻、比喻、寓言等。直到20世纪80年代，莱考夫（Lakoff）和约翰逊（Johnson）提出了"概念隐喻"这一概念，并指出隐喻是人对世界的一种认知方式和推理机制。莱考夫指出概念隐喻的认知作用表现在：人们通过跨概念域的映射形成概念隐喻，学习者依靠所掌握的对客观世界的认知概念来为陌生的、抽象的事物定义。[1]《道德与法治》教材作为教师教学和学生学习的材料，知识的深层内涵能否恰当地传达和领悟至关重要。隐喻能借助学生所熟知

---

[1] 宋怡璠. 隐喻理论在对外汉语报刊阅读课的教学应用研究[D]. 西安：陕西师范大学，2020.

的事物向学生传达更加抽象宏大的概念,是帮助学生理解教材内容的重要途径。关注《道德与法治》教材中的隐喻,能够更好地激发学生的道德情感,促进学生的道德认知,从而更好地实现道德教化。

有研究者统计发现统编版《道德与法治》教材中隐喻数量众多,其中初中《道德与法治》教材中共有169个隐喻,七年级教材中共有87个、八年级教材中共有45个、九年级教材中共有37个,平均每课有3.2个隐喻。[①]新教材中的隐喻涉及自然、生活、学科三个方面,其中通过生活中的事物和行为来隐喻的最多,如"灯""镜子""扣子""摇篮""桥梁"等;用自然界中的无生命体和植物来进行隐喻的例子也较多,例如"天空""阳光""芦苇""竹子"等;相较于生活和自然隐喻,学科隐喻较少。新教材中的隐喻涉及的类型分别有"关于成长中的我"的隐喻、"关于他人、家庭和集体"的隐喻、"关于社会、国家和世界"的隐喻。这些隐喻的广泛存在,一方面从教材编写者的角度来看是由于《道德与法治》教材中有许多抽象和宏大的概念和主题,这些概念和主题常常很难直接表达,只能诉诸隐喻,通过具体的和熟悉的事物来认知和表达;另一方面从学生学习的角度来看,是由于作为"情知统一体"的隐喻,其生动和形象性不仅能够激活学生的经验和体验,而且能激发学生学习兴趣和情感,从而更好地促进学生对教材内容的理解并进而达成道德教化。《道德与法治》新教材中大量通俗易懂、接近学生生活的隐喻有利于学生加深对自我的认知,拥抱青春和梦想,体会人生意义,实现自我价值;有利于学生理解友谊的特点,教师和榜样的作用,把握家庭和集体的内涵与要求;有利于促进学生对法律、社会、国家、世界等相关大概念的认知,尤其是社会关系、社会道德、社会责任、国家发展成就、传统文化与民族精神、民族团结、世界命运共同体等。

二、统编教材的使用调查——基于成都市泡桐树小学的数据

新教材的使用,给教师带来了新的挑战。对课程的性质与功能进行再认识,可以为教师更有效地使用新教材提供帮助。道德与法制(简称道

[①] 高维,王安雯. 我们赖以教学的隐喻——统编初中道德与法治教材中的隐喻研究[J]. 基础教育,2021,18(2):53-64.

法）课程的性质与语数外等学科不一样，后者重在传授科学文化知识，是一门知识性、文化性课程，而道法课程是要有一定的知识基础，但知识文化不是主要追求，育人的价值才是核心追求，其定位不再以掌握文化知识为主，而是直接指向怎么做人的课程，情感态度与价值观以及相应的习惯和个人素养，才是直接的目的。学习一门课程，获得文化知识技能和能力，主要是用来解决自身以外的客观现实问题。自然科学技术更多的是解决个人与自然的问题，比如怎样让汽车跑得又快又安全；社会科学更多的是解决个人与社会的问题，比如学习管理能力，解决社会问题。这些都是改造客观事件，不是改造自我。而道法课程的功能是改造主观世界，形成和改变自我的价值观、习惯和个人素养，更多的是解决与个人有关的问题。这也就决定了道法课程虽然有知识的传授，但显然行为的塑造、情感的熏陶、习惯的养成、素养的形成更为重要。学校教育所习得的行为习惯，需要在家庭生活中强化巩固，以适应当前和未来的社会生活，素养的外显形式就是学生的行为表现。为了更好地落实课程培养目标，了解学生的行为表现，本书研制与《道德与法治》教材内容相关的问卷，并于成都市泡桐树小学进行问卷调查。

（一）学生行为表现问卷编制

1. 106道初测问卷的形成

5名《道德与法治》授课老师和3名教育学、心理学专家参与问卷编制讨论会，问卷编制聚焦学生的五大素养：为祖国而悦、为自然而悦、为社会而悦、为自己而悦、为自然而悦；以及五大素养下的10个子素养：政治素养、文明素养、生态素养、应急素养、法治素养、信息筛选素养、自主素养、社交素养、健康素养、创新素养，以学生在这五大素养以及10个子素养上的表现、想法进行描述，专家依据老师的描述进行归纳，形成如表3-1所示的行为描述、行为包含的内容、10个子素养和五大素养的对应表，该表为提炼的学生行为初始问卷。之后将这106道题目编制成5点评分的问卷。

表 3-1　依据《道德与法治》五大素养提炼的学生行为问卷

行为描述	内容层面	二级维度（十个子素养）	一级维度（五大素养）
1. 升国旗的时候不嬉戏打闹 2. 会背二十四字社会主义核心价值观 3. 我知道国旗代表的意义 4. 我知道国徽代表的意义 5. 我知道队旗代表的意义 6. 我知道队徽代表的意义 7. 我非常喜欢我们的小队 8. 我们的班级和其他的班级相比，更团结 9. 我会爱护我的红领巾，干干净净，佩戴整齐 10. 升国旗的时候，我会提醒别人敬标准队礼 11. 我会提醒同学爱护学校的公共设施，制止破坏公共设施的行为 12. 我能说出成都特色的文化景点 13. 我愿意为了班级荣誉改变自己的坏习惯，并付出自己最大的努力 14. 我愿意主动关闭教室内的门窗、电源 15. 我会节约，尽量减少卫生间纸张的使用 16. 学校卫生间的水龙头坏了，我会主动报告老师 17. 班级管理是班委的事情，与我无关	理想信念的教育和社会主义核心价值观的教育。爱党、爱少先队、爱祖国、爱家乡、爱学校、爱班级，具有团队意识和集体意识	政治素养	为祖国而悦：我是儿童，我为国家的发展而欢悦
18. 我为我是中国人而感到骄傲 19. 中国古代的历史会促进我更加积极主动地学习 20. 我会掌握一门外语 21. 遇到外宾我会主动问好 22. 我认为只有站在全球的角度才能认识和理解中国 23. 中华文明是世界文明不可缺少的一部分 24. 我认为小学生应该多读读其他国家的发展历史 25. 我会背诵中国古代经典诗词、篇章 26. 我读了不少中国传统的神话故事 27. 我读了不少中国传统的民间传说 28. 我读了不少中国传统的成语故事 29. 我认为中国的四大发明已经过时了	中华优秀传统文化的教育。对中国近现代史有客观全面的了解，能够全面地了解中华民族古代文化以及世界文明，具有国际视野	文明素养	

续表

行为描述	内容层面	二级维度（十个子素养）	一级维度（五大素养）
30. 我会节约作业本的用纸，不随意撕毁 31. 我会做到作业本的再利用 32. 我会自带水杯上学 33. 我会提醒妈妈自带购物袋去超市 34. 无论在家还是在学校，一日三餐我都不浪费粮食 35. 我会爱护校园的花草树木，不随意采摘 36. 我在拖把池洗拖把时会及时关闭水龙头，不长时间开启	生态文明的教育。敬畏自然，具有环保意识，爱惜资源，懂节约不浪费	生态素养	为自然而悦：我是儿童，我为生活在优美安宁的环境而和悦
37. 我知道火警电话 38. 我知道急救电话 39. 我知道匪警电话 40. 我能辨别各种警报声的含义 41. 我懂得地震逃生的基本常识 42. 我懂得火灾逃生的基本常识 43. 去公共场所我会留意安全通道的方向 44. 去户外时我会关注天气预报 45. 我了解交通规则，会观察交通信号灯 46. 我会骑共享单车去上学 47. 我不会边充电边玩手机 48. 如果电器着火我就用水把它浇灭 49. 用完电器时我会断开电源 50. 我能找到学校医务室 51. 在学校里面看到小朋友摔伤了，我会主动提供帮助 52. 在教学楼的走廊里我不奔跑、追逐、打闹	具备基本的自然灾害认识和防御能力，能够正确应对学校、家庭和社会中的一些突发事件	应急素养	
53. 我觉得法律离我太远 54. 我清楚未成年人保护法哪些条款与我有关 55. 如果我现在不想读书了，我可以去打工 56. 我父母喝了酒准备开车，我会及时制止他们 57. 我希望爸妈开车能严格遵守交通规则	具有法律意识，学会运用法律武器约束自己、保护自己	法制素养	为社会而悦：我是儿童，我为生活在富强民主文明的社会而欣悦

续表

行为描述	内容层面	二级维度（十个子素养）	一级维度（五大素养）
58. 我知道同学的哪些身体部位我不能触碰 59. 我和同学有矛盾解决不了时，我会向老师或家长求助			
60. 我会主动关注时事新闻 61. 我会了解国际国内大事 62. 同学们议论一件事时，我会有自己的判断 63. 我会无条件支持我喜欢的明星 64. 我很敬佩钟南山爷爷	能从复杂的社会信息中寻找所要的信息，辨识真伪，对社会事件有独立的思考判断能力	信息筛选素养	为自己而悦：我是儿童，我为自己自由舒展地成长而愉悦
65. 我很少迟到 66. 我能整理好自己的书包、试卷、作业 67. 我遵守课堂纪律 68. 我会主动找老师订正学习中的错误 69. 我能一直保持正确的写字姿势 70. 上课累了我就趴在桌子上 71. 上课时我随意接话 72. 我习惯课前预习，课后复习 73. 我有时懒得做老师布置的非书面作业 74. 在校园内遇到不认识的老师没有必要问好 75. 午餐前我要去认真洗手 76. 每一个学科的笔记和作业我都认真书写 77. 我会认真完成每一个学科的作业	养成良好的学习和行为习惯	自主素养	
78. 我认为老师应该公平公正地对待每一个同学	桐悦文化以儿童为本的教育理念 悦代表了自我认同和积极情感		
79. 在公共交通工具上见到老人我会主动让座 80. 看到地面有垃圾，我会主动捡起来 81. 看到共享单车倒了，我会去扶起来 82. 看到别人插队时，我会去提醒制止	具有公民意识，热心公益，具有责任意识、担当意识，具	社交素养	

续表

行为描述	内容层面	二级维度（十个子素养）	一级维度（五大素养）
83. 过马路时，我看到别人都闯红灯，我也就跟着人群一起闯 84. 做错了事我会勇于承认错误 85. 我不小心把同学的尺子弄坏了，他没看见，我就假装不知道 86. 我觉得朋友没必要太多，有一两个就好 87. 同学惹我生气了，我就跟他绝交 88. 我会主动制止公共交通工具上的不文明行为（如吃东西、脱鞋、大声讲电话）	有社会规则意识，守秩序、懂礼仪、尊老爱幼、有礼貌，具有社会交往能力		
89. 不高兴的时候我会和爸爸妈妈讲 90. 同学不开心的时候我会关心他 91. 当我不开心的时候我会通过听音乐、运动等方式来调节自己 92. 我和同学观点不一致的时候我会坚持自己的原则 93. 我会尝试解释我和同学之间的误会 94. 如果比赛输了，我会指责我的队友 95. 如果迟到了，我认为是爸妈没有及时提醒我 96. 我觉得小学生应该具有保护生命的意识 97. 一次考试考砸了，我就感觉自己很失败	具有完整的个性和积极健康的心理。敬畏生命，具有自我保护意识和能力	健康素养	
98. 冬天太冷，我不想洗澡 99. 我会自己动手做小手工，送给我的好朋友 100. 我有一个拿手菜 101. 我会自己洗衣服 102. 早上起来我会整理好床铺 103. 我觉得同一个问题，可以有多种解决方式 104. 美好的未来需要我们共同去创造 105. 课间，我会自己创设一些好玩的游戏 106. 我记得家人的生日，并会给他们准备小礼物	具有创新意识，以及创美及审美意识。具有创造美好生活的意识、意愿和能力，爱整理，爱劳动	创新素养	为创美而悦：我是儿童，我为创造美好未来而怡悦

2. 问卷的科学化编制

共计 1 300 名 3—6 年级的小学生参与 106 道问卷的初测,删除部分学生没有完成的问卷,共获得 1 172 份有效数据,通过相关分析和独立样本 t 检验对量表的全部项目进行分析和筛选。

首先,对量表的反向计分题目进行反向计分,计算量表总分,并计算每个项目与量表总分的相关性,除项目 1、2、6、8、26、27、34、37、50、90、93、105 外,其他项目与量表总分的相关系数均达到显著性水平($p<0.001$),删除以上 12 项。

其次,将被试所得量表总分按高低排序,将得分最低的 27% 命名为低分组,得分最高的 27% 命名为高分组。在分组之后,对这两组被试者在 24 个项目上的得分进行独立样本 t 检验。结果显示,除项目 29、32、33、46、51、53、63、67、68、74、75、78、79、81、82、100 外,两组被试者在其他项目的得分均存在显著差异($p<0.001$)。而且,同质性检验显示,删除以上 16 项,克伦巴赫 α 系数均会增大,16 项全部删除后总的克伦巴赫 α 系数由 0.80 增加到 0.83。综合上述结果,删除以上 16 项。

最后,计算总分后,重复上面的步骤,发现 7、13、15、19、25、40、44、52、71、86、89、99 题与总分的相关性依旧不显著,删除以上 12 项后,克伦巴赫 α 系数由 0.83 增加到 0.85。可见剩余题目更适合组合成一份有效的《道德与法治》学生行为测量问卷。

3. 正式测量问卷的形成

对剩余的 66 个项目进行探索性因素分析。对数据的适应性进行检验,结果显示,KMO 度量值为 0.930,Bartlett 的球形度检验近似卡方值为 28 012.439($df=2 211$,$p<0.001$),量表数据表明删除后剩余的 66 道题目已经较为适合用于道德与法治课程实施前后的学生行为评价(见表 3-2)。

表 3-2 《道德与法治》课程实施前后的学生行为评价题项及其维度

序号	原始题号	内容
1	3	我知道国旗代表的意义
2	4	我知道国徽代表的意义
3	5	我知道队旗代表的意义
4	9	我会爱护我的红领巾，干干净净，佩戴整齐
5	10	升国旗的时候，我会提醒别人敬标准队礼
6	11	我会提醒同学爱护学校的公共设施，制止破坏公共设施的行为
7	12	我能说出成都特色的文化景点
8	14	我愿意主动关闭教室内的门窗、电源
9	16	学校卫生间的水龙头坏了，我会主动报告老师
10	17	班级管理是班委的事情，与我无关
11	18	我为我是中国人而感到骄傲
12	20	我会掌握一门外语
13	21	遇到外宾会主动问好
14	22	我认为只有站在全球的角度才能认识和理解中国
15	23	中华文明是世界文明不可缺少的一部分
16	24	我认为小学生应该多读读其它国家的发展历史
17	28	我读了不少中国传统的成语故事
18	30	我会节约作业本的用纸，不随意撕毁
19	31	我会做到作业本的再利用
20	35	爱护校园花草树木，不随意采摘
21	36	我在拖把池洗拖把时水龙头及时关闭，不长时间开启
22	38	我知道急救电话
23	39	我知道匪警电话
24	41	我懂得地震逃生的基本常识

续表

序号	原始题号	内容
25	42	我懂得火灾逃生的基本常识
26	43	去公共场所我会留意安全通道的方向
27	45	我了解交通规则，会观察交通信号灯
28	47	我不会边充电边玩手机
29	48	如果电器着火我就用水把它浇灭
30	49	用完电器时我会断开电源
31	54	我清楚未成年人保护法哪些条款与我有关
32	55	如果我现在不想读书了，我可以去打工
33	56	我父母喝了酒准备开车，我会及时制止他们
34	57	我希望爸妈开车能够严格遵守交通规则
35	58	我知道同学的哪些身体部位我不能触碰
36	59	我和同学有矛盾解决不了时，我会向老师或家长求助
37	60	我会主动关注时事新闻
38	61	我会了解国际国内大事
39	62	同学们议论一件事时，我会有自己的判断
40	64	我很敬佩钟南山爷爷
41	65	我很少迟到
42	66	我能整理好自己的书包、试卷、作业
43	69	我能一直保持正确的写字姿势
44	70	上课累了我就趴在桌子上
45	72	我习惯课前预习，课后复习
46	73	我有时懒得做老师布置的非书面作业
47	76	每一个学科的笔记和作业我都认真书写
48	77	我会认真完成每一个学科的作业

续表

序号	原始题号	内容
49	80	看到地面有垃圾，我会主动捡起来
50	83	过马路时，我看到别人都闯红灯，我也就跟着人群一起闯
51	84	我做错了事我会勇于承认错误
52	85	我不小心把同学的尺子弄坏了，他没看见，我假装不知道
53	87	同学惹我生气了，我就跟他绝交
54	88	我会主动制止公共交通工具上的不文明行为（如吃东西、脱鞋、大声讲电话）
55	91	当我不开心的时候我会通过听音乐、运动等方式来调节自己
56	92	我和同学观点不一致的时候我们会坚持自己的原则
57	94	如果比赛输了，我会指责我的队友
58	95	如果迟到了，我认为是爸妈没有及时提醒我
59	96	我觉得小学生应该具有生命保护的意识
60	97	一次考试考砸了，我就感觉自己很失败
61	98	冬天太冷，我不想洗澡
62	101	我会自己洗衣服
63	102	早上起来我会整理好床铺
64	103	我觉得同一个问题，可以有多种解决方式
65	104	美好的未来需要我们共同去创造
66	106	我记得家人的生日，并会给他们准备小礼物

（二）成都市泡桐树小学 3—6 年级学生在道德与法治五大素养上的表现

1. 学生在不同素养中的得分情况

根据上述题目对五大素养进行加总，然后分别统计 3—6 年级学生在五大素养上的得分变化。

首先，在为祖国而悦素养上。随着年级的增加，学生为祖国的发展、变化而欢悦的得分呈现了先降低后提升的现象（见表 3-3 和图 3-1），四个年级的平均分为52（只取整数部分，后同）分，依旧有较大的上升和培养空间。

表3-3　不同年级学生在"为祖国而悦"素养上的分数

年级	N	平均数	标准差	标准误
三年级	280	61.1357	16.09969	0.96214
四年级	282	49.8688	7.63960	0.45493
五年级	318	49.5755	7.67677	0.43049
六年级	292	51.3253	6.86745	0.40189
总计	1172	52.8439	11.20191	0.32721

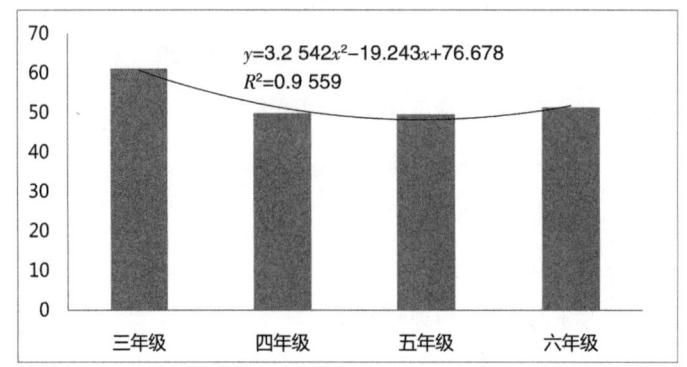

图3-1　3—6年级学生为祖国而悦的分数变化

其次，在为自然而悦素养上。随着年级的增加，学生为自然而和悦的得分也呈现了先降低后提升的现象（见表3-4和图3-2），四个年级的平均分为38分，依旧有较大的上升和培养空间。

表3-4　不同年级学生在"为自然而悦"素养上的分数

年级	N	平均数	标准差	标准误
三年级	280	44.2750	11.62340	0.69463
四年级	282	36.4433	5.65232	0.33659
五年级	318	36.4214	4.53919	0.25454

续表

年级	N	平均数	标准差	标准误
六年级	292	37.8048	5.63795	0.32994
总计	1172	38.6476	7.97485	0.23295

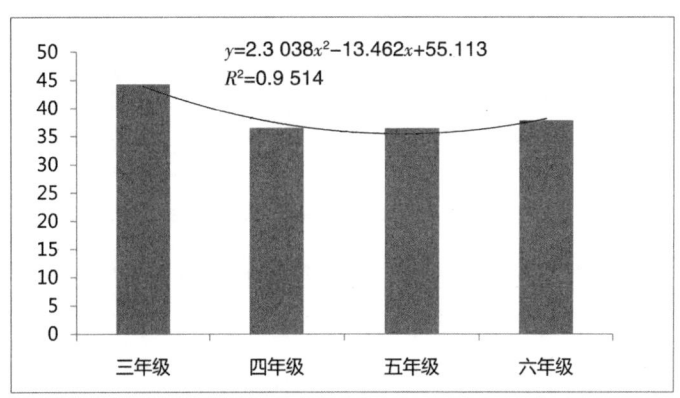

图 3-2　3—6 年级为自然而悦维度的分数变化

再次，在为社会而悦素养上。随着年级的增加，学生为社会而欣悦的得分总体呈上升的趋势（见表 3-5 和图 3-3），但是上升过程中存在上下波动，且上升趋势较为缓慢，四个年级的同学在本素养上的平均分为 33 分，依旧有较大的上升和培养空间。

表 3-5　不同年级学生在"为社会而悦"素养上的分数

年级	N	平均数	标准差	标准误
三年级	280	31.9393	4.13134	0.24689
四年级	282	32.2624	3.68443	0.21940
五年级	318	31.4591	3.63169	0.20366
六年级	292	33.1336	3.77448	0.22088
总计	1172	32.1843	3.84945	0.11244

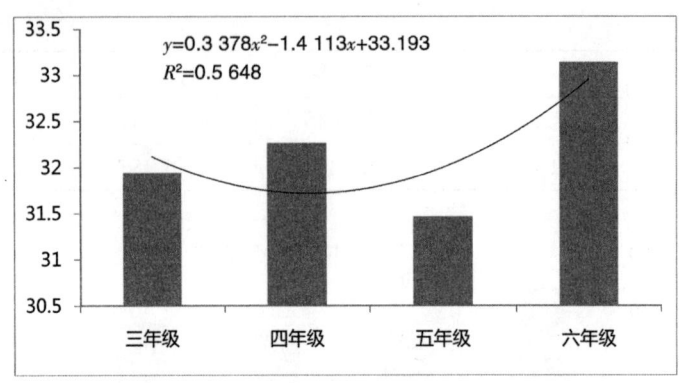

图3-3 3—6年级为社会而悦维度的分数变化

从次,在为自己而悦素养上。随着年级的增加,学生为自己而愉悦的得分总体呈下降的趋势(见表3-6和图3-4),但是下降趋势较为缓慢,四个年级的同学在本素养上的平均分为59分,因此要依据不同年级的儿童的特征和道德与法治的课程特征,进一步强化为自己而悦的素养。

表3-6 不同年级学生在"为自己而悦"素养上的分数

年级	N	平均数	标准差	标准误
三年级	280	67.1107	17.14450	1.02458
四年级	282	56.9291	5.47806	0.32621
五年级	318	56.1006	4.28510	0.24030
六年级	292	56.6678	5.88456	0.34437
总计	1172	59.0717	10.54542	0.30803

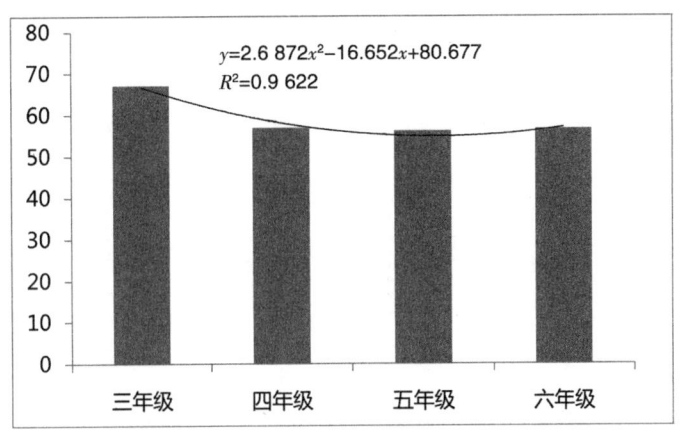

图 3-4　3—6 年级为自己而悦维度的分数变化

最后，在为创美而悦素养上。随着年级的增加，学生为创美而怡悦的得分总体呈上升的趋势（见表 3-7 和图 3-5），但是上升趋势较为缓慢，且伴随着上下波动，可见如何依托道德与法治激发学生创造和培养美育的意识是道德与法治后续课程改革需要考虑的问题，四个年级的同学在本素养上的平均为 23 分，因此要依据不同年级的儿童的特征和道德与法治的课程特征，进一步强化为创美而悦的素养。

表 3-7　不同年级学生在"为自己而悦"素养上的分数

年级	N	平均数	标准差	标准误
三年级	280	22.5 893	3.53 770	0.21 142
四年级	282	23.8 723	2.83 936	0.16 908
五年级	318	22.1 572	3.29 043	0.18 452
六年级	292	24.2 603	2.64 784	0.15 495
总计	1 172	23.1 971	3.21 921	0.09 403

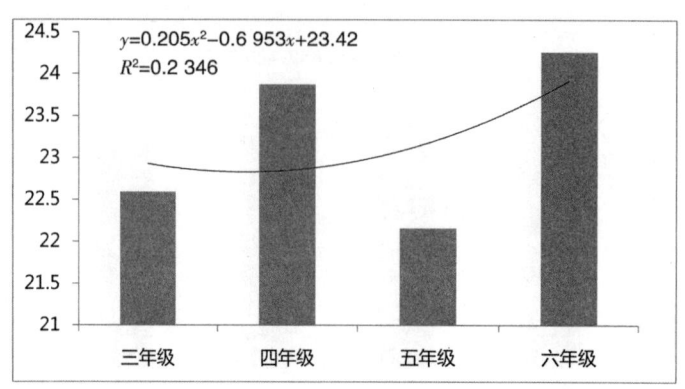

图 3-5　3－6 年级为创美而悦维度的分数变化

2. 道德与法治课程实施对学生发展的整体分析

从整体量表的总分上看，四个年级在五大素养上的平均分总和为 205，随着年级的增加，3－6 年级学生在总分上呈现下降的趋势（见表 3-8 和图 3-6），且下降的分数特别明显，可见传统的道德与法治课程在授课过程中，学生年龄（学龄）越大，其效果越差。

表 3-8　不同年级学生整体分数

年级	N	平均数	标准差	标准误
三年级	280	227.0500	45.59473	2.72481
四年级	282	199.3759	14.64189	0.87191
五年级	318	195.7138	13.64685	0.76528
六年级	292	203.1918	13.74951	0.80463
总计	1172	205.9445	28.13119	0.82172

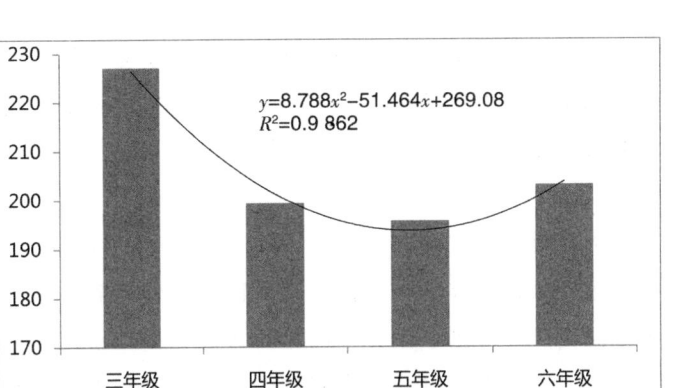

图 3-6　3—6 年级在整体分数上的变化

三、统编教材的使用存在的问题、原因

（一）表层：开课时间不够、方式实效不足

1. 德育课时数量不足

就课时量而言，《义务教育课程设置实验方案》要求道德与法治课程的课时占总课时的 7%～9%，每周应至少有 2 个课时。有研究者通过实地调研访谈得知个别村小虽有《道德与法治》教材，但学校并未开设此课程，市区部分小学一周几乎只有 1 个课时，初中道德与法治课程大多因为数学、英语等学科而被迫削减课时。[①]

2. 德育教学方式单一

教学资源的充分使用对激发学生的学习兴趣和促成整个课程教学效果的实现都至关重要。但在实际教学中，部分道德与法治课程教师的教学方法与风格设计较为朴素，通常将教材中的一些知识点、图片、范例等通过讲解法以及视频播放的方式呈现，学生被动接受知识的可能性较大。这种知识罗列和嵌入式教学，易出现书本文化与学生兴趣连接点断裂、教材知识与学生生活文化脱节的情况。此外，课程资源还较为零散，对反映中国特色、民族特性、时代特征、本土优势的教学资源挖掘不够，优质数字教

[①] 陈碧珍. 当前我国道德与法治课程实施的现实困境及路径探析 [J]. 教育观察，2021，10 (19)：10-12.

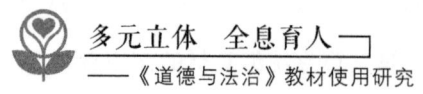

学资源尤为匮乏。道德与法治的内涵与性质就指明了它是实践性较强、生活味较浓的一门课程,如果教学资源的使用较为单一,就很有可能出现教学素材挖掘的贫乏以及选材适宜性的缺失等问题。

3. 深度学习意识匮乏

当前,在进行道德与法治课程教学时,教师往往习惯于强调已有的、特定的道德准则知识,要求学生去记忆、背诵,忽略培养学生的内在道德品质。学生仅仅按照教师指令完成一些抄写背诵等简单机械的任务时,没有经历问题研讨、深度思考以及解决问题的过程,没有得到内在道德品质的升华。教师在德育过程中采用灌输式的、自上而下的教学模式,把内涵丰富的道德概念变得干瘪而教条,把道德品质变成抽象词语,在这样的学习过程中,学生只是习得道德知识,表现为尽管道理都懂,但在现实生活中却做不到,没有实现思想品德教学过程的知情意行的统一。这样一节课下来,学生的认知收获甚微,学生的原有认知并没有任何的同化或顺应,学生也感受不到知识的魅力。其中的原因在于教师的教学设计过于平淡,缺乏指向深度学习的教学设计。然而,学生并不是空着脑袋,而是带着原有认知进入教室的,当他们面对没有触及原有认知的教学设计时,就会游离在课堂之外,学习效率极低,难以走向深度学习。

4. 教学评价形式单一

在道德与法治教学中,大多数教师会选择在授课结束后进行课堂提问、知识测试等,以便检查学生对授课知识的把握程度,而对学生的情感认知和价值观的评价极少关注。过多关注学生所回答内容的科学性,较少关注学生在掌握知识过程中表现出来的思想性,缺少对学生正确价值观方面的引导,这就容易偏离"立德树人"的教学目标,造成只见"分数",而不见"育人"。① 此外,还存在教学评价过分强调教师主体,忽视学生和家长的参与,忽视学生价值观发展和变化的过程等问题。② 究其原因就在于教学设计中极少考虑教学评价的实施,大多采用终结性评价,严重缺乏

---

① 李海波. 逆向教学单元设计在初中道德与法治教学中的应用研究 [D]. 广州:广州大学,2022:2.

② 石晓芸. 重构·融合·统整·评价·创生——道德与法治混合式教学改革实践探索 [J]. 中学政治教学参考,2022(10):13-15.

过程性评价，造成教学评价形式单一。在整个教学过程中只关注结果而忽视育人过程，难以发挥道德与法治课堂的价值观引导和启发的作用，不利于道德与法治学科核心素养的落地。

5. 生生合作互动欠缺

学生需要在与同学的积极交往中培育集体精神，以形成良好的品德，促进个体社会化进程。然而，在道德与法治的课堂上，教师与学生之间的互动处于主要地位，学生和学生之间的互动处于次要地位，同时，学生与学生之间还存在孤立和竞争的关系。这样的课堂教学缺少团队协作，个别同学常常是独自完成学业。教师在同一时间对学生进行教学，但学生之间缺乏探究和协作，相互孤立。[1] 除此之外，班级人数众多、道德与法治课的课时数相对较少，这些客观因素进一步导致开展合作学习面临着小组人数过多、合作学习时间匮乏的挑战。如果学校的文化环境更多地鼓励竞争与评比，那么师生之间、生生之间和教师之间开展合作的积极性就会有所削弱。

6. 教学实践有待加强

当前，道德与法治课程教学的实施多局限于教室，学生在实际生活中体验和实践相关教学内容的机会较少。道德与法治生活化教学的课外实践活动开展的相关研究较少，还是多以课堂内的教学研究为主。研究者与一线教师都十分认可学生实践在生活化教学中的重要作用，但由于目前中小学仍然是较为独立的教育系统，与外界社会环境之间的联系尚不紧密，开展走出校园、走进社会的合作学习实践活动存在一定的难度。

（二）中层：师生观念老旧、教学情感缺失

1. 教师教学观念陈旧

受传统应试教育"指挥棒"的影响，我国中小学课程被人为地划分成了"主科"与"副科"，"副科"往往处于一种被"边缘化"的境地。[2] 而道德与法治学科一直饱受传统"副科"观念的限制，其在课程体系中一直

---

[1] 常爽爽. 初中道德与法治课堂生态优化策略研究 [D]. 信阳：信阳师范学院，2022：18.

[2] 张松祥. 我国中小学"副科"悖论的误导及其弊治 [J]. 教育理论与实践，2013，33（11）：3-6.

被冠以"副科"的名号，处在边缘化的地位。受传统观念的影响，不管是学生还是老师，大多认为课程教学的目的是知识点传授，在这一科目的教学时间相对较少，师生往往在语文、数学等"主科"上花费更多的时间。受到考试模式影响，道德与法治课程成绩确实能够通过背诵识记等方式提高，教师、学生、家长、学校多关注教学结果，更多地考虑如何提高学生道德与法治课程成绩。这种认知错误就在于将道德与法治课程仅仅当作一门知识学习的课程，而忽略了其具有特殊性、实践性、生成性的德育性质，没有充分认识到其在落实立德树人任务、形成学生良好道德品性等方面的奠基性作用。同时，在教学中大多还是按照其他知识性课程的方式方法进行的，这就更加掩盖了道德与法治课程的本来面貌。

2. 教、学、评被严重割裂

在以教师为中心的课堂教学模式下，学生对于道德与法治课程只是在浅表学习，同时用于教学评价的严重滞后，难以发挥及时反馈的作用，这就容易导致教、学、评这三个要素之间出现严重割裂的后果，使得整个教学的有效性大打折扣，这既不利于有效教学的进行，还有可能造成大片学困生的出现。其主要原因在于教师在教学设计中考虑不周，对教、学、评这三个要素缺乏统筹规划，最终造成低效甚至无效教学的出现。上述课堂困境造成"教—学—评"不一致的低效课堂，使得核心素养的育人目标更难以落地。由此可见，当前道德与法治课堂教学现实与核心素养的理想目标之间存在着巨大鸿沟。

3. 教师专业素养不足

檀传宝[①]认为德育教师专业化是指德育教师的专业化需要其掌握德育专门知识和进行德育教学的专门训练。道德与法治教师是德育工作的计划者和执行者，其专业素质直接影响德育效果。已有研究的调查结果显示，道德与法治教师是思政专业出身的只占道德与法治教师群体的1/5，可见在职前经过专业化学习和系统化培训的教师是不多的，大多通过入职后的教学实践和老教师的帮扶来获得专业技能和实现专业发展。[②] 此外，现阶

[①] 檀传宝. 再论"教师德育专业化"[J]. 教育研究, 2012, 33 (10): 39-46.
[②] 张益. 试论大、中学道德与法治教师专业素养的培育与衔接 [J]. 现代基础教育研究, 2015, 17 (1): 88-92.

段我国道德与法治的教师培训以一对多讲座为主,且多在教师入职时才开展,德育教师的专业化效果有待进一步提升。部分德育教师还未认识到这一课程和职业的特殊和重要意义,没有清晰的职业规划,极易产生职业倦怠,进而影响课程教学的实际效果;部分德育教师忽视课程的道德教化作用和在学生青春期发展过程中承担的重要角色,其工作仅仅聚焦于课本知识的传授,将自身角色看作成长和发展的跳板之一,忽视教学相长;德育教师缺乏自我认同感、工作满意度低、对自身职业发展规划不明晰等问题都表明德育教师专业化队伍建设有待完善和改进。

4. 教师教学情感缺失

道德与法治课堂是道德教育的主要阵地。尽管道德与法治课程和教材改革在不断推进与深入,但其课堂效果的改善和提升还有待进一步加强。深究这一问题的深层原因,可以发现在大多数的道德与法治课堂中相应教学情感存在缺失的问题,教师在授课过程中多采用枯燥的、平铺直叙的说教方式,情感体验式教育较少。德育教师也缺少提升自身情感态度及价值观方面的意识;缺少对课堂情境体验式教学活动的构建。已有实证研究表明,教师具备较高水平的社会情感能力能够提升学生的学业成绩,对学生自身的发展有正向的促进作用。[1] 除此之外,良好的社会情感能力也有助于缓解教学压力,避免职业倦怠的产生,进而增强职业幸福感。作为一种情感导向能力,社会情感能力的提升能够使教师育人能力内涵更加丰富,教学提升策略更有针对性。通过提升教师的社会情感能力,增强教师的价值感和职业幸福感,进而在教学过程中实现情感突围,进一步落实学科核心素养培育,有效促进学生全面发展,提升道德与法治课堂教学的实效性。

(三)深层:学科逻辑不清、学习主体不明

1. 教材逻辑认识不足

大多数人认为德育是上级布置下来的工作和任务,或者是单一的政治

---

[1] JENNINGS P A. CARE for Teachers: A Mindfulness Based Approach to Promoting Teachers' Social and Emotional Competence and Well Being [A]. SCHONERT REICHL K A, & ROESER R W (Eds.). Handbook of Mindfulness in Education [C]. Mindfulness in Behavioral Health, 2016: 133-148.

要求，但对于德育中一直提倡的政治、思想、法律、道德与心理健康这几个组成部分以及它们之间的相互关系并没有过多思考。实际上，长期以来德育理论界在研究过程中更多地关注学习与借鉴西方发达国家的道德教育理论，忽略了针对中国学校德育的概念进行严格梳理并对其要素进行细分，特别是忽视了对中国学校德育的传统文化线索的梳理，而是笼统地谈德育。① 统编版《道德与法治》教材编写目的和价值追求在于实现国家意志、传承文化基因和塑造个体完整人格。为了实现这一目的和价值追求，统编教材的编写贯穿了三条逻辑线索：一是学生成长的生命逻辑，二是日益扩展的生活逻辑，三是相伴而生的知识逻辑。② 然而教师们在分析和使用教材的过程中往往忽视生命逻辑和生活逻辑，单纯围绕知识逻辑展开生活化教学，导致德育课程育人效果大打折扣。在实际的教学过程中绝大多数教师仍然以学科知识逻辑为主开展教学活动，教师们缺少主动学习和研究的精神，在参加各类《义务教育道德与法治课程标准（2022年版）》新理念教学培训中也较为被动。

2. 教材文本未被重视

一线教师对开设道德与法治课程的必要性与该课程的重要价值与意义均有较高的认可。教师们都认为道德与法治课程在培养学生对生活的热爱、参与社会生活、学会做人、培养社会主义建设者和接班人等方面具有其独特的意义与作用。然而，教师们对新教材课程文本的认同度却普遍较低。尽管课程专家在新教材的开发过程中做了很多努力，教材改革也经历了层层选择、修改和完善，但一线教师对课程文本仍表现出较低的认同度，认为新教材单元编排不合理、价值导向有问题等，对教材的内容选择与组织等都提出了不少异议及困惑。可以看出在统编版新教材施行初期，教师们对新教材的认识理解较差，很多教师未完全从老教材的框架中走出来，大多数教师带着挑剔、审视的目光看新教材。

---

① 易连云，易然. "学科逻辑"与"实践使命"：道德与法治课程建设思考——基于学校德育要素分析[J]. 教育文化论坛，2022，14（3）：23-28.

② 杨一鸣，王磊. 彰显国家意志促进人的全面发展——新时代初中《道德与法治》教材编写思想刍议[J]. 中国教育学刊，2018（4）：12-17.

3. 行为与认识相错位

许多道德与法治教师的说法和做法之间存在明显的不一致。多数教师都认可"学生的需求是第一位的""一定要基于学生的体验""学生是课堂的主人，要把课堂还给学生"，但是由于种种原因，他们在教学过程中并没能很好地体现和坚持这样的价值取向。例如在课堂提问设计上，教师提问时倾向于机械、记忆性质的问题，理解性问题次之，解决问题的方式倾向集体、个体回答，而讨论与探究性回答占比偏低。在学生回答问题上，推理性回答、个别回答较多，创造评价性回答和自由回答较少，学生很少有机会围绕着一个话题进行深度思考，和教师、和同伴充分表达自己的看法和观念。在教师理答上，教师对学生回答鼓励、称赞方面做得比较好，但鼓励学生提出问题非常少；在教师语言流动和巡回路线上，教师语言流动性差，全班内巡回较少。[①] 在课堂实践活动中，虽然多数教师在课堂教学中积极创设生活情境，将活动作为学生学习的主要形式，强调学生自身的体验与探究。但是这类体验活动往往流于形式、浮于表面，缺乏体验后的总结反思和概括。虽然强调了学生学业的过程性评价，但其评价结果并未很好地用于改进学习过程和教学过程，而是用于甄别学生的学习态度和学习动机。

4. 学生主体凸显不足

教师作为德育主体，在道德教育过程中的地位和作用一直是德育理论界不断探讨的命题。其争论的焦点主要在于德育过程中的师生关系及教师如何实现自己的价值。目前，道德与法治课程实施过程中，教师依然以权威主义为主，多数课堂教学都体现了以教师为中心的特征，只有少数课堂实现了以学生的自主学习为主、教师只引导不灌输。在多数道德与法治课堂中，教师处于权威的地位，在教学过程中处于毋庸置疑的主导地位。"大规模的变革往往需要教师、校长、学校在角色定位上发生很大的变化。"[②]"穿旧鞋走新路"无法有效推进新教材的教学效果的实现，德育教

[①] 王秀玲, 季文华, 丁祖全. 小学道德与法治课堂教学现状调研——以安徽省为例[J]. 中国德育, 2019 (16): 31-37.

[②] 吉纳·E. 霍尔, 雪莱·M. 霍德. 实施变革：模式、原则与困境[M]. 吴晓玲, 译. 杭州：浙江教育出版社, 2004: 11.

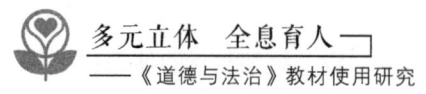

师必须摆脱"权威者"的身份，主动与学生建立起真诚的、信赖的、尊重的、朋友式的主体间关系，只有这样才能与学生平等对话，才能真正地促进学生的品德发展。

以教师为中心的课堂教学模式仍占据当今大部分的课堂教学，道德与法治课堂也不例外，最突出的体现是教师仍然存在"满堂灌"的授课方式，这背后的原因在于教师教学设计的严重滞后，教师在教学设计中仅依据教学大纲、教学内容或自身喜好进行设计，却极少考虑学生的实际情况，教师对学生的原有认知、学习兴趣和学习需求更是视而不见；与此同时，教师对学生的学习效果也极少考虑。此类教学设计大多只关注教师如何教，极少关注学生如何学，因此在教学中只为完成"教教材"的任务，完全不顾学生接不接受、有没有学进去，这样的教学设计严重缺乏针对性，更不利于有效教学的推进。①

四、教材使用取向

学生、教师、教材是课程实施过程的三个关键要素，孔凡哲、张怡等学者认为教材的使用是课程实施必不可少的一部分。② 美国学者古德莱德（Goodlad）课程实施层级理论中，课程实施过程有理想课程、正式课程、感知课程、运作课程和经验课程五个层级，每一层级之间相互作用且可以相互转化。③ 曾家延和崔允漷在《学生使用教科书研究：教材研究的新取向》一文中建议教材研究应从静态文本分析向动态使用研究过渡，从以教师为主体的教材使用研究向学生主体方向发展。④ 教科书使用是连接实际运作课程与理想课程之间的纽带。雷米拉德（Remillard）对课程政策、设计与实施系统可视化模型形象地描绘了一幅关系图（图3-7）。在这个模型

---

①李海波. 逆向教学单元设计在初中道德与法治教学中的应用研究[D]. 广州：广州大学，2022：1.

②孔凡哲，张怡. 教科书研究方法与质量保障研究[M]. 长春：东北师范大学出版社，2015：81.

③GOODLAD J I. Curriculum Inquiry：The Study of Curriculum Practice[M]. New York：M Graw—Hill，1979：5-16.

④曾家延，崔允漷. 学生使用教科书研究：教材研究的新取向[J]. 课程·教材·教法，2019（11）：67-74.

中，教科书与核心教材、课程政策、课程设计、课程实施都有关系，成为这个系统的核心要素，而教师使用教科书是课程实施的关键概念，学生使用教科书是体验课程的重要机会。

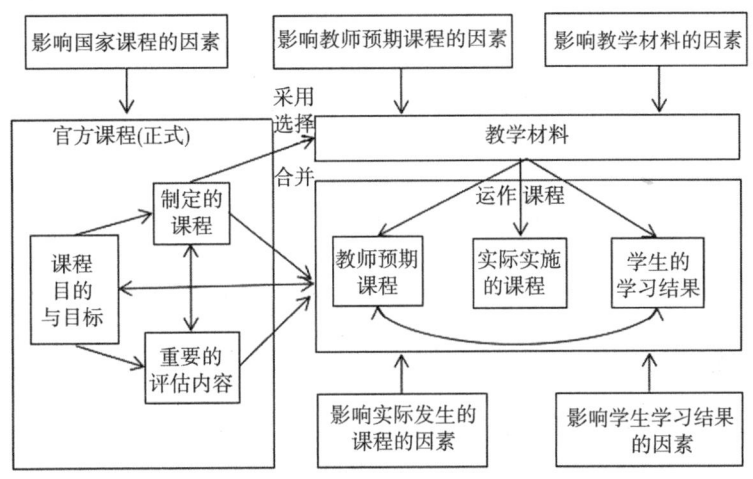

图 3-7　课程政策、设计与实施系统可视化模型①

统编版《道德与法治》教材的使用对于教师提高教学效率，激发学生的学习兴趣和热情具有至关重要的意义。对于统编教材的使用应注意以下问题。

第一，结合不同地域文化特色灵活使用教材。统编教材编写往往只能关注到普遍的情况，很难兼顾到不同地区、不同学校、不同班级的具体情况。而我国幅员辽阔，地形地貌、风土人情等差异巨大，这就要求教师在使用统编版《道德与法治》教材时，要关注学生的实际生活和实际需要，对教材进行取舍、扩充和改造，不断提升教学的针对性和实效性，切实落实课标中所提出的"以学生的真实生活为基础，增强内容的针对性和现实性……引导学生发现问题、分析问题、解决问题、提升道德理解力和判断力"。

第二，突出对未来生活的观照。《义务教育道德与法治课程标准（2022年版）》中明确提出教材"内容选择体现社会发展要求，特别是中

---

①REMILLARD J T, HECK D J. Conceptualizing the Curriculum Enactment Process in Mathematics Education [J]. The International Journal on Mathematics Education，2014，46 (5)：705-718.

国特色社会主义进入新时代对道德与法治教育提出的新要求",因此,教师在使用新教材进行教学时,不仅要关注教材本身内容,更要在此基础上补充关于社会发展、未来生活建设等相关材料,切实提高学生的学科核心素养,将学生培养成能促进社会发展、实现民族复兴大任的时代新人。

第三,优化学科知识的呈现方式。知识的理解与内化是道德与法治教学的重要目的,而知识的理解和内化是伴随着知识发生的过程而发生的。由于道德与法治相关概念、规则、理论较为抽象和宏大,因此在教学过程中,教师要特别注意德育知识的呈现和讲授方式,多采用案例、生活实践、图片、视频等方式,将抽象、宏大的概念具体化、内容化,使学生对相关内容可理解、可接受。只有这样,知识才能转化为学生自身的能力,内化为品质,保证学科核心素养的养成。

五、已有统编教材的使用模式

通过在中国知网(CNKI)高级检索主题词"道德与法治"与"教学方法",可以大致了解当前关于道德与法治课程教学的研究状况和趋势。从图 3-8 呈现的数据来看,文献总数为 1243 篇,从 2017 年开始,关于道德与法治教学方法的文献逐年上涨,2018 年、2019 年、2020 年发文量逐步攀升至峰值,2021 年开始回落,但仍每年保持 400 篇左右的发文量。从这一历程和趋势可以看出,我国学者对于道德与法治教学方法的研究和重视程度在增加,道德与法治教学方法的重要性已引起广泛关注。

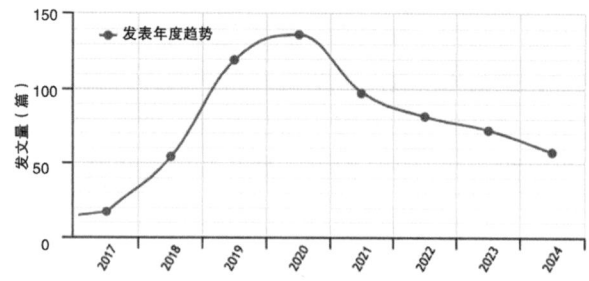

图 3-8 关于"道德与法治教学方法"相关研究的文献数量增长趋势

唐敏琪认为道德与法治是义务教育阶段的基础学科,有独特性,在实施教学活动的时候,教师需要立足学科特点,灵活地应用多样的教学方法，优化传统教学，提高教学质量。① 胡一鸣认为针对道德与法治课程教学方法方面，必须结合学生特点，精心设计活动，让学生在活动中自主体验、在情感中深化认识、在感悟中明理导行，这样能有效帮助学生形成正确的道德认知，养成良好的行为习惯。② 在道德与法治教学过程中，针对不同学段的学生的年龄特点和认知发展特点采用不同的教学方法，有助于促进学生对于德育内涵的深刻理解，有利于学生将道德与法治知识转化为自身内在品质，从而达到知行合一的教育目标。下面，就部分常用于道德与法治教学中的方法进行简要介绍。

(一) 开放式探究学习法

首先，从学生的实际需求出发，构建开放式课堂，能够最大限度地发挥道德与法治课程的价值。开放式教学需要从教学内容、引导方式和学生兴趣等方面进行优化设计。有学者通过实践和研究分析认为，开放式教学法首先要开放教材内容，开放式教学的基础是教学内容的开放，在课堂教学过程中，需要教师以教材为基础对教材内容进行整合和优化设计，开放式教学中为了更好地发挥开放式教学的积极作用，可以引入现实生活中的具体案例。③

其次，激发学生主动性和探究合作学习是开放式教学的根本目标。道德与法治教学活动中，教师要基于学生的实际学习状态进行灵活调整，引入高效的教学模式，促使学生积极主动思考，在质疑和分析问题、解决问题的过程中实现个人能力的有效提升。为调动学生学习积极主动性，让学生学会在探究合作的过程中收获知识，内化知识，可以通过发现问题、提出问题—观察和搜集资料—采取行动—交流、展示和评价等几个学习过程来完成探究性学习（图3-9）。

---

① 唐敏琪. 应用多种教学方法，提高小学道德与法治教学质量 [J]. 科幻画报，2020 (8)：135.
② 胡一鸣. 道德与法治课程教学方法新探 [J]. 湖北教育（教育教学），2020 (8)：61.
③ 陈芬. 小学道德与法治课程"开放式教学法" [J]. 基础教育论坛，2020 (27)：75.

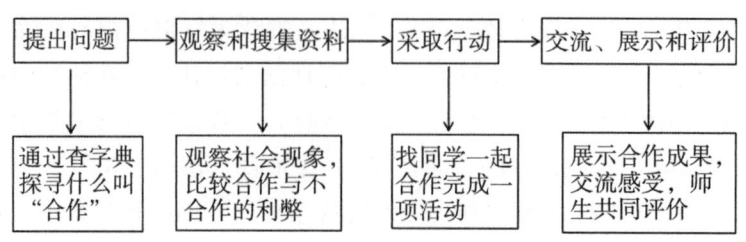

图 3-9 探究学习过程示意图

探究性学习的目的在于培养学生发现和提出问题的能力、搜集和处理信息的能力、分析和解决问题的能力、交流和合作的能力。通过探究性合作学习，学生既能够在发现问题后积极地自主解决问题，又能够懂得合作的道理，学会合作方法。

(二) 生活化教学法

第一，需要确定生活化的教学内容。因为对新知识、新事物的陌生，大多数学生在学习新知识和接触新事物的过程中都会有畏惧和抵触心理，所以德育教师在教学过程中可以通过创建学生熟悉的生活场景，让学生对将要学习的知识有初步的认识和了解，激发学生的学习兴趣和学习热情，帮助学生克服对新知识和新事物的畏难感和恐惧感，化被动学习为主动学习，更好地发挥学生在学习过程中的主体作用。

第二，理论与实践相结合，推动生活化教学。生活化教学虽然强调将教学内容生活化，但教师也要切忌在教学过程中大量引用典型性不强、针对性不高、不适宜的案例。因为不合理的案例运用会对课堂教学产生消极的影响，单纯的大量引用案例也会使学生产生学习上的审美疲劳，进而降低学生的注意力和学习效率，所以在道德与法治教学过程中，教师除了要加强生活化教学之外，也要重视理论教学，将实践教学与理论教学相结合。丁铁谈初中道德与法治课程教学生活化认为需要教师从理论到实践的应用教会学生如何思考和解决问题。[1] 生活化教学方式的最终目的，是让学生学会如何将理论应用到实际生活中，通过案例化的讲解，让学生从生活中反过来再次认知理论。

---

[1] 丁铁. 谈初中道德与法治课程教学生活化 [J]. 学科教育, 2020 (27): 83.

第三,完善学生评价体系,帮助监督生活化教学的推进。① 教师是对学生进行评价的重要主体之一,其对学生的评价影响着学生的学习效率和学习积极性。在对学生进行评价之前,教师应该全面了解学生的学习情况,用公正的方法对学生的行为进行客观的评价。之后教师可以通过设立奖惩机制,让得到较高评价的学生获得奖励,增加学生的学习成就感,在班集体中营造不甘人后的积极学习态度,促进全体学生的共同进步。

第四,设置生活化的课堂提问。课堂提问有助于学生深入理解相关教学内容,是课堂教学的重要组成部分。要使道德与法治课程的教学更加贴近学生的实际生活,更加具有生活性,在课堂提问中,教师所设置的提问也应当与学生的实际生活息息相关,通过问题引起学生生活中和情感上的共鸣,降低学生对专业性学科知识的排斥。

第五,创设情境,贴近生活。在实际的课堂教学中,往往由于教师使用的教学方法不够合理,教学犹如空中楼阁,不够贴近学生的实际经历与体验,导致德育教学效果不好。因此,在道德与法治课程教学中,教师需要从学生的真实生活情境出发,为学生营造贴合其实际经历和生活的教育情境,从而激发学生的课堂参与兴趣。在德育教学过程中,可以选择学生熟悉的场景以及人物,让学生在熟悉的生活化的情境中学习,激发学生的学习热情,引导学生积极参与到课堂讨论中,在潜移默化间获得知识。

(三)情境体验法

情境体验式教学法作为一种新型且有效的教学方法,对于增强道德与法治课程教学水平有着重要的作用。情境体验式教学法更加符合中小学生的学习能力、发展水平和学习需求,能够帮助教师深入浅出地呈现一些较为复杂的道德与法治理论知识。对此,需要教师正确认识情境体验式教学的应用意义,并且合理构建有效的教学方案。情境体验式教学中需要合理营造课堂教学氛围,增强学生情感体验,通过学生的交流与互动,从而营造出和谐、友好的课堂教学氛围,促使学生敞开心扉,讲出自己的所思所想。与此同时,对于情境体验式教学法的应用也要进行合理的设计,将情境体验式教学法的应用效果完全凸显出来,通过创设出巧妙的教学情境来

---

① 罗丽珍."生活化"教育模式在小学品德与社会教学中的实践运用[J].现代中小学教育,2018,34(4):14-16.

促使学生积极地参与到教学活动中,以便能够达到更为理想的教学效果,增强学生的情感体验。① 在进行道德与法治教学活动时,教师不仅要给学生传授道德理论知识,更要有效促使这些理论知识内化于心,培育学生健康的三观和思想道德意识。情境体验式教学方法还能够有效提高学生的认知能力,在一定程度上提高教师教学的有效性。在教学过程中,教师引导学生对提炼于生活中的情境化案例进行分析,让学生借助自己熟悉的内容进行学习,也在一定程度上培养学生思考问题的能力。

(四) 混合式教学法

传统的思政课教学模式已经无法满足高中生接受教育的多样化需求,其后出现的线上教学也在教学实践中存在不足,这要求必须运用新媒体、新技术使思政课教学活起来,创新理念思路、内容形式、方法手段,推动思想政治教学传统优势同信息技术高度融合,增强时代感、吸引力和实效性,最终落实思政课立德树人的根本任务。传统教学,在这里可以称为线下教学,与线上教学有很强的互补性。混合式教学模式是这二者的有机融合,混合式教学能够解决思政课教学过程中存在的问题,优化教学过程;同时,线上教学可即时收集各种反馈数据,方便教师及时反思教学并调整教学思路,从而提高教学效率,最终提高学生的主动性、积极性,以及学习效率。吴康宁在其文章中认为随着现代教育技术的不断进步,教育手段也不断与时俱进,传统的课堂教学已经不能满足现代化教育的需要。在基础教育阶段,随着教学输出终端不断增加,学生选择的空间逐渐扩大。② 同时课堂教学主体教师和学生对各种现代传媒设备和多媒体技术已不再陌生,已经初步掌握了运用网络设备的技术和方法。

但是,目前混合式教学模式还处于探索初期,有许多方面还需继续完善和改进。一是提高教师专业素养。由于一些老教师惯用传统教学方法,对于新型教育方法掌握较慢,因此有必要对教师进行专业培训,提高教师线上线下相结合的能力、运用互联网和各种教学软件的能力。二是优化线

---

① 徐静.''体验式''教学在小学道德与法治教学中的应用 [J]. 教育实践与研究,2018 (9):12.

② 吴康宁.''互联网+教育''背景下高中思想政治混合式教学模式探究 [J]. 中学课程辅导(教师教育),2020 (16):118.

上教学和线下教学过渡的衔接。线下线上应该形成良性互动的双轨机制。通过立足传统线下教学，暴露生成问题，线上解决问题，然后又回到线下教学，开启新的教学活动，只有这样的混合式教学才能成为真正意义上的有机体，才能迸发出强大的效能。三是重视教学，打造精品课程。在整个教学过程中，应该继续重视、鼓励教师们开展与课程相关的科研活动，以研究带动教学、推动教学。同时鼓励教师将研究成果转化为教学实力，提升课堂教学的含金量、学术性，更好地发挥理论教学解疑释惑的功能。最终打造既适合学生又具有特色的精品课程，推动教育质量提升，助力教育改革。

（五）问题导向法

"问题意识"的教育教学思想在我国有很深的历史基础，孔子曾用"敏而好学，不耻下问"称赞孔圉谦虚、好学的品质。问题存在的意义不仅表达了人们对未知事物的感知，而且传达了人们致力于解决某种未知问题的思想自觉与实践努力。以问题作为启发学生的媒介，不仅能诱发学生学习的内在动机，实现灌输性教学与启发性教学的统一，而且能提升课程教学的高阶性、创新性与挑战度。以问题为启发学生的思维起点，可以借鉴"导言—目标—前测—交互学习—后测—总结"的实施原则，搭建起"提出问题—分析问题—解决问题"的基本教学框架，使学生能够在问题解决过程中习得知识、内化知识，养成学科核心素养，最终实现课程教学目标。[1]

（六）审美化教学法

习近平总书记在全国教育大会上强调："努力构建德智体美劳全面培养的教育体系，形成更高水平的人才培养体系。"[2] 美育能够帮助学生形成正确的审美观点，学会在自然环境、社会生活和文学艺术中感受美、发现

---

[1] 刘兆芙. 问题导向式的高校思想道德与法治课程教学模式探索 [J]. 教育观察，2021，10（47）：95-98.

[2] 中华人民共和国中央人民政府. 习近平出席全国教育大会并发表重要讲话 [EB\OL]. https://www.gov.cn/xinwen/2018-09/10/content_5320835.htm?tdsourcetag=s_pctim_aiomsg&wd=&eqid=d0f75aaf003217080000000664753869（2018-09-10）[2022-09-11]

美和欣赏美，提高学生评价美和创造美的能力。实现道德与法治教学的创新，构建思政与美育协同育人的课堂是道德与法治教师需要努力的方向。道德与法治课程是促进和引领学生健康发展的综合性课程，其教材不仅包括心理健康、道德规范、法治素养等丰富的教学内容，还具有较为丰富的审美教育资源。要求教师独具慧眼，充分挖掘教材内容，整合教学课程，借助课堂教学，积极推动学生审美观念发展，包括教学内容审美、教学行为审美、教学情境审美、课内外活动审美等，① 从而在坚持以德育人的同时提升学生的审美能力，让学生学会发现美、展示美、创造美，进一步提升德育教学的实效性，为塑造学生美的心灵、美的人格奠定良好的基础。

（七）议题式教学法

议题式教学是以学生真实生活情境中探究性话题为主线，基于"议题＋情境＋活动"的一种教学方式。② 议题式教学涉及多学科、思辨性、生活化的知识场域，议题是教学中所有问题和活动聚焦的中心。议题式教学往往从社会问题入手，围绕特定议题开展探究、讨论、思辨，提高学生理解和运用知识、分析和解决实际问题的能力，从而培养学生适应社会的关键能力和必备品格。议题式教学依循由中心议题和子议题共同搭建的逻辑体系而展开。在议题式教学设计过程中，教师首先要从学生生活经验和认知需求出发，确定一个既贴近社会实际问题又与教材知识契合的中心议题，而后开展子议题的逻辑架构，使议题指向学科任务，以问题解决为导向，建立学生学习共同体，推进深度学习，培育学生分析解决问题的能力，涵养情感态度，进行正确价值判断和选择。

一些研究者提出：道德与法治学科核心素养的一级指标是公民素养，二级指标是调适力、思辨力、信念力和行动力。处于转型时期的中国，多元化社会发展使经济、政治、文化和社会领域的两难问题层出不穷。在课堂教学中，引入这些两难问题，开展议题思辨型教学，使学生原有的认知结构与当前所面临的现实问题发生冲突，在思辨、争论、批判与选择中提

---

①李兆云．向美而教：道德与法治审美化教学实践探索［J］．中学政治教学参考，2020（28）：15-16．

②刘美慧．议题中心教学法在公民教育之应用 迈向二十一世纪的公民教育研讨会论文集［C］．台北：台湾师范大学，1997：23-27．

出见解、得出结论，体验思辨魅力，淬炼科学精神。① 议题思辨型教学步骤见图3-10。

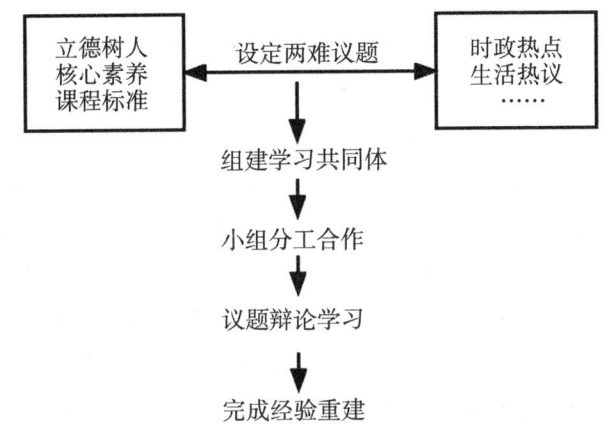

图3-10　议题思辨型教学步骤

议题是以活动形式呈现的、承载学科内容的问题。通过设置议题，创设多样化的学习情境，引导学生开展自主、合作的实践探究和体验活动。② 道德与法治的议题源于社会、源于生活，从与学生成长、国家发展密切相关的现实问题谈起，引导学生运用理论分析和解决问题，增强实践创新能力，把道德与法治教育的方向引领与学生的发展有机统一起来。③《义务教育道德与法治课程标准（2022年版）》提出"要引导学生学习和掌握道德与法律的基本规范，主题学习与学生生活相结合"，这与议题式教学法的要求不谋而合，要求教学内容具有思辨性，立足书本又不局限于书本，而是从认知事实中去理解升华。议题式教学法也有利于更新教师的教学观念，随着时代的发展变化，教师的教学观念也要迅速更新。议题式教学法在议题选择、课堂讲授、课后自主探索安排等方面都对教师提出了新的要求和挑战。借助议题式教学，教师能够不断磨炼教学本领，提升专业水

---

①虞明霞，陈艳. 初中道德与法治教学新样态之构建［J］. 中学政治教学参考，2021（38）：48-49.

②李晓东. 议题式教学设计与实施中的几个关键问题［J］. 教学月刊中学版（政治教学），2019（1）：25-28.

③冯建军. 义务教育道德与法治课程理念［J］. 课程·教材·教法，2022，42（6）：20-28.

平，高效完成教学任务，实现精品教学。

（八）体验式教学法

知识来源于生活，尤其是道德与法治这门课程更需要来自生活的实践。陶行知先生认为："在做上教，在做上学，在做上教的是先生，在做上学的是学生。"①《义务教育道德与法治课程标准（2022年版）》指出，道德与法治是一门实践性很强的学科，在教学建议中也强调情感体验和道德实践是最重要的道德学习方式。此外，学生的生活经历、家庭背景等必然会影响其对事物的体验和看法。不同的人对同一文本的理解和反应是多元的，但是每个人都能通过对文本的学习、对实践活动的体验，丰富自己的生活经验，从而不断深化道德体验，建构道德认知结构。这一过程也是知行统一的过程，强调学生在体验、探究和解决问题过程中，形成良好道德品质。为此，教师不仅要引导和帮助学生通过亲身经历与感悟深化思想认识，还要为学生提供直接参与实践的机会，提高学生的道德践行能力。教师在实施体验式教学时，可以首先根据教学目标、教学内容等确定体验活动主题，其次制定详细的实施方案，再次引导学生开展相关实践活动，并展示实践成果，最后对开展的实践活动进行总结反思（见图3-11）。此外，德育教师在实施体验式教学时可以通过构建相关情境引导学生进行活动体验，可以通过角色扮演的方式引导学生理解相关知识，还可以通过小组体验提高教学效率，通过生活体验解决生活中的实际问题，最后通过反思拓展升华学生体验。在教学过程中应遵循学生主体教学、亲身实践教学、适当激励性教学等原则，不断增强体验式教学的实效。②

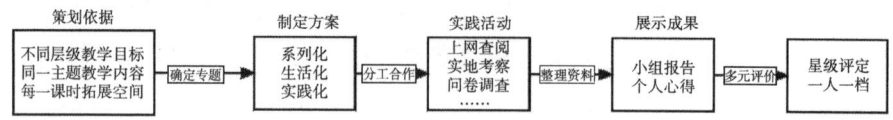

图 3-11 体验式教学步骤

总而言之，道德与法治课程教学方法与其他课程有相似之处，又有不

---

①徐诞.知行合一方得始终——小学道德与法治学科教师素养的现实建构[J].小学教学研究，2019（20）：28-30.

②吴小翠.体验式教学在初中道德与法治课程中的运用[J].亚太教育，2022（5）：88-90.

同之处，道德与法治课程是义务教育阶段的基础学科，在教授和学习过程中具有自己的独特性，在实施教学活动时，教师要立足学科特点，灵活地应用多样的教学方法，提高教学质量。目前学者们提出了多种适合于道德与法治课程的教学方法。结合实际课程内容和学生认知发展特点，综合运用多种课堂教学方法，有利于让学生在多种多样的教学方式中自主体验多种活动、在情感冲突中深化认识、在道德感悟中明理导行，这样能有效帮助学生形成正确的道德认知，养成良好的行为习惯。

六、教材研究述评

根据上述关于统编《道德与法治》教材的特点分析、统编教材的使用现状、使用存在的问题、使用取向、使用模式等方面的综合分析，可以看出教材需要跟随时代发展进行变革，关注教材研究有利于更好地开展道德与法治课程。而《道德与法治》教材研究变革需要实现从静态文本到学生动态使用的转型。[①] 要做到转型，一方面是教材研究需要脱离以往静态的文本分析转向动态的使用研究；若教科书研究用"从制作到使用，从过程到产品"来概括，那么，教科书研究就包括制作过程、产品本身、使用过程以及产品使用效果四个研究领域。每个领域都有评价研究，就形成了教科书质量评估、教科书使用评估以及教科书使用结果评估等评估过程，这基本上涵盖了整个教科书的研究范围。根据研究者的兴趣爱好、不同时代发展阶段的需要，每个领域研究方法的复杂程度、收集资料的难度以及理论的成熟度都不同，教科书研究并不是在每个方面都齐头并进的，而是呈现出不平衡的发展轨迹。教科书使用研究是其中比较少受关注的领域，在我国，教科书制作、审查、质量评估方面比较受关注。[②] 另一方面是教材使用研究需要从以教师为研究主体过渡到以学生为主体，或教师与学生主体并存的状态。近几年，随着课程改革不断向纵深方向发展以及学界对课程实施问题的重视，关于教师使用教科书及其影响因素的研究逐渐受到关

---

① 曾家延，崔允漷. 学生使用教科书研究：教材研究的新取向 [J]. 课程·教材·教法，2019（11）：67-74.

② 孔凡哲，张恰. 教科书研究方法与质量保障研究 [M]. 长春：东北师范大学出版社，2015：81.

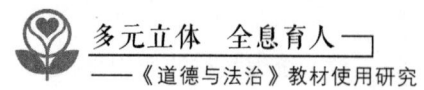

注，有些学者开始研究教师使用教科书的风格、水平及其对课堂教学效果的影响，但对学生使用教科书的研究仍处于探索状态。列扎特①指出，即使教科书基本上被称为"学生用书"，学生使用教科书的研究却非常缺乏。从20世纪80年代研制中学德育大纲和小学德育纲要，经过世纪之交研制《义务教育德育新课程标准》，以及开发一纲多本、多样化的德育教材，再到统编版新教材，德育课程改革取得令人瞩目的进步。② 但是这种进步需要不断延续下去，不能沉浸在现有的研究成果的喜悦中而忘记改革的动态性，要让《道德与法治》教材和课程相辅相成。

---

① REZAT S. The Textbook—in—use: Students' utilization Schemes of Mathematics Textbooks Related to Selfregulated Practicing [J]. ZDM, 2013, 45 (5): 659—670.
② 杜时忠. 我国学校德育体系将进入"五个德育"新境界 [EB\OL]. https: //m.sohu.com/a/293972791_176210. (2019-02-11) [2022-09-23]

第四章 教材使用的基本原则

义务教育道德与法治课程立足于学生实际生活，其培养目标在于促进学生道德法治知识、能力和素养的综合发展。道德与法治课程突出的德育属性和德育功能是它区别于其他学科课程的重要特征。基于该课程独特的性质与功能，教授道德与法治课程的教师必须以新教学理念为引领，积极努力探索适应新的教育教学改革需要的教学形态。

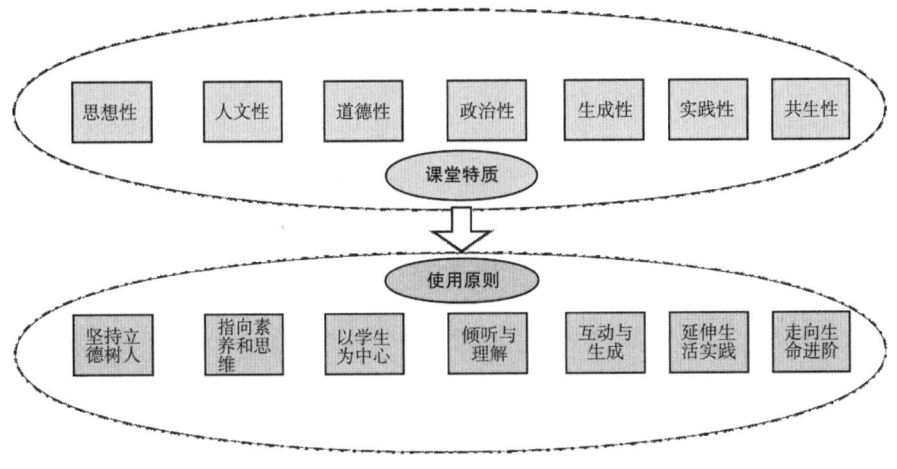

图 4-1 道德与法治课堂特质和使用原则

一、课堂特质

道德与法治学科是以少年儿童的实际生活为基础，以培养学生的道德品质和法治意识为根本，在其教育教学过程中渗透中华优秀传统文化的一门综合性活动课程。道德与法治学科的独特研究对象、研究方法和研究手段决定了其是一门兼具生活性和活动性的课程，同时也决定了其学科价值的多样性以及其学科教学的复杂性。因此，要先深入理解义务教育道德与法治的课堂特质。

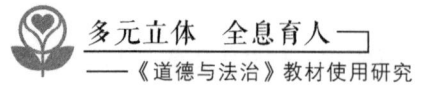

（一）思想性

道德与法治是一门综合性课程，更是一种思想教育和道德教育，涵盖了道德、心理健康、法律和国情等多个方面的内容。该课程的教学内容选择贴近学生的家庭、学习和社会生活，旨在将知识、情感态度价值观与思想方法、思维方式的掌握融为一体，从而达到全面提高学生思想素质的目的。因此，道德与法治课堂具有很强的思想性。教师在教材的使用过程中需要自觉地以科学方法论为指导，通过实践来体悟思想的力量，形成正确的价值判断与选择，提高思想品德，增强学生思想情感。同时也要注重探究过程，让学生在探究中不断丰富思维方式，从而为思想发展奠定基础。

进入新时代，道德与法治必须坚持以马克思列宁主义、毛泽东思想、邓小平理论、习近平新时代中国特色社会主义思想为指导，加强对国家、社会、个人三个层面的社会主义核心价值观教育，具体来说就是加强社会主义道德教育和社会主义法治教育，注重法治的约束力与道德的感化力，将二者紧密结合，弘扬社会主义正能量，帮助学生树立正确的世界观、人生观和价值观。[①] 道德与法治课程对学生的教育指向更加明晰，目标更明确，因而该课程具有鲜明的思想教育性。

（二）人文性

人文性是思政课课程性质之一。道德与法治课程要充分发挥育人功能，以学生的成长和发展为本，尊重学生，关怀学生，重视培育学生的道德品质，充分发挥民族精神和中华优秀传统文化的熏陶作用，让学生在课程教学和实践活动中体验、感受并理解国家和社会对其思想品德的要求。

学生的成长需要是与生活经验、学习与发展规律、思想情感、积极进取的人生态度、坚强的意志和团结合作的精神，人格发展等人文内容紧密联系的。《道德与法治》教材注重用优秀的人类文化和民族精神陶冶学生心灵，尊重学生学习和发展规律，注重关怀学生成长，注重提升学生的人文素养和社会责任感的培养。教材中既有鲜活的事例，又有源远流长的优秀传统文化，将国家教育部门颁布的《完善中华优秀传统文化教育指导纲

---

① 骆云锦.初中道德与法治课程实施现状调查及对策研究[D].西安：西安理工大学，2019：8.

要》中"在现代课程和教材体系内吸纳中华传统文化教育的有关内容"的要求全面体现了出来，从小事着手，对文化自信进行培育，让学生在鲜活的事例中吸取教训，把握前进方向，以名人名言警句、经典故事等优秀传统文化来塑造学生的灵魂，让学生获得精神食粮，让学生在学习过程中了解生活、了解世界，鉴别真伪、培养美德，从而产生正确的情感态度和价值观，因而该课程具有良好的人文性。

（三）道德性

道德与法治是一门综合性课程，以学生日常生活为基础、以社会主义核心价值观为引领、旨在提高学生的思想品德和法治素养，它整合了道德、法律、文化、民族精神、国情等多个方面的内容，体现了国家意志，同时也指向学生精神生命的成长。在这门课程中，道德教育和法治教育都是非常重要的，而道德品质是它们的落脚点。

每个人的道德品质都是通过自身的经历和体验来建构的，而生活内容和成长经验对学生道德品质的形成起着重要的作用。因此，在道德与法治课堂上，教师应该尊重不同学生的独特生活体验，并积极引导学生个体生活经验的拓展。教师可以通过课堂提问来连接学生的相关经验，使学生能够产生共鸣或思想冲突，并与他们真实的情感体验和感受进行交流。在师生和生生互动的过程中，学生的道德品质得以构建，这体现了道德与法治课程的道德属性。

（四）政治性

道德与法治课程是在多种思想理论的引导下进行的，包括马克思列宁主义、毛泽东思想、邓小平理论、"三个代表"重要思想、科学发展观、习近平新时代中国特色社会主义思想。该课程力图引导学生通过马克思主义的立场、观点、方法来理解时代，并且把握时代的意义，形成正确的世界观、人生观、价值观。通过该课程，学生得以践行和弘扬社会主义核心价值观，坚定理想信念，并厚植爱国主义情怀。同时，学生也会增进对伟大祖国、中华民族、中华文化、中国共产党、中国特色社会主义的高度认同，把爱国情、强国志、报国行自觉融入坚持和发展中国特色社会主义事业、建设社会主义现代化强国、实现中华民族伟大复兴的奋斗之中。道德与法治课程凝聚了学生对当今社会和国家变革的深刻认识，进而塑造他们的思想观念和精神风貌,并推动他们投身中国特色社会主义建设事业,为实现国家现代化事业的伟大梦想贡献自己的力量。因此,道德与法治课程是义务教育中思想政治教育工作的重要组成部分,对于高中思想政治教育也有着承接性、延续性作用。它是学生思想政治工作的主要渠道,具备一切思想政治工作的时代性与政治性特征。

(五) 生成性

道德与法治课程的教学是一个动态的过程,通过师生互动和生生互动,其教育过程和结果难以被教学设计者完全地预设与控制。这种生成性可从内容、过程、方法、空间和场所等方面得以体现。

第一,教学内容具有生成性。道德与法治课程与日常生活密切相关,不仅仅包括教材中的内容,更应深入学生的日常生活,使其从中发现、探索问题,培养学生动脑思考、解决问题的能力。教师可以增加与教学内容相关的课外内容来活跃课堂气氛,调动学生学习的兴趣和积极性。

第二,课堂教学过程具有生成性。教师应当自如地应对和处理各种学生提问,并及时引导,通过现代教育技术达到学习过程与学习结果的可视化。通过师生互动、生生互动、合作探究等课堂活动,增强师生之间、生生之间的互动交流,增强课堂的魅力与活力,做到预设性与生成性的统一,并在"以生为本"的课堂教学中实现更好的学习效果。

第三,教育方法具有生成性。在教学中,老师应当循循善诱,因势利导,要针对学生的实际情况,采用不同的教学方法。例如,对于不同兴趣爱好的学生,可以采用多元化的教育方法,提供各种有趣的案例、实例和故事,来激发学生兴趣,提高学习质量。教师还要关注学生的学习习惯和个性特点,激发其内在动力,培养学生自主学习的能力。

第四,教学空间也具有生成性。道德与法治课程不仅仅是课堂教学,还包括生活中和社会中的各种实践活动和参与方式。教师应根据学生的兴趣爱好和能力特点,选择适合的教学空间和教学方式,让学生走出教室,在课外实践活动中感受生活、体验生活、享受生活,有针对性地开展多样化、生动化的教育教学活动,能够更好地促进学生全面发展和成长,提升道德与法治课程的教学效果。

第五,教学场所具有生成性。道德与法治的教学内容和教学场所不限于课堂,如博物馆、科技馆、革命纪念馆、田间地头等同样可以作为教学的场所。

(六)实践性

实践性在道德与法治课程中的体现非常重要。它可以让学生不仅仅是获得知识,更能够将所学的道德原则和价值观念融入自己的行动中,同时也能够让学生通过实践去探究和发现问题,进而成长和发展。在实践教学中,学生需要通过日常生活、社会实践等方式来探究和应用所学知识。这既能够激发学生的学习动力,也能够提高学生的学习效果。例如,在学习关于爱国主义的内容时,可以通过参观爱国主义教育基地、参加志愿者活动等方式,来让学生深入了解自己国家的历史,增强爱国主义情感和意识。

在课程标准中明确了该课程的实践性,要求进行团队合作,共同探究问题,充分发挥团队协作的力量。比如,在课程教学中,学生可以组成小组,通过参观社区文化景点、走进社区文化生活进行探究和实践,从而加深自己对于真善美的理解和体验。教师在实践教学中需要扮演指导者和引导者的角色,为学生提供必要的指导和帮助,同时也需要充分发挥学生的主体性,让学生更加自主地参与到实践活动中,发挥其创造力和想象力,使得实践教学的效果更加显著。

《道德与法治》教材通过很多案例体现了其实践性。如初中《道德与法治》教材中设计了"方法与技能"栏目,为学生提供从思想认识走向道德实践的行为指导、行动策略,帮助学生在懂得了道理之后解决"如何做"的问题,使道德知识与现实生活的连接有了实际有效的支撑。

道德与法治课堂教学过程具有实践性。教师积极引导学生自己寻找问题的解决方法,让学生自主探索、分享交流。教师借助实地参观、情境模拟、公开演讲等组织学生开展丰富的活动。学生借助自己的生活经验来解决问题的过程也是实践的过程,这些来自学生亲身体验的方法也更有借鉴价值和现实意义,其他同学迁移使用的效果也更好。学生不仅要记住书本中学到的知识,也要在实际生活中践行,注重教学内容的实践。

(七)共生性

挪威生态哲学家阿伦·奈斯(A. Naess)指出:"人类的生活质量部分

地依赖于从与其他生命形式密切合作中所获得的深层次的愉悦和满足。"① 人作为生态系统中的一个因素，不是孤立存在发展的，一定是多种生态因子之间相互依赖、共存于一个大系统中共同生存的。道德与法治课堂生态中的各生态因素是一个整体，并发生相互关联，主要源自各要素之间的共生性，是彼此依赖、共同生存发展的关系。② 首先，教师与学生是一种相互依存的生态共生关系。道德与法治课堂生态关键的两个要素就是教师与学生双方共同存于课堂这个生态之中。教师与学生具有共生的纽带连接因子，比如师生角色关系、课堂空间、教材载体等，正是借助这些共生链条，实现二者共存共生。从角色关系看，教师是向学生传授知识、传播价值的生态引导者，是通过课堂教学和课后指导的方式对学生发生共生效应；学生是教师的授课对象，是课堂生态信息的接受者，通过自身个性化和群体性学习反作用于教师。其次，师生与环境也是一种相互作用的生态共生关系。师生离不开特定的环境因素，比如固定的教室、一定的文化装饰、课桌椅的编排等，同时也会产生微妙的心理环境。也正是这些物质环境、心理环境为教师与学生更好地共生提供了客观条件。同时，这些课堂环境也始终与师生生态因素相伴而生，相互依存。

二、使用原则

（一）坚持立德树人

习近平总书记强调，思政课是实施立德树人任务的关键课程。③ 道德与法治课堂作为主要的德育渠道和阵地，对于培养学生的道德素养和塑造成长至关重要。在道德与法治的教育教学过程中，教师的心灵启发和思维引导起着关键作用。因此，教师需要明确几个基本要求，如知识性要服从思想性、学理性要贴近现实性、认知性要融入实践性等。教师需要下功夫，聚焦立德树人的根本任务，促进学生的成长和发展。

---

① 雷毅. 阿伦·奈斯的深层生态学思想[J]. 世界哲学，2010（04）：20-29.
② 常爽爽. 初中《道德与法治》课堂生态优化策略研究[D]. 信阳：信阳师范学院，2022：11.
③ 习近平. 思政课是落实立德树人根本任务的关键课程[J]. 实践（党的教育版），2020（09）：4-11.

在教学中，教师需坚持科学性和知识性，同时注重模拟时空场景，并以正确的态度引导。教师应注重教学情境中的价值引领，通过启发引导帮助学生端正价值判断，通过总结提炼形成价值标准。这种教学理念旨在坚持教书育人、立德树人的导向，培养学生高尚的道德情感和行为习惯，同时也提升学生的综合素质和思维能力。

（二）指向素养和思维

雅斯贝尔斯（Karl Theodor Jaspers）认为："人，只能改变自身，并以自身的改变来唤醒他人。"[①] 在道德与法治课堂中，教师应该根据不同学生的发展状况，挖掘教材中的精神营养，从而提升学生的精神品质。[②] 布鲁姆（Benjamin Bloom）的教育目标分类学将认知领域的教育目标分为"记忆、理解、应用、分析、综合、评价"六个层次，根据这六个层次的目标，教师要充分利用课堂的环节和要素，引导学生由低层次认知向高层次思维发展，达到"高质量的对话"，即思维外化并得以发展。[③]

道德与法治课堂的教学方法需要顾及儿童自身的经验、体验和与儿童生活直接相关的因素，通过认知性、社会性、反思性的沟通与合作来实现学生高阶思维发展及其意义的丰富与拓展。这种教学方法要求教师在教学中注重学生的情感体验和认知体验，让学生在体验中学习，在学习中体验，从而达到知行合一的效果。此外，教师还需要通过结构化情境教学，帮助学生掌握必备知识，提升关键能力，解决复杂问题，有效形成学科素养。在复杂情境中处理复杂任务，要求学生具有扎实的学科知识和宽阔的学科视野，能够综合利用所学知识、能力、创新精神有效解决问题。[④]

著名哲学家威廉斯（Bernard Williams）认为："道德哲学并不需要一个是它自己的理论。对于'道德'是什么这一问题是不可能有任何有趣的、精简的或者自我包容的理论的……我们宁愿把道德视为一种可能具有

---

① 雅斯贝尔斯. 什么是教育 [M]. 上海：三联书店，1991：26.
② 王磊，刘军伟，张雪梅. 初中道德与法治的课堂特质与建构 [J]. 人民教育，2021（12）：53-55.
③ 陆宏英. 课堂深度对话：内涵、特征及教学建构——以统编教材小学道德与法治教学为例 [J]. 上海教育科研，2021（12）：87-90.
④ 张召永. 用评价体系引领道德与法治教学 [J]. 中学政治教学参考，2020（28）：65-68.

真实存在的东西。"① 这是强调道德哲学虽然属于哲学范畴,却不属于任何一种流派,也就是说,它实际上是一个综合性的、包罗万象的东西,与生活密切相关。② 因此,在道德与法治教学中,在引导学生思考"我应该追求什么样的生活?我应该做一个什么样的人?"这样无法有一个客观的、唯一与确定的标准答案的问题时,应激发学生深度思考,展开多元深刻的辨析。

(三) 以学生为中心

美国心理学家罗杰斯(Carl Ransom Rogers)1951年提出"以学生为中心",主张"让学生确定学习目标,通过自我评价来衡量进步的程度,由此让学生成为自我负责的学习者"。③ 在传统的教学模式中,教师往往处于核心地位,学生被动进行学习,特别是关于抽象的、宏大的理论课讲授,常常让学生感到生硬、枯燥,抑制了学习兴趣。以学生为中心的教学原则强调尊重学生,以平等的姿态与学生沟通交流。教育者与受教育者都是教育活动的平等参与者,受教育者是知识的探索者,应处于主体地位。

个体经验是道德学习的起点。每个学生都是一个独立的、存在差异性的个体,有着独立的主体意识。每个学生都基于自己的经历和体验建构自身的道德生活,而生活内容和成长经验对学生道德品质与法治观念的形成、塑造和维系具有重要作用。因此,在道德与法治课堂上,学生是课堂的主体,课堂也应该以学生为中心,教师应为学生发展服务,而不应该过分强调教师传授知识,否则对学生养成个体素养是不利的。教师既要尊重、接纳每个学生不同的生活经验,又要积极引导个体生活经验的扩展,使经验扩展的过程成为个体道德与价值观学习的过程。④ 当然,以学生为中心并不意味着教师可以撒手和放任自由,相反,在学习活动中教师承担着充满智慧与挑战的工作,就是要扮演好"组织者"和"引导者"的角

---

① 伯纳德·威廉斯. 道德运气 [M]. 徐向东,译. 上海:译文出版社,2013:2.
② 易连云,易然. "学科逻辑"与"实践使命":道德与法治课程建设思考——基于学校德育要素分析 [J]. 教育文化论坛,2022,14(3):23-28.
③ 杨彩霞,邹晓东. 以学生为中心的高校教学质量保障:理念建构与改进策略 [J]. 教育发展研究,2015(3):30-44.
④ 王磊,刘军伟,张雪梅. 初中道德与法治的课堂特质与建构 [J]. 人民教育,2021(12):53-55.

色。教师要因材施教，根据学生的认知水平、心理状态、发展需要的变化调整教育教学内容，连接课堂教学内容与学生实际生活，在基于学生的真实生活体验上进行相关内容的讲授与引导，使学生深刻感受道德与法治课程对于生活的指导作用，体会到学习道德与法治理论的价值和重要意义。

（四）倾听与理解

课堂中的学习活动是以交往与对话为特征的活动，从本质上说是一种同客观世界（题材、教材）、同教师同学、同自身的"对话性实践"。[①] 从这个意义上来说，在道德与法治教学过程中的课堂对话，应是一种多向而开放的"深度对话"。

巴西教育家保罗·弗莱雷（Paulo Freire）在《被压迫者的教育学》中指出，人的存在不会是无声的、沉默的。说话不是某些人的特权，而是所有人的权利。因此，任何人不应只对其他人说话而剥夺别人说话的权利。人们说话是对世界"发表意见"，是一种改造世界的行为。[②] 从这个意义上来讲，道德与法治课堂的对话应在民主、平等的基础上进行，对话意味着对话主体之间的民主与平等，意味着主体的倾听与理解。因此，在课堂教学过程中，教师应营造一个平等、自由的对话环境，让学生敢于表达、善于表达、乐于表达。[③] 走向课堂深度对话，意味着师生内心世界的敞开，意味着思维与情感、意义和价值层面的深层次沟通和交流。这一过程，离不开师生之间以真诚的态度相互倾听、相互理解。愿意仔细倾听以及向他人诉说，发言之前保持安静，轮到发言时充分表达；不仅拥有愿意沟通与交流的明朗态度，还有相互间神情、动作的"意见交换"；既能审视他人的见解和观点，又能反思自己的经验与思想；既有对某一主题认知共识的达成，也有对不同观点与思想的宽容与尊重。因此，道德与法治课堂中师生之间的交往要建立在平等的基础上，在实际教学中要积极开展对话式教学，教师的课堂提问要具有启发性和发散性，努力带动学生的学习积极性，引导学生学会学习、热爱学习，创设和谐的课堂教学环境。

[①] 钟启泉. 课堂研究 [M]. 上海：华东师范大学出版社，2016：17.
[②] 黄志成，王俊. 弗莱雷的"对话式教学"述评 [J]. 全球教育展望，2021（6）：57-60.
[③] 陆宏英. 课堂深度对话：内涵、特征及教学建构——以统编教材小学道德与法治教学为例 [J]. 上海教育科研，2021（12）：87-90.

萧伯纳（George Bernard Shaw）曾经指出，沟通最大的问题在于人们想当然地认为已经沟通了。[①] 然而，这种想当然的沟通和对话是否真正有效，有时候无法衡量，即使可以衡量，也往往需要时间。在教学中，大多数教师所进行的提问只是为了让学生参与其中，而参与的方式和结果往往并未得到充分的考虑。在道德与法治课堂中，根据信息流的传递方向，可以将对话分为三种类型：只有一方讲话的单向对话、相互交谈的双向对话和思路各异的异向对话。由于教学任务繁重，近年来在新课程理念的影响下，教师逐渐认识到双向交流的重要性，因此在课堂中出现了大量的教师提问和学生回答的双向交流。然而，与教师思路岔开的异向交流最容易引起教师的恐惧和反感，因为这种互动方式一旦出现，就意味着课堂秩序混乱和课堂教学目标无法达成。在此背景下，需要注意以下三点：第一，教师要克服单向对话的消极作用，要让单向对话发挥正确作用，教师应该循循善诱而非独断专行，使用一个信号让学生能够保持持续的关注；第二，要提高教师与学生的倾听能力，尤其是教师的倾听能力，唤醒教师的倾听敏感度，使其具有共情能力，能够感受他人之所感，尊重他人的言语表达，逐渐在教室里构筑相互倾听、相互理解的关系；第三，实现真正的双向对话，建立双向对话的基础准则，关注异向对话，在课堂时间和节奏允许的情况下，集思广益，聚集全体学生的智慧，使得课堂真正得到升华，从而促进学生知识的增长和能力的增强。在道德与法治课堂中，通过有效的双向对话，可以帮助学生理解和掌握道德和法治的概念，培养学生的批判性思维和判断力，提高学生的参与度和学习兴趣，从而促进学生的全面发展。

（五）互动与生成

哈贝马斯（Jürgen Habermas）认为："人与人之间的交往称得上是相互关系，它反映的不是人与自然或人与物的对象关系，而是人与人之间的相互关系。"[②] 教学是教师的教和学生的学的统一，这种统一的实质是交往。据此，现代教学论指出，教学过程是师生交往、积极互动、共同发展

[①] 樊登. 每个人都能成为高效沟通者［EB\OL］. https：//baijiahao. baidu. com/s? id=1671948319337752124&wfr=spider&for=pc（2020—07—12）[2022—9—23]

[②] 余灵灵. 哈贝马斯传［M］. 石家庄：河北人民出版社，1981：181.

的过程。没有交往,没有互动,就不存在或未发生教学。因此,道德与法治课堂是在信息交流的基础上实现师生互动与融合,通过师生间的相互作用、相互影响、相互补充来促进学生的学习与成长。从这个意义上讲,道德与法治课堂深度对话"超越了单纯意义的传递,具有重新建构意义、生成意义的功能"。[1]

教学是一个动态生成系统,师生互动、生生互动过程中会产生非预设的生成性资源,教师要多站在学生的角度,从学生的视角观察、分析问题,把握生成时机、捕捉生成性要素,引导学生在自主建构中实现道德水平的提升。充分调动和引导学生自主参与到丰富多样的课堂活动中,在体验、辨析与实践中生成知识、发展思维、提升能力,形成正确的价值观念和良好的德行品质。[2]

(六)延伸生活实践

生活是建立在实践基础上的人的特殊生命活动,生活着的人是实践中的人。人在生活中生成,过什么样的生活便做什么样的人。生活世界是一个事实和意义联结的世界。而道德探寻生活的意义,道德的核心问题"怎样去做成一个人",也就是"人应当如何生活"。因此,道德内在于生活,道德与生活的方方面面联系在一起,不能脱离生活而单独存在。作为实践性的存在,道德主要表现在生活中的各类的事件中、行动者的具体行动中。由此,离开生活去谈道德毫无意义。[3]

道德内在于生活,德育课程是要通过个体的实际生活来学习过有道德的生活,生活是课程的归宿,也是课程的过程和手段。学生通过自身的生活经验来学习,学习的过程是学生生活经验持续不断发展改造和推进的过程。[4]

道德是实践智慧的体现和凝聚,个体的道德与价值观的学习需要在实际行动中生成和体现,主体性的道德知识也是在实践中获得的。然而,实

---

[1] 陆宏英. 课堂深度对话:内涵、特征及教学建构——以统编教材小学道德与法治教学为例[J]. 上海教育科研, 2021 (12):87-90.
[2] 王磊, 刘军伟, 张雪梅. 初中道德与法治的课堂特质与建构[J]. 人民教育, 2021 (12):53-55.
[3] 鲁洁. 生活·道德·道德教育[J]. 教育研究, 2006 (10):3-7.
[4] 鲁洁. 道德教育的当代论域[M]. 北京:人民出版社. 2005:300.

践的实现需要恰当的方法，方法是思想的外化和智慧的凝聚，对于提高学生的实践能力和应用技能具有重要作用。因此，为了培养学生的实践能力和道德观念，教师应该注重实践教学的方法论研究和实践技能的培养，从而提高学生的实践能力和应用技能。这样不仅可以提高学生的综合素质，还可以帮助学生更好地理解和应用道德知识，促进其道德素养的提高。

因此，道德与法治教学要站在学生的立场和角度，紧密围绕学生生活，立足于学生生理、心理特点，遵循学生的接受规律，创设平易近人、鲜活有趣、兼具科学和理性的教学情境，以利于激励主体的认知渴望、交流欲望，为学生更好地认识自己、世界、社会提供指引，进而启发其情感自觉和行动自觉，更好地解决生活中遇到的实际问题，为学生成长生活服务。

（七）走向生命进阶

鲁洁认为，道德就是要人按照其本然存在方式去存在，因此道德指明的就是做人之道。它关注的是怎样使人活得像一个人，确定的是人的生活原则，涉及的是整体生活的善。道德的核心问题"怎样去做成一个人"是根本生存方式问题，而不只是"应该去怎样行动"的具体规范问题。"在生活论的视域中，道德就是人们所选定的特定的生活价值，为的是要用它作为参照点来确定生活的方向和道路，使人能够生活得更像一个人。"[①] 人赋予某种存在方式以道德的意义，当某种本然的、自然的存在方式被认为是"道德的"，它就超越了本然与自然，成为人自觉设定的存在。实践性是人的本质属性，当人自觉认定它为"道德的"并按照这种自觉设定了的生活方式生活，即是超越了自然性，走上了有道德、有修养的为人之路。

"道德教育要有目的、有计划地促使学习者去关注他们的生活，并逐步拓宽学习者的关注范围，创造条件促使他们去关注那些生活中易于被遗忘的角落，从而提升他们的关注品质，发展他们的关注能力"。[②]

道德与法治的价值指向是实现师生共同的生命成长和进阶。在课堂教学中，教师引导学生探索自己的精神世界，既满足学生的精神成长需求，

---

① 鲁洁. 做成一个人——道德教育的根本指向 [J]. 教育研究，2007（11）：11-15.
② 鲁洁. 道德教育的根本作为：引导生活的建构 [J]. 教育研究，2010，31（6）：3-8＋29.

解决学生的困惑和问题，又引导学生享受境界提高的愉悦感，进而认同精神成长对于生命成长的意义和价值，从而形成良性循环，建构系统的价值观体系。然而，实现这一目标需要具备良好的精神成长、生命体验的教师，这种情真意切的感受可以融入课堂教学的教材、课程资源等要素中，用一个生命的精神成长告诉另一些生命如何实现精神成长。因此，教师应该注重自身的精神成长，不断提高自身的素质和能力，从而为学生提供更加优质的教育服务。在教学过程中，教师应该注重学生的精神成长需求，积极解决学生的问题和困惑，帮助学生认识到精神成长对于生命成长的重要性，从而形成健康的精神成长态势。

道德与法治要引导学生了解和认识生活的多种可能性，选择并建构更好的生活从而实现自我价值。引导学生建构一种全面和丰富的生命，包括学校、家庭、社会等多种场域中的生命。要引发学生对建构更好生活的向往，引导学生学会拓展和转化自己的生活领域，形成既是自主的，又是主体间性的、系统和清晰的探问与反思，并形成相应的能力。

道德与法治要探寻现实生活的价值和意义，关注知性和理性的因素，也关注情感、愿望、体验等非理性因素。只有这样，才能更全面地理解生活的意义。不要将人之至善追求诉诸孤立的、静态的人性改造，要基于现实生活建构自己所期待的美好生活，把学生培养成自觉的生活建构者，帮助学生学会关注、反思和改变生活，提高他们建构生活的品质和能力。

第五章 教材使用的方法模型

教学模式建立在一定的教学理论或教学思想基础之上，它是为实现特定的教学目的，将教学的诸要素以特定的方式组合成相对稳定且简明的教学结构框架，并具有可操作性程序的教学模型。① 教学模式背后具有一定的理论指导，也对现实具有再现性，即通过活动等外在形式，将教育者的目的或观念转化成实际行动。教学实践中，每一位教师都有意识或者无意识地以一定的方式实践着自己的教学模式②，教师诸多的课程决策行为反映了不同的教学模式。因此，本书将探讨《道德与法治》教材使用时的教学模式的设计方法模型。

针对教学模式的界定，不同学者有不同的理解，但对于教学模式的要素构成，学者的诸多观点具有一致性。例如，李如密认为，教学模式的构成要素有相关理论基础、教学目标、实现条件和操作程序。③ 朱民认为，教学思想或理论、教学目标、操作程序、师生结合构成了教学模式。④ 何克抗认为教学模式需要包括相关理论基础、教学目标、教学条件、教学程序和教学评价五个要素。⑤

综合以上学者的观点，我们可以大致按照以下五要素进行教学模式的构建。

第一，理论指导。理论从学理上指导教学模式设计，锚定教学模式的具体方向。

第二，教学目标。教学目标属于五要素的核心地位。教学目标是对学

---

① 马云鹏. 课程与教学论［M］. 北京：中共广播电视大学出版社，2005：249.
② 乔伊斯. 教学模式［M］. 荆建华等，译. 北京：中国轻工业出版社，2002：15.
③ 李如密. 关于教学模式若干理论问题的探讨［J］. 课程·教材·教法，1996（4）：25-29.
④ 朱民. 对教学模式理论的认识和实践——启发研究式教学模式的构建与应用［J］. 化学教育，1998，19（3）：4-7.
⑤ 何克抗. 建构主义的教学模式、教学方法与教学设计［J］. 北京师范大学学报（社会科学版），1997（5）：74-81.

生在学习活动后需要达到的成绩的阐述,目标要清晰而具体,强调学生学习前后的行为变化,可以作为一种反馈信号用来调整和优化教学模式。

第三,操作程序。即程序性地详细解释教学环节的顺序或操作程序,主要用于帮助教师和学生明确活动的先后顺序以及具体步骤。

第四,教学评价。教学评价是依据循证思想,运用量化或质性的方法和标准,针对教学的效果进行评估,检验教学目标是否达成。

第五,教学条件。教学条件包括教学资源、信息技术、辅助工具、教学情境、角色、师生互动等,以此保证教学模式的顺利实施。

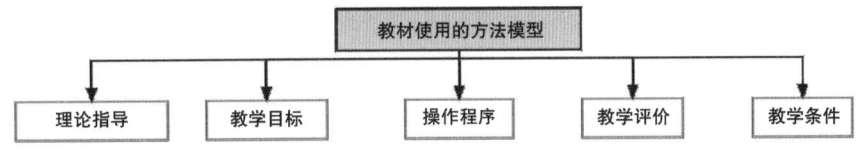

图 5-1　教学模式包含的五个要素

根据以上的教学模式构成要素,《道德与法治》教材的使用也应涵盖以上要素,形成如图 5-2 所示的总模型。

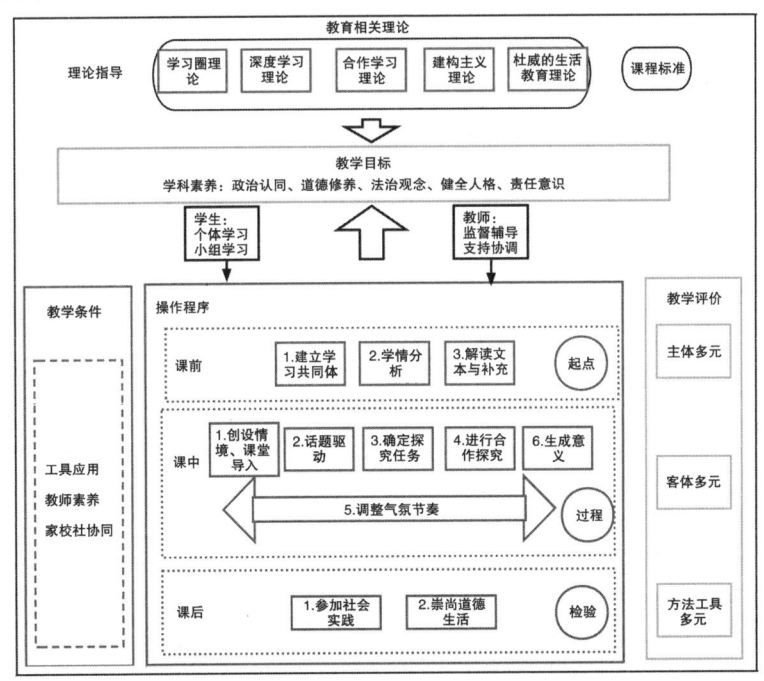

图 5-2　《道德与法治》教材使用的总模型

一、理论指导

《道德与法治》教材的使用借鉴了多个理论，大致分为教育相关理论和课程标准。

（一）教育相关理论

1. 学习圈理论

20 世纪，美国研究组织行为学家大卫·库伯（David Kolb）认为："体验就如同一个学习的循环圈。"[①] 他认为要通过实践获取知识，将知识内化形成自己的知识体系，运用到实际中去，将理论与实践充分结合。

大卫·库伯提出了体验式学习模型，该模型是"实际经历和体验—观察和反思—抽象与归纳—积极的试验—实际经历和体验"的一个循环体验学习圈，如图 5-3 所示。他认为有效的学习是从学习者全身心参与到实践活动中，不断地观察、思考和反思，最终形成抽象的概念，上升至理论并将其运用到实践当中，该理论注重为学习者提供真实或模拟真实的环境和活动，学习者通过自身在人际交往活动中充分体验来获得自身的经验和觉悟并进行分享和交流，通过反思与总结来提升成理论或者成果，最后将总结的理论和成果投入具体的实际生活之中。[②]

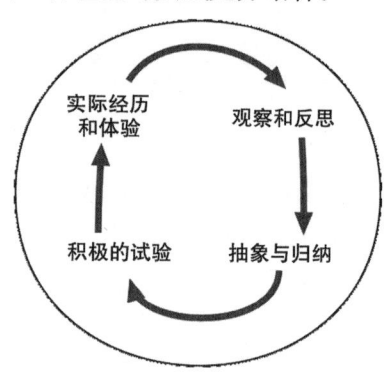

图 5-3　库伯的循环体验学习圈

学习圈理论将反思性观察所获内容进行抽象概括，消化吸收具体经验、课本知识，并进行概念化，最终上升到理论层次。通过这一过程，可

[①] 大卫·库伯. 体验学习——让体验成为学习和发展的源泉 [M]. 上海：华东师范大学出版社，2008：61-73.

[②] 刘瑜. 初中道德与法治"情境体验＋协作学习"教学模式研究 [D]. 重庆：西南大学，2021：29.

以引导学生实现自我道德教育。①

学习圈是一个循环过程,学生在所获知识和体验的巩固和迁移过程中,会遇到新问题,发现新情境,获得新经验,这就需要学生再对这些新经验进行反思观察和抽象概括,不断总结凝练。学习圈理论中的"试验",即把已经成型的理论用来指导实践,对于知识进行巩固和迁移,检验自己是否学以致用。从课堂内到课堂外、从学校到社会,学生通过课本知识学习和社会实践锻炼,能从内心深处、外在行动做到尊重他人,提升自我境界,这就体现了道德教育的真正成效。因此,学习圈理论对道德与法治教学的启示是,依据学习圈理论进行道德教育,可以摆脱传统道德教育的说教、灌输,强调学生的亲身实践和情感体验,强调学生的体验感受,让学生在真实情境中体验生活、积极实践,学生进行情感体验和相互之间的交流和反思,最终形成学生自身的情感经验来指导自身的行为实践,实现知行合一。

2. 深度学习理论

深度学习的内在意义在于理解。这是一种超越机械记忆和浅层了解的学习。它重视知识建构、批判性思维、创新应用、多元协商和现实中的问题解决,强调学习过程中的主体性、探究性、生成性和批判性。深度学习是学习者在真实问题情境驱动下高投入的自我学习。

深度学习强调关注问题和现实。运用思辨、综合和探究的逻辑,促进学科的内涵式发展,实现对知识的深层解读,如问题的根源、方法的价值、建构的意义等,使学生能够从问题思维、思维逻辑和思维价值等出发点进行学习和研究,促进学生对学科知识、学科思想和学科价值的内在成长和理解,进而向深层次和高层次的思维迈进。

深度学习是一种问题性、现实性很强的学科思维活动,应运用具有思辨性、综合性和探究性的问题逻辑求得学科内涵式发展,推进知识的深度解读,如问题的本源、方法的价值、构建的意义等,使学生认识到问题的思维起点、思维逻辑和思维价值,促进学生对学科知识、学科思想和学科

---

① 蒋健. 道德与法治课道德教育的路径探索——基于学习圈理论[J]. 中学政治教学参考,2021(46):30-31.

价值内在生长和领悟，进而向深层次的高阶思维前进。①

深度学习理论基于立德树人，期望通过培养和发展学习者的核心素养，来实现学生的全面发展。因此，把深度学习的理论放在教育教学的具体场景中，可以理解为学习者在教师的引导和帮助下，学生以具有难度和挑战的、已经确定为事实的知识为内容，展开全方位的学习活动。②

深度学习理论以人的全面发展为最终指向，其实现途径在于培养和发展学习者的核心素养。深度学习理论强调教师主导下的学习者主动参与、积极建构，从而实现学生核心素养的培育与形成，凸显学生在教育性、全方位、各方面的成长与进步。

深度学习理论对道德与法治教学的启示是，要在深入分析学习情况的基础上，遵循认知逻辑和学科逻辑，立足学生的发展需求，坚持生本视角，重视学生的现实困惑，创造真实的教学情境，创设教学主题，强化学生的个体认知体验，活化学生的深度思维，促进新旧经验之间的有效联系，积极探究促进学生深度学习的有效策略，建构和发展学生学科核心素养的道德与法治课堂，落实教育立德树人的根本任务。

3. 合作学习理论

"世界各国风雨同舟、团结合作，才能书写构建人类命运共同体的新篇章。"③ 随着高新技术的迅猛发展和不断革新，跨学科、跨知识领域的协作对于促进人类社会发展的重要性日益凸显，所谓"独学而无友"。"合作共赢"已成为新时代潮流，合作是教育教学不能忽视的关键点之一。

合作学习思想早在封建社会时期就已存在，合作学习伴随着班级授课制的出现而展开，亚里士多德、柏拉图、昆体良等曾论述过合作学习的思想，亚里士多德认为营造宽松的群体学习氛围能够促进人的潜能的发挥；昆体良认为学生们通过互相学习获益更多。17世纪班级授课制的倡导者夸美纽斯（Comenius）指出："在学生方面，大群的伴侣不仅可以产生效用，而且可以产生愉快；因为他们可以相互激励，相互帮助。"④

---

①马骥.促进深度学习的道德与法治课堂建构——以"走近教师"为例［J］.中学政治教学参考，2021（34）：33-34.

②林月霞，郭华.深度学习：走向核心素养［M］.北京：教育科学出版社，2018：31.

③国家主席习近平发表二〇二二年新年贺词［N］.人民网，2021-12-31.

④夸美纽斯.大教学论［M］.傅任敢，译.北京：教育科学出版社，2001：124.

19世纪初，合作学习方式传入美国，进一步推动了合作学习理论的发展。要求在学习时组建小组，课堂活动均在小组内进行，小组内可以通过同伴交流展开学习，也可以自己研究进行学习。美国学者对学生进行分组，一般一个小组有六到八人，分组依据是学生个人的兴趣、能力、性格等，要求小组成员相互配合，分工明确，共同为完成项目而努力。合作学习理论认为一起学习可以起到互相学习、互相激励的作用。

合作学习发展到现在已成为一套具体的操作方式，对道德与法治教学的启示是，强调从"目中无人"到"以人为本"的观念转换，倡导合作，增进师生交流，活跃课堂氛围，提高教学效果。

4. 建构主义理论

作为我国新课改的三大基础理论之一，皮亚杰（Jean Piaget）提出的建构主义的设计原理、模式方法等理论为情境教学的发展提供了宝贵的理论支撑。建构主义理论认为知识的形成不是由教育者传递给学习者的单方面活动形成的，而是由学习者在真实情境中通过自身与外部客观环境主动建构形成的。[①] 建构主义理论综合了皮亚杰、维果斯基（Lev Vygotsky）等多人的研究成果。

学习观上，建构主义理论认为学习是个体通过自主探究，来获取生活经验、掌握科学知识的过程。"学生在特定的情境中通过教师的引导，发挥主动性进行知识的自我建构。"[②] 学习是基于学生主体作用和教师主导作用，师生共同解决问题，从而引导学生不断自主建构知识的过程。

知识观上，"知识不是通过教师的传授获得的，而是学习者在一定的情境即社会文化背景下，借助其他人（包括教师和学习伙伴）的帮助，利用必要的学习资料，通过意义建构的方式获得的"[③]。所获知识不是解决问题的最终和唯一答案，需要学生在学习过程中，不断发现问题和解决问题、迁移与运用知识、改造和创新知识等，从而促进新知识的生成。

学生观上，认为学生积累了一定的日常生活知识和经验，则可以根据

[①] 莱斯利·P. 斯特弗. 教育中的建构主义 [M]. 上海：华东师范大学出版社，2002：35.

[②] 皮亚杰. 发生认识论原理 [M]. 北京：商务印书馆，1993：186.

[③] 全国十二所重点师范大学. 教育学基础 [M]. 北京：教育科学出版社，2014：211.

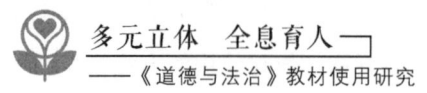

自己的知识或经验学习新的知识。因此教师应该利用好学生这些已经掌握的经验和知识。

教学观上,提倡遵循学生的认知过程,学生在活动过程中遇到与原认知不符的情况而产生困惑时,需要学生借助已有的知识和经验进行更加深入的探究。皮亚杰借助"图式""同化""顺应""平衡"四个概念,详细解释了儿童的认知过程,即人在与外界事物接触的过程中会逐渐形成独特的认知结构。当新的刺激出现时,如该刺激符合原有图式则会被直接纳入,实现同化;如该刺激不符合原有认知结构则需要改变原有的认知结构,适应新的刺激,实现顺应。个体的认知在同化与顺应的调节过程中最终达到动态的平衡。这一理论为探寻如何在生活化教中设计教学活动主题、预设学生的思维矛盾、安排活动流程等给出了具体的理论指导。① 学习者首先是对外部环境产生明确的感觉,然后对外部环境进行分析、抽象以及概括,逐渐对事物产生本质的认识。② 教师与学习者之间,学习者与学习者之间在对问题进行深入的探讨和交流后,经过不同个体的思维碰撞,最终构建起学习者对事物的认识,形成教学的真正意义。

建构主义理论内容丰富,但其核心观点是以学生为中心,强调学生在知识探索、知识发现及知识意义建构的主动性。③ 道德与法治课堂教学的设计要以构建主义学习观为基础。

教师根据学生现有的知识和经验,在教学的重点和难点以及学生可能有疑问的地方设置有价值的问题,激活学生形成一定认知冲突,通过合作和自主学习分析和解决这些问题,并在这一系列活动中给学生留出充足的思考和讨论时间,让他们积极构建自己的知识体系,从而充分发挥"学生为主体,教师为主导"的教学理念。

5. 杜威的生活教育理论

19世纪美国教育家杜威主张教育即生活,生活与教育紧密相连不可分割,学生要通过自己的体验去获得知识,体现其主观感受,突出了体验式

---

① 邢敏. 新时代初中《道德与法治》生活化教学优化策略研究 [D]. 合肥:合肥师范学院,2022:15.

② 刘儒德. 建构主义教学观 [J]. 江西教育,2008(5):41-41.

③ FERENCE M, ROGER S. On Qualitative Difference in Learning:Outcome and Process. British Journal of Educational Psychology, vol. 46,1976,pp. 4-11.

教学的重要作用。① 教育是从生活中学习，学校生活与社会生活有着密切的关系和相似性，不能将其割裂。

杜威的生活教育理论看到了社会生活与学生学习之间的紧密联系和重要价值。时事热点反映了当今社会的最新动态，是学校之外的社会生活的集中反映。生活教育理论对道德与法治教学的启示就是将时事热点引入课堂，以当下、真实、丰富多彩的社会生活为学生的学习素材，学生在特定的生活情境中学习抽象、枯燥的理论知识，给学生更多的机会去了解和理解社会，帮助学生更好地适应当代社会生活。

（二）课程标准

课程标准是教材编写和教师教学的重要依据，规定了课程的性质、基本理念和课程设计思路等，对课程目标进行了概括性的说明，还提供了相关的教学活动建议，为教学、评价、教材编写等提供了实施建议。课程标准内容丰富，蕴含了多方面的指导建议，为《道德与法治》教材的使用提出了纲领性指导。

在信息高度发达且杂乱无章的今天，显然知识变得没那么重要了，因为来源众多，恰恰使学生素养的提升成了当前教育的一大难题。但核心素养与知识并非鱼与熊掌的关系，它寓于知识的内化过程之中，知识是素养生长的基础和平台，素养要回归知识教学。②

2006 年，欧洲议会和欧盟理事会提出母语、外语、数学与科学技术素养、信息素养、学习能力、公民与社会素养、创业精神以及艺术素养八大核心素养，并根据知识、技能和态度三个维度对每方面核心素养进行描述。核心素养内涵为：每个人在知识社会中发展自我、融入社会以及胜任工作所必需的知识、技能和态度的集合。③ 欧盟核心素养既强调跨学科和全面能力培养，又强调传统的基本技能，将其作为核心素养的基础。

2015 年经济合作与发展组织（Organization for Economic Cooperation

---

① 约翰·杜威. 杜威教育论著选 [M]. 赵祥麟，王承绪，译. 上海：华东师范大学出版社，1981：5.

② 周序. 核心素养：从知识的放逐到知识的回归 [J]. 课程·教材·教法，2017，37 (2)：61-66.

③ 裴新宁，刘新阳. 为 21 世纪重建教育——欧盟"核心素养"框架的确立 [J]. 全球教育展望，2013 (12)：90.

and Development，简称OECD）对核心素养的概念进行了解释：每个人都必须为社会发展和个人价值的实现做出贡献，这些贡献有助于满足社会生活对个人的重要需求。OECD组织进一步指出以需求为导向的核心素养是个体适应社会所必需的，不仅可以帮助个人处理社会问题，还是促进社会转型的重要因素。因此，核心素养已成为过去10年来欧盟教育发展的核心理念。作为人的内在品质与能力，核心素养无法被直接观察与度量，但是对于教师而言，可以通过观察学生在各种学习活动中的相关表现，推断出学生的学科核心素养发展水平。学科核心素养其实是一种思想方法，学生在一定的情境中，通过对这种思想方法的运用，分析学科知识、完成学科任务。

《义务教育道德与法治课程标准（2022年版）》指出，核心素养是课程育人价值的集中体现，是学生通过课程学习逐步形成的正确价值观、必备品格和关键能力。道德与法治课程要培养的核心素养，主要包括政治认同、道德修养、法治观念、健全人格、责任意识。政治认同是社会主义建设者和接班人必须具备的思想前提，道德修养是立身成人之本，法治观念是行为的指引，健全人格是身心健康的体现，责任意识是担当民族复兴大任时代新人的内在要求。

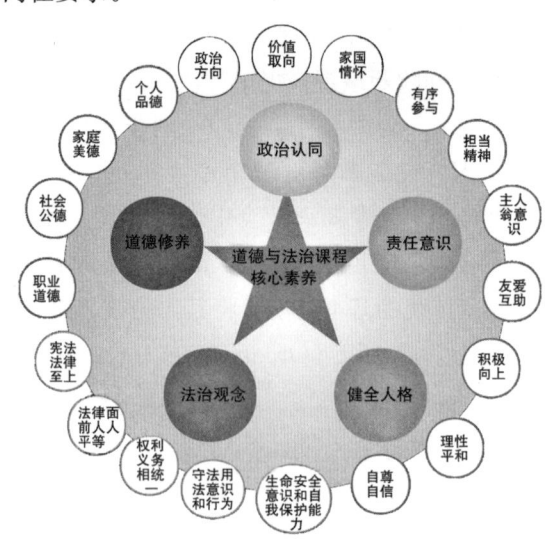

图5-4 道德与法治课程核心素养模型

第一，政治认同。政治认同是指具备热爱伟大祖国、中华民族、中华文化、中国共产党、中国特色社会主义的情感，以及为中华民族伟大复兴而奋斗的志向，能够自觉践行和弘扬社会主义核心价值观。政治认同主要表现在以下几方面。

政治方向。明确中国共产党的核心领导地位，充分认识中国共产党的领导是中国特色社会主义最本质的特征，是中国特色社会主义制度的最大优势。拥护中国共产党，坚持中国特色社会主义道路，了解习近平新时代中国特色社会主义思想是当代中国马克思主义、21世纪马克思主义，是中华文化和中国精神的时代精华。

价值取向。践行和弘扬社会主义核心价值观，坚定共产主义远大理想和中国特色社会主义共同理想，增进中华民族价值认同和文化自信。

家国情怀。对家庭有深厚的情感，热爱家乡，热爱伟大祖国，热爱中华民族，自觉铸牢中华民族共同体意识，有以实现中华民族伟大复兴为己任的使命感。

培育学生的政治认同，有助于他们形成正确的世界观、人生观、价值观，坚定正确的政治方向，初步树立共产主义远大理想和中国特色社会主义共同理想，成为德智体美劳全面发展的社会主义建设者和接班人。

第二，道德修养。道德修养是指养成良好的道德品质和行为习惯，把道德规范内化于心、外化于行。道德修养主要表现在以下几方面。

个人品德。践行以爱国奉献、明礼遵规、勤劳善良、宽厚正直、自强自律为主要内容的道德要求，在日常生活中养成诚实守信、团结友爱、热爱劳动等个人美德和优良品行。

家庭美德。践行以尊老爱幼、男女平等、勤劳节俭、邻里互助为主要内容的道德要求，做家庭的好成员。

社会公德。践行以文明礼貌、相互尊重、助人为乐、爱护公物、保护环境、遵纪守法为主要内容的道德要求，做社会的好公民。

职业道德。树立劳动不分贵贱的观念，理解以爱岗敬业、诚实守信、办事公道、热情服务、奉献社会为主要内容的职业道德，做未来的好建设者。

培育学生的道德修养，有助于他们经历从感性体验到理性认知的过程，传承中华民族传统美德，弘扬民族精神和时代精神，维护国家利益和安全，增强民族气节，明大德、守公德、严私德，形成健全的道德认知和

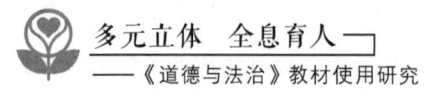

道德情感,发展良好的道德行为。

第三,法治观念。法治观念是指树立宪法法律至上、法律面前人人平等、权利义务相统一的理念,使尊法学法守法用法成为人们的共同追求和自觉行为。法治观念主要表现在以下几方面。

《中华人民共和国宪法》至上。理解《中华人民共和国宪法》在法律体系中具有最高的权威,任何个人和组织都必须遵守《中华人民共和国宪法》和法律,尊崇《中华人民共和国宪法》和法律。

法律面前人人平等。了解公民的合法权益一律平等地受到法律保护,对任何人的违法犯罪行为都依法予以追究,不允许任何人有超越法律的特权。

权利义务相统一。理解每个公民都享有宪法和法律赋予的权利,同时也必须履行宪法和法律规定的义务。

守法用法意识和行为。了解以《中华人民共和国民法典》为代表的、与日常生活以及未成年人保护密切相关的法律法规,树立法治意识,养成守法用法的思维方式和行为习惯。

生命安全意识和自我保护能力。了解和识别可能危害自身安全的行为,具备自我保护意识,掌握基本的自我保护方法,预防和远离伤害。

培育学生的法治观念,有助于他们形成法治信仰和维护公平正义的意识,做社会主义法治的忠实崇尚者、自觉遵守者、坚定捍卫者。

第四,健全人格。健全人格是指具备正确的自我认知、积极的思想品质和健康的生活态度。健全人格主要表现在以下几方面。

自尊自信。正确认识自己,珍爱生命,能够自我调节和管理情绪,具备乐观开朗、坚韧弘毅、自立自强的健康心理素质。

理性平和。开放包容,理性表达意见,树立正确的合作与竞争观念,能够换位思考,学会处理与家庭、他人、集体和社会的关系。

积极向上。有效学习,能够主动适应社会环境,确立符合国家需要和自身实际的健康生活目标,热爱生活,积极进取,具有适应变化、不怕挫折、坚韧不拔的意志品质。

友爱互助。真诚、友善,拥有同理心,相互支持,相互帮助,具有互助精神。

培育学生的健全人格,有助于他们正确认识自我、学会学习、学会生活、学会合作，养成积极的心理品质，提高适应社会、应对挫折的能力。

第五，责任意识。责任意识是指具备承担责任的认知、态度和情感，并能转化为实际行动。责任意识主要表现在以下几方面。

主人翁意识。对自己负责，关心集体、关心社会、关心国家、维护祖国统一和国家安全，具备国家利益高于一切的观念。

担当精神。具有为人民服务的奉献精神，积极参与志愿者活动、社区服务活动，热爱自然，践行绿色生活方式。

有序参与。具有民主与法治意识，守规矩、重程序，能够依规依法参与公共事务，根据规则参与校园生活的民主实践。

培育学生的责任意识，有助于他们提升对自己、家庭、集体、社会、国家和人类的责任感，增强担当精神和参与能力。

在落实核心素养培育过程中要注意有序推进。一体化教学的关键纽带就是学科核心素养。但是小学生的具象思维呈现低幼化和碎片化的特点，对学生的系统思维、整体思维不提太高要求。一些教师不重视从年段整体和单元整体视角发展学生学科素养，仅仅关注单一课时中的教学内容，进一步导致学生对学科精神实质和价值取向理解不深刻。[①]

二、教学目标

目标是蕴含在脑海中的对目的结果的陈述，课程目标是对课程与教学所预期的结果，即学生通过该课程的学习而在相关方面期待呈现出来的状态、素质或者特征。课程目标的制定，一般受国家为基础教育所规定的教育目的和培养目标的制约和影响。课程目标的来源基本实现了课程价值主体的需要，如学习者的需要、当代社会生活的需求、学科的发展需要，这三个课程目标的来源反映的是学生、社会以及人类的需要。其中学科的发展需要主要体现的是人类的发展需要。[②] 遵照《义务教育道德与法治课程标准（2022年版）》教学要求，立足核心素养，准确把握教学目标，充实

[①] 欧捷.道德与法治一体化教学的有效策略［J］.中学政治教学参考，2021（26）：33-34.

[②] 严仲连，马云鹏.论课程价值的实现与理性选择［J］.教育理论与实践，2010（11）：40.

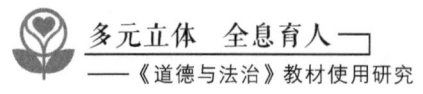

多元立体　全息育人
——《道德与法治》教材使用研究

教学内容。

《义务教育道德与法治课程标准（2022年版）》指出："道德与法治课程教学坚持教师主导与学生主体相统一。发挥教师主导作用，突出学生主体地位，在充分考虑学生的生活经验的基础上，通过设置议题，创设多样化的学习情境，晓之以理，引导学生开展自主、合作的实践探究和体验活动；动之以情，帮助学生形成正确的价值观，增强规则意识，提升关键能力；导之以行，使他们在感悟生活中学会做事，学会做人。"①

道德与法治教育总目标如下。

学生能够初步了解中国的基本国情、中华优秀传统文化的主要代表性成果，了解中国共产党的历史和革命传统、改革开放和中国特色社会主义的伟大成就，汲取党史、新中国史、改革开放史、社会主义发展史所蕴含的精神力量，热爱伟大祖国、中华民族、中华文化、中国共产党和中国特色社会主义，为自己是中国人而自豪；具有维护民族团结的意识，能够把个人发展和国家命运联系起来，维护国家利益和安全；能够理解社会主义核心价值观的内涵及其重要意义，并在社会生活中自觉践行；能够以实现中华民族伟大复兴为己任，增强做中国人的志气、骨气、底气，不负时代，不负韶华，不负党和人民的殷切期望；关心时事，热爱和平，初步具有国际视野和人类命运共同体意识。

学生能够了解个人生活和公共生活中基本的道德要求和行为规范，能够在日常生活中践行诚实守信、团结友爱、尊老爱幼等基本的道德要求；形成初步的道德认知和判断，能够明辨是非善恶；通过体验、认知和践行，养成良好的道德品质。

学生能够具有基本的规则意识和安全意识，理解宪法的意义，知道与自身生活密切相关的法律，能够初步认识到法律对个人生活、社会秩序和国家发展的规范和保障作用；形成《中华人民共和国宪法》法律至上、法律面前人人平等观念和权利义务相统一观念；遵守规则和法律规范，提高自我防范意识，掌握基本的自我保护方法，预防意外伤害，养成自觉守法、遇事找法、解决问题靠法的思维习惯和行为方式，初步具备依法参与

---

①教育部. 义务教育道德与法治课程标准（2022年版）[S]. 北京：北京师范大学出版社，2022.

社会生活的能力。

学生能够正确认识生命的意义和价值，珍爱生命，热爱生活；初步具备自尊自强、坚韧乐观的心理素质和道德品质；具有理性平和的心态，能够建立良好的同伴关系、师生关系和家庭关系，树立正确的合作与竞争观念，具有团队意识和互助精神；具备积极向上、锐意进取的人生态度，能够适应变化，不怕挫折。

学生能够关心集体、社会和国家，具有主人翁意识、责任感和集体主义精神，主动承担对自己、家庭、学校和社会的责任，自觉维护祖国统一和国家安全；能够主动参与志愿者活动、社区服务活动，具有为人民服务的奉献精神，勇于担当；能够遵守社会规则和社会公德，依法依规有序参与公共事务，具有公共意识和公共精神；敬畏自然，保护环境，形成人与自然生命共同体的意识。

教师在确定教学目标时，必须把每框内容放进整课、单元甚至全册教材中，把握知识的来龙去脉；同时，也要在课程标准的高度把握教材的编写意图，理解教学内容的地位和作用。只有立足课程标准，把握教材体系，才能把隐性和显性知识整体呈现给学生，不至于一叶障目、不见泰山。

三、操作程序

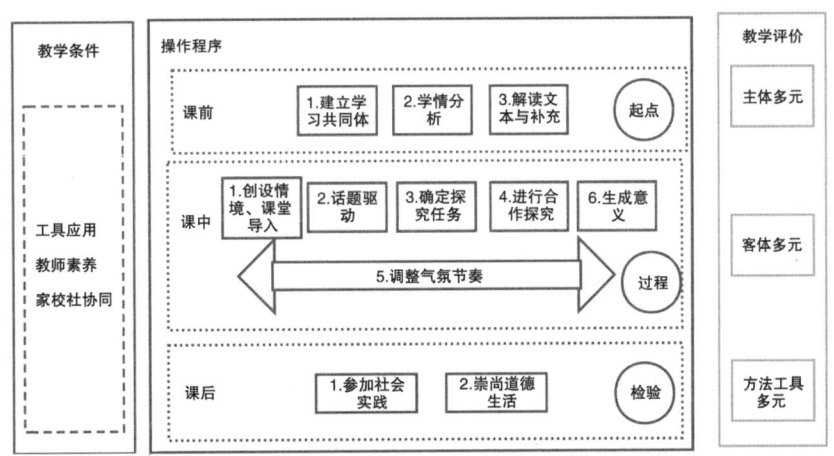

图 5-5 《道德与法治》教材使用的操作程序

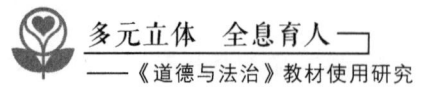

（一）课前——组织建立与教学设计

"教学设计是一个系统化规划教学系统的过程，教学系统本身是对资源和程序作出有利于学习的安排。"① "教学设计是一门涉及理解与改进教学过程的学科。任何设计活动的宗旨都是提出达到预期目的的最优途径。"②

1. 建立学习共同体

为保证学生在学习中能够优势互补，建构个体到协作小组层级、协作小组到班级层级的两层级班级学习共同体。在小组规模上，协作小组的成员在2~7个人最佳；教师进行分配式组建；在成员构成上尽量关注各小组的成员间异质。

（1）建立学生个体到协作小组层级

学生带着对教学内容的独特感知进入协作小组，通过与小组成员的互动、交流和分享，不断调整和完善个人对教学内容的原有认知结构，并在小组内部达成共识。因此，要坚持个体积极认知结合群体协同认知的理念，充分发挥学生个体积极认知和群体协同认知的综合效应。

建立小组责任机制。为保证协作学习的有效推进，每一位小组成员必须承担和负责一定的任务，每一位组员要明确自己的任务和承担的具体责任。因此，设立小组规则契约十分必要。各小组的规则契约由教师进行统筹设立，小组长负责执行落实，主要包含小组成员的职务分配、各自承担的责任和义务以及小组的学习安排等内容。

（2）建立协作小组到班级层级

这一层级中，整个班级将作为学习共同体，下分协作小组作为子单位。当每个协作小组对团队结果进行分析和报告时，班上其他协作小组也会对自己所在的团队协作认知进行调整和反思，最终形成班级学习共同体的认可结果。通过这样的两级整体结构，可以充分满足学生的情感体验，加深学生对教学内容的理解。

从学生个体到协作小组，从协作小组到整个班级，他们在教学中体验学习。在教学环境中学习包括学生自己体验相关的学习内容和学习环境，

---

①加涅. 教学设计原理［M］. 上海：华东师范大学出版社，2007：32.
②盛群力. 现代教学设计论（修订版）［M］. 杭州：浙江教育出版社，2010：5.

然后通过小组和班级之间的协作沟通和反思，成为教学的"当事人"，不断地调整和完善自身的体验和感悟，逐渐形成积极的情感、态度以及核心价值观概念，最终将形成的价值观念付诸实际生活的过程。

2. 学情分析

教师在进行情境教学备课时，必须深入学情，了解学生。"了解学生是备课的基础性工作，把握学情是提高教学质量的重要一环。"[1] 学情分析需要从学生的整体和个体两个方面来进行。

（1）整体分析

教师从自身的专业发展、日常教学、与其他教师交流沟通以及和学生的交流中能够较容易地获得学生的整体发展情况。了解学生的个体学情则需要教师更加细心和耐心地深入学生群体，在获得学生信任的基础上进一步了解和分析，比如，在校园生活中多和学生相处，与学生一起参加劳动、体育活动等。在这样的过程中逐渐建立良好的师生关系，有意识地去发现学生的兴趣、烦恼、困扰等，把握学生的真正需求，帮助学生解决棘手的困难等。学情整体分析可以通过了解学生的心理发展、掌握知识和能力发展的情况、整体发展需求等来进行。

（2）个体分析

教学目标立足于学生的成长和发展，要求教师深入学生群体，发现学生内心深处的成长需要，更要求教师从核心素养的培育发展出发，保证教学目标符合学生的核心素养发展需要。教师不仅要平视学生的成长也要俯视学生的发展，教师在设计教学目标时先要对学生的核心素养发展要求进行整体把握，再结合课程教学内容挖掘其背后所要求学生实现的发展。对于学生发展的核心素养要求的认识可以通过研读教材、课程标准结合学生的实际发展情况来确定。[2]

3. 解读文本与补充

《道德与法治》教材所提供的内容是教师进行课程教学的切入口，但课程教学绝不是局限于教材上已有的内容，更需要教师根据教材所提供的

---

[1] 孟志海. 例谈情境教学法在思想品德课中的运用 [J]. 文教资料，2015（29）：155-156.
[2] 邢敏. 新时代初中"道德与法治"生活化教学优化策略研究 [D]. 合肥：合肥师范学院，2022：33.

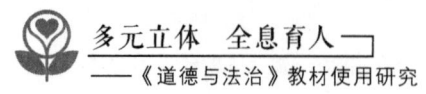

内容补充、扩展更多具有针对性和时效性的内容。因此，教师需要充分解读教材，从学情出发，对教材内容进行适当增补，把教学引向不同群体学生的生活，力求使所有的学生都能成为学习活动的主动参与者、真实体验者。①

新课程改革倡导教师创造性地使用教材，教材的使用从"教教材"转向"用教材教"。俞红珍提出了教材"二次开发"。她认为教材的"二次开发"是相对于教材"一次开发"而言的，教材的"一次开发"是指课程和学科专家连同出版单位编制教材，那么教师在课程实施过程中对教材的创造性使用则可谓教材的"二次开发"。②教材中有许多标题、框题立场鲜明，其本身就是核心观点、价值导向，教师在教学中应牢牢把握。道德与法治课中有很多"是什么""怎么做"的内容，教学时如果仅仅拘泥于知识的讲授、道理的灌输，就会窄化学习内容的价值。因此，教师要研究教学内容本身，深入挖掘其背后的价值导向，学会"走一步，再走一步"，③实现"二次开发"。

（1）代入学生主体

道德与法治课程教学多采用主体代入的方式，大多数时候学生以第一人称的方式成为教材中的"我"，而不是与己无关的旁观者或对他人他物的评价者。教材中的其他人物有时也不一定是特指，而是类似身份人物的代表。因此，道德与法治课程教学要注重学生的情感体验，将学生已有的知识经验和现实生活作为教材内容的必要补充。④教师要考虑学生主体，而不是单纯停留在讲解课程知识层面，防止陷入满堂灌的传统课堂，让学生学习积极性下降。坚持教学紧贴学生生活，立足于全体学生，通过学生熟悉的生活化情境促进学生主动思考、构建知识。

---

①胡满姣，徐卫平. 小学《道德与法治》教材的个性化使用［J］. 教学与管理，2020（35）：58-60.

②俞红珍. 教材的"二次开发"：涵义与本质［J］. 课程·教材·教法，2005（12）：9-13.

③黄玉华. 学有所值：道德与法治课教学的着力点［J］. 中学政治教学参考，2021（26）：9-11.

④胡满姣，徐卫平. 小学《道德与法治》教材的个性化使用［J］. 教学与管理，2020（35）：58-60.

(2) 解读教材

帕克·帕尔默 (Parker J. Palmer) 提出,要在个人意义上出神入化地理解教材。[①] 面对教材内容的这些新的结构特点,教师解读教材要做到以下三点。

第一,通读教材。在看似不相联系的不同框体之间,找到内隐连接,从宏观上把握总体思想和价值取向,将各个章节融会贯通,将课堂教学与家庭教学、社会教学相结合,让学生理解知识、学会知识并能够应用知识。

第二,细读教材。围绕主题立意确定教学目标任务,针对不同的课题以及学生特点,提升教学目标的实践性和特殊性,在课程结束之后,让目标真正落实。

第三,研读每节课的教学内容,充分理解并利用教材提供的教学思路和栏目预设,并参考《教师教学用书》的相应内容,形成具体的教学设计。除了参考不同类型的教辅资料之外,教师还需要进行自己的思考与总结,不只做教材的"传声筒",而是加入自己的理解和观点,成为真正有灵魂、有温度的"讲述者"。

(3) 组织教学内容

分析教材逻辑,组织教学内容。在深入把握教材逻辑的基础上,将教学素材与教学内容相融合,使生活素材真正地融入课堂。教师用自己的话创造性地加工教材,对教材内容整合裁剪,贴近实际,引起学生共鸣,讲出特色,道出水平,彰显风采。

第一,教师要对教材的逻辑有清晰的认识。以初中《道德与法治》教材为例,从教材内容的组织逻辑来看,从七年级到九年级教材中所涉及的内容范围是逐步扩展的学生生活,从学生个体到学校、社会、国家,最后到世界。从教材的呈现逻辑来看,教材先根据学生的生活经验引出课程内容,然后借助"探究分享""阅读感悟"和"相关链接"三个栏目给学生积极的引导,最后借助"方法与技能"和"拓展空间"栏目来实现相关教学内容在生活中的落实。从思维逻辑来看,教材引导学生在情境体验、经

[①]帕克·帕尔默.教学勇气——漫步教师心灵[M].吴国珍,余巍,译.上海:华东师范大学出版社,2005:3.

验分享的基础上进行交流探究，直面自己的认知矛盾和困惑，在教材内容的正面引导下做出正确的道德判断和价值选择，最后能够在行为的指导下有序开展实践活动。可以看出《道德与法治》教材十分注重培养学生的独立判断、深入思考和自我发展的能力。

第二，教师要有针对性地组织教学内容。一方面，教材编排逻辑遵循一定的规律，是一个完整的体系。教学设计要尊重教材编排规律和整体性，所使用的生活素材不能是片段或零碎的摘取，要能够完整地呈现生活的全貌，以便为学生创设完整真实的情境。教师要围绕学生的生活逻辑和教材逻辑，将学生的生活与教材中的内容进行适当的加工，以促进双方的融合，拒绝简单的移植和照搬。另一方面，在筛选与挖掘教学素材的基础上对其进行提炼与彰显，分析素材的背后可能存在哪些能为学生带来困惑与矛盾的问题。

（4）扩充学习资源

学生要有效开展学习任务，离不开丰富多样的学习资源。学习资源的多样性为实施教学提供了活水源泉，无论是生活情境的再现还是问题情境的设置，无论是虚拟的还是真实的、课堂上还是课外的情境体验，都需要得到适当课程资源的支撑。多样的学习资源可以提供多样的教学场所，创设多样的教学情境，增加学生自主参与、亲身体验的机会，帮助学生感受全方位的信息刺激，从而为教学提供基本条件。教材作为教与学的重要媒介，是学生思考和学习的脚手架，教师要充分挖掘教材的学习资源。

文字资源、人力资源和实物资源等可看作传统的学习资源。传统教学资源观基本上把教材作为主要方式，把教师作为唯一主体，把课堂作为独一的场所，也使课程资源单一化、陈旧式、无特色。新时代，需要建立新的学习资源观，数字化资源和实践活动资源作为一种新的学习资源，一方面适应新课程改革的要求，深入挖掘和整合丰富多样的学习资源，另一方面更大程度地开发前三种学习资源，更好地发挥教学资源在教学中的重要作用。[1] 所以，学习资源不应局限于课堂和教材，凡是有利于学生开展学

---

[1]王霞. 初中道德与法治课体验式法治教学研究[D]. 扬州：扬州大学，2022：26.

习、促进深度思考的资源，都可以纳入学习资源库。① 可以从学生的成长经历中、学生的校园生活中、学生社会生活中、当地的特色资源中挖掘学习资源。

（二）课中——教学实施

1. 课堂导入

课堂导入是课堂教学的首要环节，其内容的吸引力直接影响学生注意力的集中、导入后教学内容的顺利推进，以及学生学习兴趣的激发。

（1）唤醒情感

17世纪夸美纽斯提出"一切知识都是从感官开始的"②，他认为学生要亲自体验感受，学习蕴含其中的知识并体会其道理，实现感性认知和理性知识的转换。苏联著名教育家苏霍姆林斯基（В·А·Сухомлинский）说："课要是上得有趣，学生就可以带着一种高涨的、激动的情绪从事学习和思考。"③ 以教师为中心的传统教授式教学方式使原本应该是双向交流的教学过程变为教师对学生的单向灌输，不仅阻碍了学生的主体性作用的发挥，磨灭了学生的创造性，更使得原本有趣的课堂变得索然无味，导致学生失去了主动学习的兴趣。因此，课堂首先要激发感官刺激，唤醒学习情感，讲究情真意切，以情感为纽带，激发出学生内心深处的情感体验。

（2）激发兴趣

习近平总书记在学校思想政治理论课教师座谈会上强调："只有打动学生，才能引导学生。"④ 教师有针对性地选取情境素材，激发学生兴趣。教师在进行课堂引入时，要增强学生体验感，只有真正有相关情境的体验之后，才能促进情感与认知的形成。紧扣德育主题，用学生熟悉的或感兴趣的事实和数据，引导学生回归真实生活、进入社会情境。⑤ 可选取符合学生兴趣点的时事热点作为课堂导入素材，用学生喜闻乐见的方式呈现时

---

① 王春易，赵继红. 从教走向学——在课堂上落实核心素养 [M]. 北京：中国人民大学出版社，2020：56.
② 夸美纽斯. 大教学论 [M]. 傅任敢，译. 北京：人民教育出版社，1984：96.
③ 朱永新. 苏霍姆林斯基教育箴言 [M]. 北京：科学教育出版社，2016. 58-59.
④ 习近平. 用新时代中国特色社会主义思想铸魂育人，贯彻党的教育方针落实立德树人根本任务 [N]. 人民日报，2019-3-19 (1).
⑤ 李环. 让学生经历完整且有深度的道德学习过程 [J]. 中国教育学刊，2021 (7)：106.

事热点素材，使得时事热点从内容上和呈现形式上都能有效引起学生的学习兴趣，短时间内可以将学生的兴趣引导到后续教学内容上。

（3）情境连接生活

杜威提出"思维起于直接经验的情境"，[①] 启示我们在进行教学设计时要重视情境处理和材料选择，营造贴近学生生活的"经验场"。学者郭元祥认为教学应当回归学生的"生活世界"，但这里的"回归"并不是简单意义上的回归学生零碎的、闲散的日常生活，而是强调"回归"学生的本身，关注学生的生命活动和内在价值，即通过教学使得科学知识与学生的生活经验建立起实质的、有意义的联系。[②] 学者郑金洲认为教学的首要任务就是关注学生的生活世界和生命价值，教师要根据学生的实际生活经验精心地设计能促进学生自主成长的各种活动。[③] 学者辛继湘认为，教学不仅仅是传递科学文化知识、发展人的认知能力，而且以培养完整的人格为根本的价值取向，建构人与世界的全面、丰富的意义关系。[④] 学者王攀峰强调，教学应回归生活世界，关注学生情感以及价值观的变化。[⑤] 不难看出，国内学者早已提倡教学应当回归学生的生活世界，要通过教学使学生学会生活，不断提高学生的生活境界，进而为学生创造出更有意义的生活，这才是教学的根本意义与所在。因此，课堂要树立"教材+"的育人观念，把课堂教学与其他德育内容、育人途径相整合，建立教材与学生学习生活的连接，或是把课堂扩展到社会生活，让学生在精彩纷呈的生活与活动中触摸生活、感受生活、热爱生活。

在创设真实的教学情境时，第一，激发学生对现实生活的联结及真实感知，调动学生原有的知识经验结构。引导学生结合原有的知识经验进行个人探究，并且记录个人思维发展过程以及产生的疑惑。

第二，以真实的生活场景为依托。教师可以通过情境再现或情境创设

[①] 赵祥麟，王承绪编译. 杜威教育论著选 [M]. 上海：华东师范大学出版社，1982：297-298.

[②] 郭元祥."回归生活世界"的教学意蕴 [J]. 全球教育展望，2005，34（9）：32-37.

[③] 郑金洲. 重构课堂 [J]. 华东师范大学学报（教育科学版），2001（3）：53-63.

[④] 辛继湘. 教学论实践智慧的缺失与重建 [J]. 课程·教材·教法，2011，31（3）：13-17.

[⑤] 攀峰. 论走向生活世界的教学目的观 [J]. 教育研究，2007（1）：24-29.

为学生呈现完整且真实的生活场景，为教学活动的开展创设能够让学生身临其境、有真切感触的活动背景。首先，情境创设具有一定的完整性。完整的情境便于与学生的生活逻辑相贴合。其次，场景需要具有一定的真实性。创设的生活情境越真实，越能够为学生提供更多的真实体验感，还可与学生实际生活相重合，便于学生在现实生活中运用课堂所学，能够让所有学生都能参与进来。[1] 最后，创设的情境要立体且可感，要能够模拟学生在真实生活实践中的多重体验，要求教师从学生身上真实积累的、已经具备的生活经验和已经熟知、掌握的生活技能出发，充分挖掘学生生活中的资源，丰富自己创设情境的维度和素材。

2. 话题驱动

哲学家波普尔（Karl Popper）认为："正是问题激发我去学习、去发现、去观察、去实践。"问题是思维的起源，问题决定思维，没有问题就没有思考，没有思考就没有学习，教师问题的角度决定了学生思维的高度和厚度。问题与提问不仅能推动学生积极思考，主动思维，而且能诱发学生学习的主动性，集中学生学习注意力，激发学生学习兴趣与探索。问题与提问更是开启师生沟通对话的桥梁与媒介，是促进教师专业发展，转变教师教学方式、学习方式的重要途径，进而通过问题与提问把学与教引向深入。[2] 师生所提出的话题质量与课堂深度对话能否展开密切相关十分重要，只有充满高质量、富有挑战性、充满思辨的话题的课堂，才有可能进行富有深度的对话性实践。

话题驱动的核心是议题的选取。可设置多组子议题，做到简明扼要，通过子议题的汇集，形成脉络清晰的知识体系框架，牢牢把握重难点，更好地让议题生动化，抓住学生眼球。

(1) 设计挑战性问题

孔子曰：学贵有疑，小疑则小进，大疑则大进。学习中最重要的就是提出疑问，提出小疑问可以获得小进步，提出大疑问可以获得大进步。鼓

---

[1] 邢敏. 新时代初中道德与法治生活化教学优化策略研究 [D]. 合肥：合肥师范学院，2022：38.

[2] 周凤霞. 聚焦问题与提问——初中道德与法治教学中对问题与提问有效性的思考 [J]. 牡丹江教育学院学报，2021（10）：126-128.

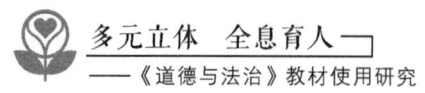
——《道德与法治》教材使用研究

励学生主动地发现问题、提出问题,并找到解决问题的办法,而学生提出的疑问和质疑也正是课堂教学的出发点。教师要适度启发学生,让学生提出问题,寻找答案。

挑战性问题往往能够激起学生的主动思考与探究,催生讨论与辩论,是需要充足的理由和支持,"用点劲"才能解决的问题。为保障课堂深度对话的生发与展开,教师在教学过程中可依据教学目标的要求设计富有挑战性的问题。设计具有一定挑战性的问题,其实是将教学目标与内容转化为学生可以动脑、动口、动手、动心、动情地学习的过程,为学生的学习与探究、思考与表达提供充足的时间与空间。在这样的时间和空间中,才会生发具有一定深度的认知性、社会性的对话性实践,这势必离不开挑战性问题的驱动。①

有效的课堂问题是实现深度学习的关键所在。问题探究的核心在于"质疑",因而教师在问题的选取上应具备开放性,让学生能够畅所欲言;还应具备冲突性,让学生在相互探讨中碰撞出思维的火花;更应具备梯度性,层层递进引领学生由已知向未知迈进。

以挑战性问题作为深度学习的载体,为学生提供具有一定梯度、需要小组合作完成、刺激潜能发挥的内容。使得学生在交流互助中实现思维的碰撞,在推理研究中运用所学知识寻找答案,加深学生对教材知识的深入理解。

问题探究是一个动态的过程,师生双方都应具备批判精神。教师要及时掌握社会动态,了解前沿时政,努力在众多时事新闻中筛选出符合教材的相关内容,能够使学生可触可感、产生共情的具有探讨价值的问题。在探究问题的过程中,教师还需引导学生把握好批判的界限。批判并不是一味地标新立异和谴责,更应具备逻辑性和适度性,适当的批判才能实现有意义的深度学习。

(2)设计思辨性议题

"思维是人类最重要的高级心理活动之一,思维和意识的存在才使人

---

①陆宏英.课堂深度对话:内涵、特征及教学建构——以统编教材小学《道德与法治》教学为例[J].上海教育科研,2021(12):87-90.

类和其他动物有了显著的不同。"① 发散思维（divergent thinking）又称辐射思维、扩散思维或求异思维，是指大脑在思考时呈现的一种扩散状态的思维模式。其具有独特性、扩展性、变通性特征，表现为以"问题为中心"向四周发散。从而使学生视野更加广阔，呈现出多维发散状，如一事多议、一题多答、一案多探等。② 议题指通过商讨、辩论来阐释或辨析的问题复合体。好的议题有利于激发学生兴趣，让学生自觉参与学习。③ 布鲁纳（Jerome S. Bruner）认为，学习是一个主动的过程，在这个过程中学习者根据他们当前的或过去的知识构建新的思想与概念。

从科学思维的角度看，思辨性话题有逻辑思维类、辩证思维类和创造性思维类三种。逻辑思维是人把感性认识阶段获得的认识信息抽象成概念，运用概念进行判断，从而产生新的认识的思维方式。思辨性话题经常运用此逻辑对概念内涵和外延予以辨析澄清、定义重构。辩证思维是指以联系、全面、发展的观点来认识事物的思维方式。在辩证思维视域，事物可以在同一时间"亦此亦彼""亦真亦假"。思辨性话题经常运用此思维方式训练学生一分为二看问题的能力，克服简单肯定一切或否定一切的机械的、形而上学的思维方式。创造性思维是以感知、记忆、思考、联想、理解等为基础，通过培育灵感思维、发散思维、收敛思维、分合思维、超前思维、逆向思维和联想思维等，更多面、更多变地看待同一事物而产生不同想法，并能创造性解决问题的思维方式。思辨性话题经常运用此思维进行反思探究、实践探究，提升学生创新思维能力。④

在设计思辨式议题时，第一，围绕议题，提出学生能讨论的真问题。设置议题，提出有思辨性的真问题，能激发学生主动参与学习的动机，调动学生根据已有知识参与问题讨论；通过追问，即切在情感伤痛点、价值

---

① 理查德·保罗，琳达·埃尔德. 批判性思维工具 [M]. 侯玉波，译. 北京：机械工业出版社，2017：4.

② 吴勇军，高立. 培育深度思维的道德与法治课堂实践 [J]. 中学政治教学参考，2021（22）：55-57.

③ 黄玉华. 学有所值：道德与法治课教学的着力点 [J]. 中学政治教学参考，2021（26）：9-11.

④ 路云，戴慧. 利用思辨性话题提升学生思辨力——以《道德与法治》七年级上册教材为例 [J]. 中学政治教学参考，2020（17）：23-25.

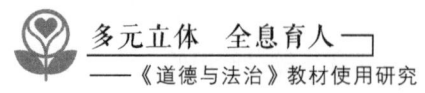

困惑点、道德矛盾点上进行深入提问，引发学生的价值冲突，直抵核心问题，确立项目任务，唤醒学生道德意识。

第二，强化辨析，开展学生能参与的真活动。通过强化辨析活动，开展学生能参与的真活动，能促进师生和生生深入对话与交流，在活动体验中提升思维品质。

3. 确定探究任务

针对挑战性议题或思辨性议题，学生提出的思考点数量较多，观点可能会重复，也可能较为分散。因此教师需要对学生提出的问题进行总结和分类，进一步明确教学的主要探究任务，使教师更好地把握教学内容和教学目标的重难点。但是教师并不会对学生提出的议题内容做出任何改变，只对议题进行汇总和总结。

4. 进行合作探究

马克思在《关于费尔巴哈的提纲》一文中旗帜鲜明地反对把人的本质作为孤立的抽象物，提出"人的本质不是单个人所固有的抽象物，在其现实性上，它是一切社会关系的总和"[①]的科学论断。马克思从唯物史观的角度，把人的本质置于由生产关系决定的政治、法律、道德、家庭等社会关系中进行考察，认为人的本质由各种社会关系决定，同时也随着社会历史的发展而发展。人的本质理论作为道德与法治课合作学习的指导思想，对于认识合作学习中教学环境的影响作用具有重要意义。学生作为快速成长发展的个体，其思想道德素质的发展不是在真空中发生，而是在家庭、学校、社会等各个生活场域之中，在与家长、老师、同学等的交往合作之中发生的。

学习是与客观世界、伙伴和自己的对话，是一种"活动性""合作性"和"反思性"实践。[②] 积极互赖所激发的促进性互动使得学生的思维和能力有了质的跃升。[③] 多元立体的课堂互动可以说是合作学习的最美风景线，教师作为合作学习的总导演，可以引导学生开展多种形式的生生互动和师

---

① 马克思恩格斯选集（第1卷）[M]. 北京：人民出版社，1995：56.
② 佐藤学. 教师的挑战：宁静的课堂革命 [M]. 上海：华东师范大学出版社，2011：4.
③ D W JOHNSON, R T JOHNSON. New Developments in Social Interdependence Theory [J]. Genetic, Social, and General Psychology Monographs, 2005, 131 (4): 289.

生互动，最大限度地激发学生参与课堂互动的积极性，提升合作学习的参与度。

（1）开展组内合作

在班级集中教学的基础上，每一个学习小组明确各自的合作学习任务，围绕要解决的关键问题开展思考与交流。组内合作的过程根据学习话题、学习内容而定，通常来说包括了学生的独立性学习和小组成员的交流学习。学生的独立性思考和学习是其中必不可少的一个环节，没有充分的独立思考，就没有不同思维碰撞的精彩火花。小组合作学习，确定合作任务后先小组交流学习，再进行个人独立思考。长此以往，学生不仅能与志同道合的同伴共同前行，也能学会与不熟悉的组内成员结伴而行，从而培养学生合作交往的能力，带着自己的优势和特点加入集体，朝着共同目标而去努力，使小组团队氛围更加融洽。

（2）开展组间交流

在初步达成小组共识的基础上，小组间的互动交流可以采取合作或竞争的方式，寻求观点的共识或碰撞，这也是最能体现合作学习价值的环节，不同的观点或成果相互激荡、相互启发，实现思想的互通有无。结合道德与法治课程的内容，在课堂上通过提问的方式将一些有关价值观念和具有思想性的问题抛给学生，让学生通过组间交流进行讨论，发现自己在认识方面的不足，与已构建的认知体系发生思维碰撞，端正片面的、不正确的价值观念。[①] 学生高积极性地参与活动，可以快速且顺畅地推进学生的学习进程。

组内合作和组间合作都体现了学习共同体的公共性和共同性特征，以主体间对话为基础，使不同观念最终达成"共识"，体现了"赋权"精神，参与者是平等的个体，学习共同体是实现所有人学习权利平等的自由空间。

5. 调整气氛节奏

控制好课堂活跃气氛和教学节奏的"度"具有重要意义，只有将课堂氛围和节奏把握在适当的"度"之间，课堂教学才能顺利推进，也更有利于学生对知识的良好吸收。讨论环节的设问能力、部分学生遵守秩序的能

---

① 邱甜. 初中道德与法治课堂有效提问研究［D］. 扬州：扬州大学，2022：48.

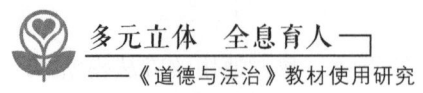

力，都影响着课堂氛围和节奏的好与坏，① 所以保持课堂良好氛围对教师的课堂调控能力、设问能力等都提出了相应的要求。

（1）调节气氛

罗杰斯说："成功的教育依赖于一种真诚的理解和信任的师生关系，依赖于一种和谐的安全的课堂氛围，师生之间建立亲密融洽的关系有利于学生产生创造的勇气和信心。"② 课堂教学氛围是以人际关系互动为基础的，思想政治新课程的最高宗旨和核心理念是"一切为了每个学生的发展"，主张强调尊重学生的学习地位，发挥教师在教学活动中的引导者、合作者和组织者的作用。良好的课堂教学氛围要充分发挥教师的主导作用和学生的主体作用。只有营造出好的课堂教学氛围，才能让学生达到心理舒适。当在课堂上学生充分表达自己并获得肯定与尊重的时候，他们会提高学习的热情，从而增强对道德与法治课程的学习意识。当课堂营造出来的气氛是和谐积极的，学生就会想要参与到教师创设的情境中，并且在学习的过程中能获得较深的情感体验，也能不断激发参与情境的内在动力。③

（2）调整节奏与秩序

课堂时间是教学工作的重要资源，也是师生生命流淌的进程。④ 教学本质上是教学时间的限制问题，因为有些知识学生总会掌握，有些能力学生总会增长，教育存在的意义就在于适当走在学生发展前面，因为需要在最短的时间内实现学生能力的发展，不断地在跟学生成长速度与社会发展速度赛跑，这也是当下课堂教学越发注重结果的原因之一，因而课堂时间的充分恰当利用，能够有效促进学生各方面能力的发展。

课堂秩序是师生在课堂中能够实现有效对话的先决条件，良好的课堂秩序能够使得师生双方在课堂之中始终保持愉悦，产生积极的影响；不良的课堂秩序会导致师生双方焦躁不安、心浮气躁，静不下心学习，度日如年，甚至会进一步导致学生出现厌学情绪以及考试焦虑的现象。具有良好

---

① 于洋. 案例教学法在初中道德与法治课法治教学中的应用研究 [D]. 长春：吉林外国语大学，2022：28.

② 卡尔·罗杰斯. 罗杰斯著作精粹 [M]. 北京：中国人民大学出版社，2006：265.

③ 李紫娴. 情境教学法在初中道德与法治课教学中的运用研究 [D]. 漳州：闽南师范大学，2022：39.

④ 柳国辉. 教师课堂时间管理的误区与有效超越 [J]. 中国教育学刊，2014（7）：39-41.

秩序的课堂可以比作有窗户的房子，没有良好秩序的课堂可以比作只有一扇门、没有窗户的房子。开了窗子，不仅能让学生感受到光明，还能够让学生透透气，呼吸新鲜的空气。这扇所谓的"窗户"，便是学生的自主性，以学生自主决定为前提，再严格的课堂秩序也有可能被尊重和选择。因此，师生共建课堂秩序尤为重要。

（3）发挥教学机智

第一，动态预设，开放心态。教师要在参照教材的基础上，在每一个学生可能会产生疑问甚至会走向另外一个方向的节点上，留有一定的空间，或者做另外一种或集中预设，对课堂上师生交流、生生交流过程中出现的"异见"进行考虑等，以便当课堂发生突发状况时，教师能够机智应对，不至于生硬冷漠地打断学生说话和思维。教学设计也是一个具有指导性的动态预案，是一个需要不断修改、完善的，只会暂时终结不会固定不变的方案。实际课堂上更需要教师具有随机应变，处理学生生成性问题的能力。在设计问题时，尽可能少设计答案只有对错、是否的闭合性问题，多设计能够促进学生发散思维的问题，应对学生在教学过程中的"节外生枝"和"旁逸斜出"，在保证课堂大方向不变的情况下，允许课堂教学内容有个别差异性，在大节点保持原则，不至于产生教学偏差，在小节点留有空间，还可以把过渡和衔接的机会留给学生，这样有助于让学生对下一模块的内容提前做好心理准备，而不是被教师牵着鼻子走，甚至在课前就能够知道自己在本节课要进行的任务，体现出逐层深入、自然推进的设计观念。

第二，积极导向，正面教育。道德与法治课程设立的初衷就是为了能够让学生了解社会，让他们能够拥有分析问题解决问题的能力，在遇到问题时不会太过慌乱。在成长的过程中，学生肯定会遇到顺境和逆境，在顺境中要乘风而上，在逆境中也要逆风而行，这就需要能够悦纳生活中遇到的一切，保持开放和包容的态度，这样才会健康茁壮成长。道德与法治课程本身就是以积极作为导向的，所以教材选取和课程设置也是以积极为导向。教师在教授这门课程时，也应该给予学生正确的引导，让他们用积极的态度去面对自己的生活和学习，感受学科的魅力。

6. 生成意义

（1）激发反思

第一，与环境互动交流。皮亚杰提出，当儿童与道德环境产生交流，儿童的道德水准会得到提升。① 课前学生们经过充分的自学理解，提出问题，在课堂中通过交流讨论，小组合作探究，经历着知识的发现、验证。生活中，学生们时刻都与环境发生各种联系，自然也会产生不同的感触，会学到不同的知识，积累经验，个人感悟会不断升华。通过在课堂上让学生感受到与实际生活密切相关的教学情境，带领学生将课堂所学知识应用于实际生活中，使学生从课本回归生活，从课堂扩展至课外，增强学生对自己生活的关切。

第二，启动元认知。元认知是指人们对自己的认知过程和认知能力的意识和控制能力。"很多学习上的问题都表明，学习的障碍并不是直接地与知识本身相关，而是间接地来自学生对于关涉的方法或知识生产机制的印象或直觉认识论。"② 也就是说，有时学生在学习上遇到的困难可能与获取知识的方法等有关，学习结果与"反思"（元认知）具有紧密关系。学生回顾先前所做工作，重新思考曾经运用的方法、坚持的观点、遇到的障碍，有利于重建学习内容，让学生领悟到问题的关键所在。

第三，激发个体反思。学生向小组成员分享自己对该问题的理解和疑惑，而小组成员对解决该问题的方法、思路以及在问题中形成的观点、想法进行讨论和交流，成员之间互帮互助，互相反思讨论。学生行为养成是一个漫长的过程，教师要注重引导学生积极反思，自觉调整，深化行为选择能力。

（2）形成概念和逻辑

第一，形成个体的抽象概念。教师对出现的问题进行讲解和指导，学生根据教师的指导进行修改反思，最终针对教学内容形成共同的认识。

第二，形成逻辑思维。逻辑思维是指将各教学内容、观点以个性化方式排列组织的一种思维方式。许多关联链相联结形成逻辑思维，关联链的延长是深度思维的重要表现之一。在教学实践中，课堂所授内容并不十分完整，其内容、概念、知识点等都呈点状。教师要引导学生以逻辑思维形

---

① KAUR P. Social environment and construction of knowledge within piagetian perspective [J]. GYANODAYA—The Journal of Progressive Education，2017，10（1）.
② 焦尔当，裴新宁. 变构模型——学习研究的新路径 [M]. 任友群，编. 北京：教育科学出版社. 2010：187.

式将不同内容组织在一起，形成一个相对完整、有深度的"线"或"面"，形成个性化理解，从而实现对所学知识的升华。鼓励学生通过绘制思维导图的方式，用线条、颜色、符号、图像、词汇等，将各级主题关系用层级图表现出来，激发学生的联想与创意，将各种零散的想法、素材等融会贯通，梳理和整合相关知识，建构系统的知识逻辑框架。学生通过对教材知识的整理和建构中对所学内容进行提炼、概括和归纳，思维走向系统、走向深入，从而实现"教是为了不教"。[①] 引导学生考虑新旧知识间的内在联系和各学科知识体系的外部联系，考虑所学知识在日常生活实践中的复杂问题的实际应用。

第三，引发深度学习。在道德与法治的课堂中的学习应该是批判的学习，是理解的学习。学生通过在课堂情境创设和生活实践中不断地进行信息整合，为学生的批判性理解提供了强有力的支撑。在"是什么""为什么""怎么做"的学习和思考过程中，学生利用深度学习所得，可以主动地展开价值观层面的思考，并逐步形成学科思维；能够综合运用所学内容辨认、说明、解释社会现象及其所反映的实质，或预测社会的发展趋势并能说明理由；能够综合性地运用在道德与法治课堂中学习到的知识分析图文资料，推断结论，并能够说明得出这一结论的依据；能够评价、分析某一社会现象，做出正确的判断和选择；能够针对具体的某一个或一类社会现象，发现问题所在，提出解决措施或办法，设计相应方案并实施。这些学科思维通过情境创设中的深度学习都可一一实现。

（3）提升思辨能力

第一，形成思辨能力。通过小组之间不断的讨论与辩论，锻炼学生的思辨能力。学生通过组内的辩论学习，学会独立思考，择善而从才能更好解决问题，防止学生面对社会问题时出现手足无措的无力感。[②] 道德与法治课通过情境创设，能够让学生在参与情境过程中调动非智力因素，在熟悉的情境中将知识进行迁移应用，并在新的情境中做出恰当决策，提升个

[①]吴勇军，高立. 培育深度思维的道德与法治课堂实践［J］. 中学政治教学参考，2021（22）：55-57.

[②]黎圆圆. 小组合作学习在初中《道德与法治》教学中的运用研究［D］. 洛阳：洛阳师范学院，2022：2.

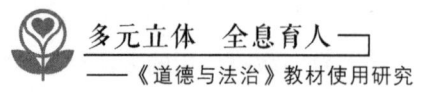

体综合能力。

第二，学会迁移运用。通过宽视野、多角度、细节性的生活行为或社会现象的扩展，帮助学生从个别问题走向普遍问题，从特殊现实走向一般现实。在理性辨识、研判生活行为或社会现象的过程中，深化对价值观念、道德认知的认同，实现价值观念、道德认知的迁移。①引导学生学会在解决不同的生活情境的复杂问题中调控学习活动、培养批判思维、丰富情感体验、探寻问题本质、举一反三，在迁移运用中创造性地解决问题。

第三，形成批判思维。宋代教育家张载说过："可疑而不疑者，不曾学；学则须疑。"质疑是学习的起点，是引发学生批判思维的"导火线"，是开启创新之门的钥匙。批判思维以质疑的、反向的、开放的方式进行思考，在教育教学实践中具有十分重要的指导意义。在教学实践中，批判思维有利于师生间、生生间对他人或自己的观点进行判断和分析，使思维不断走向深入，并通过分析、比较不断得以调整和完善。道德与法治教师应围绕"疑"字展开，坚守"提出问题—思考问题—解决问题"路径，不断启发学生的批判精神，提高学生分析问题、解决问题的能力。②

（三）课后——学科实践

《义务教育课程方案和课程标准（2022年版）》指出，要"强化学科实践"。学科实践是基于学科的、独特的实践方式，它超越了为探究而探究、为活动而活动的形式化、虚假的实践，既注重学科性，也注重实践性。新时代的背景下，要想真正落实立德树人的教学理念，教师需要在讲解基础知识的同时，积极开展不同类型的实践活动，增强学生的责任感，提高其社会参与意识。③道德与法治课程要以正确的价值观引导学生生活的建构，基于学生生活开展丰富多彩的社会实践活动，鼓励学生在社会实践活动中积极探究、交流、体验、理解，使他们内化道德规范和法治规

---

①李环.让学生经历完整且有深度的道德学习过程[J].中国教育学刊，2021（7）：106.
②吴勇军，高立.培育深度思维的《道德与法治》课堂实践[J].中学政治教学参考，2021（22）：55-57.
③梁淑芳.浅谈如何在初中道德与法治课中充分发挥立德树人的作用[J].国家通用语言文字教学与研究，2022（2）：16-18.

则，并通过践行道德与法治规范，促进核心素养的形成。①

1. 参加社会实践

学生在教学过程中参与教学体验和学习，不断形成自身的情感、态度和价值观。同时，在实际生活中，学生通过自身实际体验，不断地修正原有观念，不断地调整自身行为。运用道德与法治社会实践活动开展学习与教学不仅仅着眼学习能力的培养提升，更为培养其终身学习能力奠定了坚实基础。

（1）布置课外实践作业

当前，学生更多地把精力放在学习上，主要完成书面作业，很少进行实践活动。教师和学校要多创设实践机会，帮助学生扩大生活经验，通过实践加深对知识的理解以及对实践的反思。教师可以在课堂之外，布置课外实践作业，让学生去感知和体验。

第一，课外实践作业的目的是帮助学生在教师系统性的指导下参与更多实践，不断增强学生的社会生活实践能力。

第二，课外实践指向学生日常生活，涉及学生实践过程中的感性体验。让学生在真实的生活情境中，与其他主体展开有效对话，深化对生活世界的认识，丰富理性思维。

第三，课外实践作业要多组织学生进行实地调查与走访。如此一来，既能够提升学生的交往能力，增强学生的团队合作能力和意识，又能够加深学生对人际交往的认识和理解，获得体验感、对社会的认同感，增强社会责任感。

（2）开展"五育"融合活动

道德与法治课的教学应坚持课内课外教学活动相结合原则，这既是学科实践性的要求，也是构建道德与法治课教学影响力的必然要求。通过课外活动弥补道德与法治课堂教学的融合缝隙，引导学生从自己的视角出发，审视分析社会现象，从"五育"实践活动之中实现知行合一，更多采用合作、探究、对话、讨论、体悟的教学方式，通过任务驱动、生命叙事、游戏、志愿服务、角色扮演、研修游学等教学活动的开展，扩展、延

---

①冯建军.义务教育道德与法治课程理念［J］.课程·教材·教法，2022，42（6）：20-28.

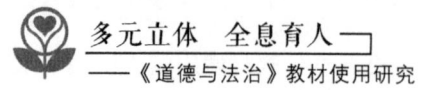

伸课堂时空，增进课堂学习的意涵与广延性。①

2. 崇尚道德生活

道德与法治课堂让学生感受真实的教学情境，引导他们最终将目光聚集在自己的现实生活上，从课本回归生活，从课堂扩展到课外，增强学生对生活的关切。

（1）实现知行合一

道德与法治课要考虑学生学完后将知道什么或会做什么，实现知行合一。面对教学问题，教师应该反思：学生所学知识，能否转化为相应的素养？在现实的问题情境中能否生成新的知识？在特定情境中，能否做到学以致用，真正做到知行合一？对此，要坚持理论性和实践性相统一的原则。②任何知识的实践价值都通过个体行为表现出来，深度教学更是追求知识内化于心，外化于行。因此，可以通过学生行为的改变来评价学生的认知和能力转变。道德与法治课程教学要求引导学生建立知与行的联系。只有让学生在深度教学的课堂上得到知、情、意、行的深入引导，才能实现核心素养的价值追求。

（2）回归生活常态

培养学生良好的价值和道德观念，增强自身实践能力，有效地解决实际问题。在课堂学习中，在学生掌握了一定的解决问题的知识后，最重要的是回归学生的道德实践，这也是最能检验学生道德品质的方法。引导学生回到自我，回到自己常态生活的细节，个性化、理性地面对或应对更多、更复杂的现实问题。将价值观念、道德认知"变现"，形成稳定牢靠的生活方式，达到自觉或自动化程度。③给学生提供一些直接的实践机会，让学生更多地接触社会生活，在社会实践过程中不断提高道德践行能力。

四、教学评价

教学评价是指根据一定的教学目标对学生的学习过程与结果进行的判

---

①朱小蔓，王坤. 初中道德与法治教材使用对教师的期待与引领［J］. 中国教育学刊，2018（4）：24-28.

②殷久华. 初中《道德与法治》教学设计应力求返璞归真［J］. 中学政治教学参考，2022（2）：6-9.

③李环. 让学生经历完整且有深度的道德学习过程［J］. 中国教育学刊，2021（7）：106.

断与分析。教育评价是教育的指挥棒，事关教育发展的方向。学生学业评价作为课程实施中的一个重要环节，越来越受到广泛关注，有些学者甚至谈到"学校课程实施的质量最终是以每个学生的发展为判断标准的"。[①] 2018年9月，习近平总书记在全国教育大会上特别强调，要深化教育体制改革，健全立德树人落实机制，扭转不科学的教育评价导向……从根本上解决教育评价指挥棒问题。[②] 2020年10月，中共中央、国务院印发的《深化新时代教育评价改革总体方案》指出，要系统推进教育评价改革，坚持科学有效，改进结果评价，强化过程评价，探索增值评价，健全综合评价，充分利用信息技术，提高教育评价的科学性、专业性、客观性。[③] 2022年新课标指出，要改进结果评价，强化过程评价，探索增值评价，构建全面的评价体系，全面反映学生核心素养的发展状况。[④] 为全面落实新时代教育评价改革的要求，道德与法治课程评价要围绕学生发展核心素养，发挥评价的引导作用，运用多种评价方式，发挥评价的诊断、激励和改善功能，促进知行合一，不仅要注重学生道德认知和法治意识的发展，更要注重道德情感和道德行为的变化。

（一）评价原则

道德与法治课程评价遵循以下几个原则。

1. 促进学生全面发展

教学评价必须坚持以学生为中心。教学评价在其目的与取向、方式与方法、内容与标准等各方面，都随着教育思潮的演变、教学实践的变革以及评价理论的发展而不断地调整和更新……也不断地回应着不同时代提出

[①] 崔允漷. 学校课程实施过程质量评估［M］. 上海：华东师范大学出版社，2017：15.

[②] 中华人民共和国中央人民政府. 习近平出席全国教育大会并发表重要讲话［EB\OL］. https：//www.gov.cn/xinwen/2018－09/10/content_5320835.htm？tdsourcetag=s_pctim_aiomsg&wd=&eqid=d0f75aaf003217080000000664753869（2018－09－10）［2022－09－11］

[③] 中共中央 国务院. 印发《深化新时代教育评价改革总体方案》［EB\OL］. http：//www.moe.gov.cn/jyb_xxgk/moe_1777/moe_1778/202010/t20201013_494381.html？eqid=fe66cb010032d741000000026435dfd3（2020－10－13）［2022－09－11］

[④] 冯建军. 义务教育道德与法治课程理念［J］. 课程·教材·教法，2022，42（6）：20-28.

的"培养什么样的人""怎样培养人"等根本性命题。① 道德与法治课堂教学评价要基于发展大势、学生成长实际和学科核心素养，将语言、能力、知识、生活、体验等进行适度融合，倡导跨学科评价。从学生"五育"各方面发展水平进行思考，从学生全面发展影响的角度开展教学评价，实现教、学两个层面的互促，助力学生核心素养提升。

有学者提出，道德与法治课的评价内容应包括"引导学生养成良好思想道德、心理素质和行为习惯""锤炼坚强意志，培养合作精神""全面提升学生感受美、表现美、鉴赏美、创造美的能力""学会劳动、学会勤俭"等方面的内容。② 可见，道德与法治的评价要促进学生全面发展，引导学生认识自身的价值，提高学生综合学习能力，帮助学生形成良好的核心素养，鼓励学生追求德智体美劳各方面的发展，促进"五育"素质的整体提升。

2. 方式多样

道德与法治课教学评价者需要根据评价目标、教学主题特点、学生的身心发展水平，多角度、多途径、立体化评价学生的知识获得及运用水平。在道德与法治课堂上，第一，在使用方法的理念上，以创新、开放的理念引导师生平等参与课堂评价机制，运用多种评价方式进行评价，提升教学效果，激发学生主动参与的积极性。第二，在方法的选择上，减少传统的机械记忆试题类评价，要侧重迁移运用能力的检验，注重知识的拓展与运用，注重目标的自然融合，注重体验式学习的引领；改变固化的考点、题型、构思、设问、答案、命题理念等；评价方法要关注问题解决的过程，包括解决问题的态度、思维、方法等。

3. 完善考查内容

"真实的教育结果实际上是教育过程的结果，是师生在教育情境中围绕活动主题进行交互作用，而实现的创造性、发展性结果。"③

---

①朱丽. 从"选拔为先"到"素养为重"：中国教学评价改革40年[J]. 全球教育展望，2018，47（8）：37-47.

②中共中央国务院印发深化新时代教育评价改革总体方案[N]. 人民日报，2020-10-14（1）.

③郭元祥. 论教育的过程属性和过程价值——生成性思维视域中的教育过程观[J]. 教育研究，2005（9）：3-8.

一方面，对学生要特别加强党史教育、劳动教育、生命自护教育、革命传统教育、国家安全教育、国家核心利益教育、心理健康教育、抗疫防护教育等。重视学生反馈，学生的思想反应和对情境教学法的评价，反映着学生对知识掌握的熟练程度、对重难点问题的理解程度等。学生反馈的内容包括对课堂教学活动本身的反馈、对情境教学内容的反馈、参加社会实践活动中的所得所感等。通过及时整理学生的评价，梳理反馈信息，据此提出改进的意见建议，这对于完善和提升教师的教学能力和教学水平具有重要意义。

另一方面，关注教师对整个教学过程的反思。考查教师在道德与法治课教学中，运用情境教学法的效果如何，需要从形成教学过程的闭环中找到解决之道。如教学是否完成了预定的教学目标？情境创设的不足是什么？学生体验的效果如何？对这些问题都要系统反思，总结经验、正视不足，及时实施对教学方法的改进和优化。

4. 关注激励与改进

行为科学的实验证明：一个人在没有受到激励的情况下，他的潜力仅能发挥 20%～30%；如果受到正确而充分的激励，其潜力可以发挥到 80%，甚至更多。① 相当长的一段时间内，教师过度强调学科知识，没有激发学生"生活化"的情感及创新精神，存在教师"主宰"课堂的现象，淡化评价的激励作用。② 之所以出现这种情况，是因为教师忽略了评价的激励、发展功能，对学生评价的把握、艺术处理不够。以《义务教育道德与法治课程标准（2022年版）》为根据，积极实现"过程评价要更加关注发挥评价的激励和改进功能。增值评价要关注学生思想品行的发展和进步，注重对学生的激励"，③让教学的课堂生态向着充分落实"双减"的方向发生根本的变化，从而为学生的健康成长提供有效的手段，进而实现"充分发挥评价的诊断、激励和改善功能，促进学生发展和改进教师教学"。

---

① 余林. 课堂教学评价[M]. 北京：人民教育出版社，2013：227.
② 向颖，何国良. 多元评价促进学生发展[J]. 思想政治课教学，2019（8）：77-80.
③ 教育部. 义务教育道德与法治课程标准（2022年版）[M]. 北京：北京师范大学出版社，2022：4.

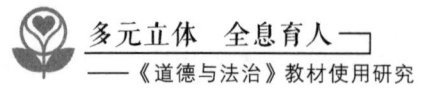

（二）评价主体

对学生的评价应该建立在师生、生生以及学生与社会的交往互动的基础上。丰富评价主体可以采用"多主体参评"模式，就是指这个评价过程有多个主体来共同参与，为学生、教师、家长提供更多机会参与到道德与法治课育人的过程当中去，这种评价结果更为全面客观。

第一，学生。学生自己对自己的行为表现、对同伴的行为表现进行评价，即学生自评、生生互评。

第二，教师。教师对学生、学生小组的行为表现进行评价。

第三，家长及社会参与人员。家长和社区人员都可以提供有关学生学习表现的真实信息，或是对学生的学习表现进行评价，以提高评价信息的全面性和真实性。

（三）评价客体

评价客体是被评价、测量的标的物。包括学生的行为表现和教师的教学过程。

（四）评价方法与工具

道德与法治课程与其他学术类学科有着本质区别，学校开设的德育相关学科是以发展学生的道德情感、态度和价值观为核心的，这也就造成了这门学科学生学业评价的困难。不管是道德的量化测评还是质性评价，都难以获取学生真实的、完整的道德发展信息。究其原因，一方面来自道德测评的复杂性，目前的道德测评方法还存在着信效度、可行性等方面的问题没有得到解决。① 另一方面也是因为学生道德评价的不确定性，众所周知影响学生道德发展的因素众多、归因复杂，学生的道德发展情况不太容易被完整地表现出来。《义务教育道德与法治课程标准（2022年版）》指出，要坚持学生自我评价、教师评价、同伴评价、家长评价和社区评价相结合，借助信息技术探索和优化纸笔测试、学生成长记录袋、日常行为表现记录卡等定性和定量多种评价方式，提升道德与法治课程评价的科学

---

① 林崇德. 教育与发展 [M]. 北京：北京师范大学出版社，2002：611.

性、专业性、客观性。[①]

1. 评价方法

从评价方法看,重视多种评价方法的综合运用,力求多方面、全方位地搜集与学生学习和发展有关的真实信息,记录、评价学生在学习过程中的变化发展。[②] 因此,在坚持真实性的基础上,将结果评价、过程评价紧密结合,建立以质量为核心的教育评价体系,将评价重心放在学生的全面发展上,为学生德智体美劳的综合发展提供助力。

(1) 即时评价

即时评价是课堂中抓住时机进行评价,有利于增强学生的学习动机,增加关联认知负荷的投入量,增强学生内部学习绩效。即时评价应该是动态的,学生进行课堂即时评价时,既要有及时的激励性评价,也要有培养学生创造性思维的适时评价和延时评价,给学生自由思考的空间和时间。传统课堂中存在的"过滥"地使用即时评价会给学生造成一定的负面影响。比如,学生稍有一点"出格"的表现就及时地进行纠正,学生做错一点便及时地指正,或者做得好就连续地称赞"真不错"等。这种过急评价会使学生局限在"某时间阶段"或者"教师的观点上",从而削弱了学生思维的创造性或者阻碍思维深入。[③]

(2) 结果评价

对教育教学的评价既要有过程性评价,也要有结果性评价。学生可通过报告的形式来展示自己的实践成果,对实践过程、人员参与、获得成果以及个人体会进行报告。教师和其他同学可依据报告内容对实践成果进行评价,给出建议。在教师的组织和协调下,学生针对合作学习进行即时的总结与反馈,更能够彰显合作学习过程的独特价值。

2. 评价工具

强调根据不同的评价任务制定不同的评价标准,标准应具体明确且向

[①] 教育部. 义务教育道德与法治课程标准(2022年版)[M]. 北京:北京师范大学出版社,2022:4.

[②] 马圆圆. 真实性评价:道德与法治课程教学评价的新路向[J]. 内蒙古师范大学学报(教育科学版),2021,34(5):117-122,146.

[③] 向颖,黄琳琳. 初中道德与法治"即时评价"的课堂实践[J]. 思想政治课教学,2021(5):46-49.

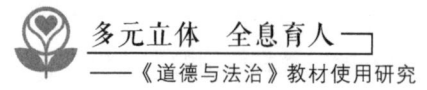

学生公开，以便使学生明确努力的方向。

第一，布置实践小论文。教师可以让学生围绕议题，自拟题目，撰写300字左右的小论文，通过采访及做小调研的方式，制作成长记录手册、期末评价表等，综合反映学生参与议题式教学的学习情况、学习成果等，客观地评价并提出具有激励性、针对性的发展建议。

第二，制作综合实践活动课程等级评价表。采用等级评定，从活动技能表达和活动品质两个方面进行评价，实现活动评价更加科学化、技能化，激发学生的积极性。

第三，建立学生个人核心素养。从课程学习、基本道德表现、校外行为表现、家庭素质表现四方面综合记录学生个人核心素养档案。多元评价虽然结果重要，但过程也不能忽视，综合评价学生身心发展，不仅为教师教学工作提供依据来源，而且从很大程度上可以帮助学生健康发展。

第四，借用现代信息技术设计评价、投票等环节。应该对活动的每一阶段进行评价，可根据学生、教师、家长等不同活动参与主体在活动中的互动体验对参与成员进行评价。评价应为半开放式的，既要关注活动目标的达成程度，又要注重参与者的体验。生活本是动态的，学生所获得的体验与成长并不能严格依据规则来评价。

第五，最终的评价结果可以由以下部分构成：占据学生课程总成绩50%的知识层面终结性评价，即学生基础知识掌握情况；占学生课程总成绩20%的学生成长记录，多由学校及教师对学生的在校情况进行记录，反馈学生成长情况；占学生课程总成绩10%的自评，由学生对自己参与道德与法治课教学具体情况进行评价；占学生课程总成绩20%的他评，由学生对同伴参与道德与法治课实践性教学具体情况进行生生互评，且明确说明评价理由。

五、教学条件

道德与法治教学需要具备一定的实施条件，包括工具、教师角色、家校社互动等。

（一）工具应用

1. 数字课程资源

美国学者尼葛洛庞帝（Negroponte）在《数字化生存》一书中首次全

面地描述了由计算机以及互联网普遍应用而催生的数字化时代的特点,并提出该时代下人们生存的主要方式,即"数字化生存"。① 因此,教师在教学中要提升数字应用能力,运用好数字资源。数字化时代,人工智能、云课堂、电子书包等丰富了教学的形式和教学内容,数字课程资源也广泛运用于教学中,丰富的数字课程资源为教师多形式教学提供了资源,激发了学生的学习热情。这对教师的数字应用能力也产生了挑战,教师要在实践中合理利用数字资源。教师在教学中要注意道德与法治的学科特性,依据课程标准、课程目标选择教学资源,从而实现教学目标;依据学情、教科书选择恰当的数字课程资源,在选择数字课程资源时要考虑数字课程资源的质量,自身选择的数字课程资源能不能体现教学内容,是否符合学生的认知特点。教师在实践中要注重数字课程资源的组织和呈现,在备课环节充分考虑学情、教学内容、教学环境等因素,在教学中恰当地组织和呈现数字课程资源。利用数字课程资源突破教学重难点,激发学生的主观能动性。

2. 思维导图等实用工具

作为新时期的教师,要与时俱进,要具备较强的专业知识、较高的职业素养、突出的科学研究能力和教学技能,也要学会运用思维导图等实用工具,从而使道德与法治的教学活动更加丰富多彩。教师在各个教学环节可选择不同的数字课程资源。教师在课堂导入环节可以选择图片、简短的视频动画进行导入,在新课讲授过程中选择与教学内容相关的动画、视频、音频、案例、议题等资源进行新课讲授,在练习巩固时从题库中选择学生易错、难理解的题目进行知识点巩固,在知识总结时使用脉络图、知识框架等形式进行课堂总结。思维导图类的实用工具既能帮助学生学习,又能帮助教师教学,在课前、课中和课后都能够帮助教师更有效地进行教学设计以及进行教学。例如,在教学过程中,思维导图可以帮助教师整理材料,制作课件,挖掘案例的层次性,在板书设计、教学设计、笔记整理等方面具有显著的优势。此外,现在的微课、微视频,短短的几分钟就能将一个问题通过技术手段清晰地展现,在课堂的教学中往往能起到意想不到的效果。如能让学生参与教师的备课,一起动手来完成多媒体课件和附

---

① 尼葛洛庞帝. 数字化生存 [M]. 胡泳,范海燕,译. 海口:海南出版社,1997:7.

件，以学生发展为本，平等参与，动手体验，也不失为一个很好的教学方式。

（二）教师素养

"教育改革的核心在于课程改革，课程改革的核心在于课堂改革，课堂改革的核心在于教师的专业发展。"① 由此可见，教育改革的关键在于教师素质提升和专业素养发展，这也是促进学生健康成长的关键，更是教学能够发挥其应有价值的关键。道德与法治课程具有较强的综合性，其课程内容包含着生活的方方面面，时效性强，更新速度快。进入新时代，教育对人才培育的要求不断提高，教学理念不断更新，墨守成规的教师是很难开展好道德与法治教学的。因此，教师要不断确认角色，提升自我教育技能，不断升华教育艺术，才能高效实施道德与法治课程教学。

1. 与时俱进的育人观念

第一，贯彻"以人为本"的教育理念。随着时代的发展与变化，时代精神逐渐转向崇尚人文。作为通过所培养的人才来推动社会与经济发展的教育更是要坚守这种时代的精神。因此，要将回归人的时代理念贯穿于培育人的全程，切实关注人的现实需求和未来成长，开发人的潜能，提升人的素养，培育人的自尊、自信、自强意识，促进人自由而全面地发展，在满足了"人"的需要前提下，才能充分发挥人才在国家和民族振兴、社会与科技进步上的作用。

第二，加强教育学理论研究，更新理论学习思维。教育学理论揭示教育过程中的一般现象和规律，引领着教育的方向。尽管教师在入职前经过了系统学习，但根据社会经济的发展，以及学生身心状态的演变，旧时代的课程标准已不能适用当今的教学需要，所以要求教师跟进时代的进步，树立终身学习理念，发现新问题、提出新办法、掌握新规律、创造新模式、应对新需要。学习《义务教育道德与法治课程标准（2022年版）》，学习新思想，学习大数据时代下关于教师应掌握的技能，学习时政新闻热点，提高时刻学习、更新教学理念的思想意识，这样才能应对当今思维活跃、学习理解能力超强的学生。道德与法治教育应教会学生科学的法治思

---

① 钟启泉. 教育改革的核心在于教师专业发展[J]. 基础教育论坛，2017（7）：3-5.

维。教师不是要教给学生一些抽象的概念,而是要观察和理解当代世界和当代中国的立场、观点和方法。

第三,转变分数取向为素养取向。在应试教育的影响下,学校的教学和管理工作围绕各种考试展开,常以分数和升学率作为教师教学质量的评价内容,学校教育显得急功近利,较注重短期的教学收益。在这样的教育环境下,道德与法治课程教师往往只顾学生的学习成绩,常以分数衡量学生发展,教学多采用理论灌输法,忽视学生的身心健康发展,不注重多种教学方法的综合运用。因此,要实现"五育并举",引导学生的天赋发展,对标综合素养,改变传统的应试教育模式。

第四,师生关系"去中心化"。曾经有一段时间非常盛行的教学理念便是双中心论,如果把教学活动比作一个圆,那么谁作为圆的中心呢?倘若让教师做圆心,势必会削弱学生的主体地位;倘若让学生做圆心,势必又会削弱教师的主导地位,这好像成了一场博弈,只能零和,无法双赢。事实上,这种状况过于极端,倘若把教师与学生当作两个独立的个体,那么他们有各自的生活世界,有各自的感情体验,当他们来到学校这个地方时,双方产生了交集,需要共同成长,想让这两个主体能够完全理解彼此、能够完全没有冲突几乎不可能,那么不妨求同存异。真正构建起良好的师生伦理关系,也就是说,要让师生在彼此有交集的生活世界中——课堂与学校,适当削弱自身主体意识、体谅对方,如图 5-6 所示。

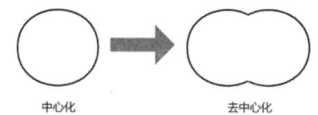

图 5-6 师生关系"去中心化"示意图

因此,教师要明确学生主体与教师主导的关系,教学是教师的教与学生的学的双边互动过程,教师为完成教学目标就需处理好教学过程中"双主体"的关系,即充分发挥学生的主体性地位与教师的主导性地位。学生作为知识的建构者,是主动探究的角色,学生以自身已有的知识经验为基础,通过独立思考、合作交流、分析归纳等活动,积极参与到实践中,不断发现问题、分析问题直至解决问题。这是一个建构新知识,感悟、体验生活,锻炼交流合作探究能力的过程。因此教师应充分尊重学生的主体地位，关注学生的已有经验，使学生在已有知识经验的基础上开展探究，激发自身的潜能，实现个性发展。在道德与法治课程实践性教学中要充分尊重学生的主体地位，要时刻关心学生的发展需求，注重学生的情感体验，不断激发学生参与实践性教学活动的积极性。

2. 定位明确的教师角色

教师在课堂中，不仅仅要充当知识的传授者，更要充当课堂提问的管理者、能力的促进者、教学的示范者、学生的知心朋友等多元的职业角色，使得课堂更具实践性和综合性。教师在课堂中呈现的多元角色，既是新课改理念的充分展现，也使课堂教学更加丰富和立体，突显德育课堂的性质与特点。

第一，管理者。"管理者"是指计划、组织、协调某一活动的领导性角色，教师要对教学过程中的一切因素进行管理。教师需要设计课堂环节，并对破坏课堂教学氛围的各类因素进行管理，有效地对教学进行组织。如教师要明确课堂提问管理的目标，要将严格要求与尊重学生相融合，要与学生处于平等地位，充分尊重学生所回答的问题，要管理好课堂的时间和节奏，这些细节都是教师作为管理者必须把握好的。

第二，促进者。"促进者"是指能辅助学生学习，帮助学生收获成长的角色。新课改强调学生是成长中的人，学生具有强大的发展潜质，在教师的引导下学生能够取得更好的发展，因此，教师在课堂教学中要积极充当促进者角色。道德与法治课教师首先要充分信任学生，坚信学生是具有发展潜能的处于发展过程中的人，要在充分信任学生的前提下，引导学生获得更好的发展；教师还要充分利用重复、改述、简化、分解、提示、追问等方式，在提问中促进学生发展。

第三，评价者。"评价者"是指对某一客体进行客观或主观的判断、分析后给出一定结论的人。当前教育背景之下，教育评价体系也在不断地推进，以习近平新时代中国特色社会主义思想为指导，明确指出教师要充分发挥教育评价引导作用。《关于深化新时代学校思想政治理论课改革创新的若干意见》明确指出要坚持问题导向，改进结果评价，强化过程评价。但是目前很多教师在学生回答完问题后，立刻开始解析题目或者继续讲解新课，这都没有在课堂提问中做好一个合格的评价者。教师必须要加强评价，帮助学生了解自己的发展情况，让学生愿意与教师互动，形成动态课堂。

第四，教师专业共同体。道德与法治教师近几年一直处于资源匮乏状态，所以经常会有道德与法治教师一人承担多科教学、校领导担任道德与法治教师的情况。老教师没有足够的时间和精力去带新教师，德育课的重要性也可能被忽视。如果校与校之间加强合作，几所友好学校的道德与法治教师建立学习共同体，不仅会使教师找准专业发展方向，更可以带动老教师更新自己的德育教学理念和教学方式。独学而无友，德育共同体有共同的价值追求——促进道德与法治教师专业成长；有稳定的合作项目——教好德育课。共同体能够将各个学校和教育行政部门结合起来，使得共同体之间优势互补、合作共赢、互惠互利，增加了各学校之间的相互沟通，也为道德与法治教师的专业发展提供有效途径。

3. 精良过硬的专业能力

作为教学中发挥主导作用的教师必须站位高、视野广，要不断丰富自身的专业知识，提升自身的专业能力，从而更好地进行道德与法治课程教学。

第一，教师要有较高的课程资源敏锐度。要成为生活中的有心人，及时关注社会生活中的各种素材和资源，比如，热点新闻、典型事例、榜样人物等。继而联系教材内容，结合情境素材进行取舍、加工等，从而有效激发学生的学习兴趣和积极性，提升教学效率。

第二，教师要具备团队协作能力。加强教师团体间教学信息的互通互享，是提升教师专业能力的重要手段，也是发挥教学实效的重要途径。教师之间通力合作，集中集体智慧，在一定程度上可以更有效率地选用与教学内容适配度高的课程资源；同时，节约教师在备课环节中寻找课程素材的时间成本，加大对教学设计的精力投入。

第三，教师要将"教"与"研"相结合，在教学中促进教学研究。每一位优秀教师都是从"经验传授型"教师成长为"理论思辨型"教师的。教师不仅仅是"教书匠"，更是教研工作者。"教"是对教师教学知识和理论的实践，"研"是对教师教学实践和经验的总结与提升，"教"与"研"共同促进教师专业能力成长。一方面，教学是教师的本职工作，是学校教育的中心环节。教师可通过多种方式不断提升自己的教学水平。如通过相关网络平台观摩优质课，借鉴优质课的教学设计，寻找教法的亮点，弥补自身教学中的不足；可以加入名师工作室，通过向专家学者请教，在集体教研中改进和打磨教法；还可通过教师专业培训、微课、公开课等方式提升教师教学水平。另一方面，教师需要加强教学理论的学习，并借以提升科研水平。如通过中国社会科学引文索引、中国知网等数据库、相关学术杂志等查阅与教育教学前沿相关的文献资料，对相关知识和方法进行学习、运用和研究等。

4. 自我反思与发展能力

教师的自我发展是教师的自我更新与自我完善。教师面对的是一群具有独立意义的人，他们知识经验的丰富性和差异性要求教师要有充足的知识储备。而且，《道德与法治》教材的内容十分广泛，涉及了道德与法治的各个领域，知识的复杂性和综合性十分显著，其课程目标的实现离不开教师综合理解知识以及解释知识的能力，对教师的知识和视野、经验和经历都提出了较高的要求。这就更加要求教师要增强自我发展的意识，时刻保持与时俱进。

第一，通过教学日记做好教学反思。教师常常因为教学反思不彻底、不全面、不到位导致缺乏问题敏感度，不能及时对自身教学过程中的问题进行解决和思考。因此，教师要坚持撰写教学日记，通过日记正确看待自己的教学过程，不断对教学实践中的困惑和难点进行追问，帮助自己准确定位和分析教育教学问题。同时要克服惰性，克服习惯性思维，激发创造性思维，批判性地审视和反思问题，成为"真问题"的发现者和研究者。

第二，通过课题做好自我反思。教师可以积极申报课题，以课题研究为路径，以课堂作为研究的主阵地，在进行教学的同时，用研究的眼光去审视教学中出现的共性问题，针对问题，提出改进的策略，提升道德与法治课的教学效果，同时促进自身专业的成长。

第三，学校要建立教师专业发展长效机制。学校要为教师专业发展搭建平台，如开展校际交流活动，邀请校外名师到学校上示范课，组织道德与法治学科所有教师听示范课、评示范课，在听课和评课过程中展开交流与讨论，对有关问题进行识别、分析和处理，对有关经验进行总结和反思，将改进措施和方案提出来；组织青年教师到优质学校学习锻炼，学习优质学校教师的先进理念和教学经验，整体提升教师驾驭课程的能力。开展多种形式的教研活动，以优秀教师、骨干教师以及实习教师为主体，在全校范围内进行公开课展示，帮助全体教师实现专业水平的全面提升。学校应该围绕教师专业发展进行重点监管和强化考核，引导并帮助教师开展教学反思工作，将反思日志当成教师工作考核的常态化指标，全面有效地考核教研活动，对教研活动及有关信息进行详细记录，以教研活动支撑教师专业发展。

5. 积极参与发展共同体

众多专家学者对学习共同体从不同视角进行了定义，梅耶斯（Myers）和桑普森（Simpson）认为，学习共同体是一种每个人都在学习的文化氛围中，在其中，每个人都是一个完整的个体，每个参与者都为学习和共同受益而负责。[1] 个体的发展需要浸润在民主和谐、积极向上、人人为我、我为人人的人文环境中，将个体发展视为共同发展的组成要素，更重要的是将共同发展视为个人发展的前提和基础。赵健认为，学习共同体是支撑以知识建构与意义协商为内涵的学习的平台，学习共同体是实践共同体。[2] 学习共同体的核心是学习，通过相互学习促进知识建构和创生。夏正江教授认为，在作为学习共同体的课堂中，每个儿童既生活在各自独立的、自主的个人世界中，同时也通过与他人的交往互动，生活在课堂共同体的交互世界中。学习共同体的基本特征包括共同的愿景与信念，容纳异己、尊重差异，互动交流、相互协作，民主与赋权，心理安全的氛围。[3] 学习共同体就是指学习者相互倾听与回应，切磋与激荡，以相互学习、共同成长为目的的学习群体。共同体是指各学习者之间以共同发展为目的，通过合作与交往，彼此倾听与理解而结成的群体。教师要积极参与教师发展共同体，以团队力量助推个体发展。

第一，积极交流思想。教研共同体的作用在于一起完成某项课题研究任务时，教师们运用头脑风暴，进行思维上的碰撞，在经验交流与见解表达下不断产生新思想、新观点，将自己的见解与建议进行充分交流探讨，

---

[1] 罗伯茨，普鲁伊特. 学习型学校的专业发展——合作活动的策略 [M]. 赵丽，刘冷馨，等译. 北京：中国轻工业出版社，2004：5.

[2] 赵健. 从学习创新到教学组织创新——试论学习共同体研究的理论背景、分析框架与教学实践 [J]. 教育发展研究，2004（7-8）：18-20.

[3] 夏正江. 迈向课堂学习共同体：内涵、依据与行动策略 [J]. 全球教育展望，2008，37（11）：15—21.

互相指点，共享突出的教学方法，促进教师共同成长与进步，有助于教师凝心聚力，携手共进，有效促进教师观念的转变，提升教师的教学水平。

第二，加强教师之间的合作。道德与法治教师在课前需要做大量的准备工作。独行快、众行远，开展合作学习需要教师之间加强合作，通过集体备课、资源共享、磨课评课、课题共研等途径更新合作教学理念，提升合作教学的综合能力。比如，通过集体备课可以发挥不同教师的优势和特长，广泛搜集教学资源，提升合作教学的质量和效率。通过共同研究合作教学，可以帮助教师解决教学疑惑和问题，以研促教、以研促学，提高教师的科研能力，更好地实现教师的专业发展。合作中的教师可以共同面对新的挑战，可以相互交换观点、相互支持，这些对于减轻教师的专业孤独、缓解焦虑、共同承担风险是必不可少的。在分享成功的或不成功的实践经验的过程中，教师的道德感和成效感、热情和自信都会提升，而这对于教师们接受新的观点、产生新的行为是十分有必要的。

第三，促进专业发展。俗话说"一人难挑千斤担，众人能移万座山"，个人力量往往是渺小的，教师想通过新思路解决新问题还需要学会与他人合作。首先是与其他教师合作。教师可通过听取不同的观点和看法，分享各自的授课经验，探讨和指出彼此课堂的优缺点，进而提出新策略，解决新问题。其次是与学生合作。教师要倾听学生的心声，了解学生的学习兴趣和认知能力，明确学生的情感需求，这不仅有利于增强学生自主意识和个性思维，也有利于促进教师专业发展，提升道德与法治课程教学的质量和水平，更为教师开展教育行动研究奠定基础。

（三）家校社协同

加强家校社协同共育，要依据不同年级的学生特征和道德与法治的课程特征，通过更新教学方式、整合课程资源，加强家校共育，用多元的体验路径和多维的培养策略，促进学生良好道德品质的形成。

1. 家庭方面

孩子的成长与发展在很大程度上受到父母的人生态度、文化素质、为人处事方式等的影响。因此，家庭教育也是学校道德与法治课程教学的重要组成部分。

第一，家庭应该给孩子树立正确的榜样。家长的言行举止对学生的成长有着潜移默化的影响，家长是学生最好的榜样。例如，家长以关爱和平和的心态对待周围的人与物，孩子也会成长为有爱心的人，知道要与同学友好相处，乐于助人，形成友善的性格。反之，如果父母用偏激的方式解决问题、发泄情绪，孩子也可能以相同的方式去解决问题。父母时常表现出颓废的情绪，孩子也会随父母的情绪而消沉。所以，家长要以身作则，保持乐观积极的态度，让孩子受到熏陶，养成良好的道德品质。

第二，家庭应该给孩子营造和谐民主的家庭氛围。和谐民主的家庭氛围有利于培养学生的沟通能力与合作意识。家长要和青春期的孩子做朋友，知晓他们的喜悦与烦恼，不要简单地施加压力，要给他们必要的生理和心理辅导。父母要善于利用电视新闻、报纸、期刊、网络等，和孩子一起讨论社会中的问题和现象，使家庭成为学校教育的延伸和拓展，启发孩子的思考，增加孩子对社会、对自己的理性认识，增强其社会责任感和自我保护的意识。

第三，家长要学会用科学的方法育人。行为习惯的养成不是几节课就可以完成的，需要学生在生活中践行、固化。家庭和社会活动是帮助学生把道德认识转化为道德行为的有效手段，是培养学生良好行为习惯，使其知行合一的有效途径。要建立交流与情况反馈机制。家庭作为学生教育的一大阵地，家长要时刻关注学生的言行举止，经常与学生进行沟通。例如学生是否能自觉遵守交通规则，是否能有序排队，是否能主动给老人让座等。家长要随时观察学生行为习惯的变化，及时与教师建立联系，主动配合教师培养学生的好习惯，持之以恒，使其内化为品德修养。

2. 社会方面

社会环境是道德与法治课程教学的延伸和拓展，更是其教学效果的最终检验。健康和谐的社会环境与积极向上的社会舆论导向能够承载和保障德育教学的深入开展。

第一，社会应该积极接纳教学改革，为教学创造条件。学生的学习是学生自我实现的一部分，而社会环境是学生自我实现的重要环节。良好的社会环境不仅为学生在评价体系、教学设备和场所等方面创造良好的条件，更为道德与法治的教学开展提供宽松的舆论氛围和健全的制度保障。

第二，规范和净化社会环境，特别是网络环境。处在未成年阶段的学生，思想单纯，缺乏分辨是非的能力。因此，要规范社会上的不良现象，应强化社会治安管理，提高社会人员的道德水平，有效保护未成年人的身心健康发展。如，规范网吧、文化娱乐场所，清理学校周边环境等。积极为未成年人的成长和发展创造良好的社会氛围，使学生所学的真善美，能够在真实的社会生活中得到印证；使学生通过课堂模拟情境获得的知识，与社会生活中获得的体验相一致。

　　第三，开发社会教育资源。可利用本地区的传统节日、文化活动、民风民俗、社会公益活动以及自然资源等乡土资源，挖掘出教学内容，作为鲜活的课程资源运用于教学。把学校附近的社会公共设施和场所，如图书馆、体育中心、公园、科技馆和展览馆等，作为道德与法治课程的大课堂，丰富课堂教学形式。

第六章 小学《道德与法治》教材使用的验证

一年级上册《校园生活真快乐》+二年级上册《我们的班级》整合设计

一、学情分析

一、二年级属于知识、能力、情感、价值观和社会性发展的启蒙阶段。学生应在此学段认识学校、了解学校环境、校园指令、认识班集体。

二、学习目标

了解学校环境、校园指令，会根据场所选择合适的行为；

树立班级意识、规则意识、安全意识（生命意识），遵守班级规则，维护班级环境；

能用已了解的规则来选择合适恰当的行为。

三、教学重难点

重点：了解校园环境，明确校园里的指令，会根据指令选择恰当的行为方式，遵守校园规则。

难点：能了解并遵守校园、班级生活的规则，树立班级意识、团体意识。

四、剧本制作

师生一起创编教材，形成生活化的剧本。

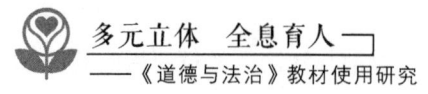

步骤：进行教材解读分析、确定故事类型、确定题材及立意、拟订故事梗概、编写故事提纲、撰写剧本全案。

《上学啦》剧本

人物： 小熊、小兔、小猴、小鹿、虎大哥、羊老师、熊老师。

第一幕

（播放音乐《上学歌》）

虎大哥上场。

虎大哥：（对观众）盼星星盼月亮，好不容易盼着这群小家伙长大了。这么些年，这些小家伙在森林王国撒欢儿惯了。可是啊，在座的有所不知，现在社会发展了，要求越来越高，这些小家伙也必须学知识啦。今儿个我就把他们护送到学校去，让他们正儿八经去学校待待。小熊、小兔、小猴，走啦！

虎大哥下场。

第二幕 上学路上

小熊、小兔在路上走，小猴追上来。

小猴："等一等，小兔，和你商量件事。"

小兔脚步放慢。

小兔："什么事？快说吧，走慢了可就要迟到了。"

小猴："我听虎大哥说，学校可有趣了，有很多有意思的地方，待会儿去了学校，我们一起去探秘好吗？"

小兔："真的吗？我想去，可是我有点害怕。"

小熊听见他们的对话，加入进来，说："我也去我也去，我也想好好逛逛学校呢。小兔你不要怕，我有办法，我们请老师带我们去逛校园，以后熟悉校园了，我们再自己去。"

小猴、小兔："对、对，那就这样决定了。"

小熊："那就好，有了老师的帮助，我们一定能找到很多有趣的地方！"

小动物们："走走，上学去咯。"

第六章 小学《道德与法治》教材使用的验证

羊老师手拿小喇叭上场。

羊老师:"欢迎同学们来到我们美丽的森林学校,你们就是新一届的同学啦,今天上午,老师就要带领大家去感受我们的校园,跟我走吧。"

小猴:"这个建筑可真高大,我知道这是哪里,这里写着'教学楼'三个字。"

羊老师:"你们知道教学楼主要是做什么的吗?"

小猴:"我知道我知道,就是我们上课学习的地方。"

羊老师:"对啦!我们一起上去看看吧。"

(到教室)小猴:"哇,教室可真漂亮,好整洁啊!我喜欢这里,我想要在这里学习。"

同学们继续走,小熊:"哇,我太喜欢这里了,这里好宽敞,有好多好玩的,我看见有的同学在跳绳,有的同学在打乒乓球,还有的同学在踢足球,可真有趣!我想快快长大,加入他们!"

羊老师:"亲爱的熊宝宝,这里就是学校的操场啦!下课后,你也可以和你的好朋友在这里玩很多有趣的游戏呢!"

继续走,小兔:"老师,这里的灯光好明亮呀,这里还有好多书籍呢,大家都好安静、好认真地在看书呢,这里的书比森林王国还多。"

羊老师:"这就是图书馆啦,在这里你可以找到自己喜欢的书籍,自由地观看,可是要注意保持安静哟。嘘!"(大家悄悄离开)

羊老师:"现在,大家去自己最喜欢的地方玩玩吧。"

第三幕 操场上

小熊蹦蹦跳跳地离开了,边走边说:"去操场玩咯。"小猴也一边走,一边东张西望。

小熊看见小鹿玩跳绳玩得非常开心,也想加入。

他有礼貌地说:"同学,你们好,我能加入吗?"

小鹿说:"好呀,一起玩吧。"

小熊和小鹿团结配合,玩得可真开心。

小猴也激动地跑了过去,一不小心,没刹住车,被跳绳打到了。

小鹿和小熊马上停了下来,去安慰小猴。

小鹿:"你没事吧?受伤了吗?"

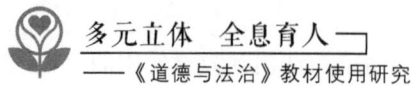

小猴:"呜呜呜——"

小熊:"下次你别跑那么快,太危险啦。"

小猴:"我知道了,我就是太激动了,下次我一定不乱跑。"

小熊:"嗯嗯,下次要注意啦。我们先带你去看病吧!"

(一起下)

第四幕 走廊里

课间,同学们在玩耍。

小熊停住脚步,把两手伸出,摆出造型,跳起来:"啊打,看我降龙十八掌!"

小猴拿出直尺:"来,吃我老孙一棍。"

小兔,拿出课本:"看我的吧,芭蕉扇,把你们都扇飞!"

小猴甩直尺,小兔甩课本。

小熊看他们玩得可开心啦。

小熊:"快快快,该我啦。"

小猴:"别着急,等我们打完这一局,要一决胜负。"

小熊又摆出造型等了一会儿。

小熊:"好吧,我再等等。"

小熊又等了一会儿,就去抢直尺。

小熊:"你的时间到了,该我了。"

小猴:"你抢什么抢,我还没玩尽兴呢。"

小熊:"主意是我想出来的,该让我玩啦。"

小猴:"可是直尺是我的,该我多玩一会儿。"

小熊:"该我玩!"

小猴:"该我玩!"

小熊和小猴打起架来。

小兔放下课本过来,喊:"别打了,别打了,我让你们玩。"

小熊和小猴仍打个不停,书本、直尺被他们踢到一边。

第五幕 教室里

羊老师正在带着孩子们做清洁。

羊老师:"同学们,为了让我们的班级生活更加美好,要遵守我们的班级公约哦!"

小兔急忙走到教室里,叫道:"小熊和小猴打起来了,小熊和小猴打起来了。"

同学们闹哄哄:"打起来啦,打起来啦。"

羊老师:"同学们安静,小兔你慢慢说,怎么啦?"

小兔:"刚才小熊和小猴玩游戏,闹不愉快,打起来啦!"

羊老师:"好,带老师去看看。"

羊老师跟着小兔来到走廊。

第六幕　走廊

小兔叫道:"老师来了!老师来了!"

小熊和小猴都住了手。

羊老师:"小熊,你先讲,怎么回事?"

小熊讲了事情经过。

小熊:"假如他遵守约定让我玩,我就不会跟他打架。"

羊老师点了点头。

羊老师:"老师知道了,小猴,你讲讲这是怎么回事。"

小猴:"他抢我的直尺,我才跟他打起来的。"

羊老师:"小熊,抢东西是不是文明行为呢?"

小熊低垂着脑袋:"不是,对不起,我再也不会抢别人东西了。"

羊老师:"打架是不是文明行为呢?"

小熊、小猴:"对不起,我们知错了。"

羊老师:"知错能改就是好孩子。我们要文明休息,要跟同学友好相处,知道了吗?"

小兔:"老师,我们再也不会在教室外打闹了,对不起。"

羊老师:"对啦,就是要遵守班级规矩,遵守校园规章制度,我们才能更好地生活和学习呀!"

丁零零,上课铃声响。

同学们纷纷走进课堂,端端正正地坐好。

插播互动环节:你还知道哪些校园、班级规矩吗?

快板起。

快板:《校园生活歌》

下课铃,

丁零零。

眼睛望望远,

大脑放放松。

开心做游戏,

安全记心中。

记心中!

(播放音乐《上学歌》)

羊老师:"小熊、小猴、小兔,以后一定要文明休息呀,这不仅仅是为了自己的安全,也是为了他人的安全,大家都来遵守学校的规章制度,遵守班级的约定,我们的班级和学校才能更加文明,大家才能更开心地学习和生活。对吧?"

小熊:"丁零零,上课了。"

小猴:"坐端正,专心听。"

小兔:"要休息,先文明。"

小鹿:"校园纪律要遵守。"(齐声:"校园纪律要遵守!")

虎大哥:"你们度过了如此有意义的一天!走吧,带你们回家咯!"

羊老师:"我们唱着文明歌。"

众人:"再见——"(回头对观众:"文明你我他,校园生活靠大家!")

(众人下)

选角、排练均在课下完成。

每学期每人都应该有至少一次上台展演的机会。

五、生成意义

展演及讨论(列出拟讨论的问题)。

1. 你还知道哪些法律?

2. 看图说话:谁能保护我?

3. 法律知识竞赛。

六、社会实践

在生活中懂得守规矩，运用法律保护自己的权益。

一年级上册《我的好习惯》+二年级下册《我会努力的》整合设计

一、学习目标

教育学生学会做计划，初步养成良好的生活、学习习惯；

让学生了解无论在学校还是家里都要做到学习有方法，养成整洁、不马虎、不拖拉的好习惯，学会帮助他人；

通过讨论、体验和向他人学习等活动，学习养成认真、不马虎、不拖拉的好习惯的方法。

二、教学重难点

重点：学习生活好习惯包括哪些？怎样做到整洁、有精神、做事情不拖拉、不马虎。学会帮助他人，鼓励他人。

难点：好的学习习惯和生活习惯用哪些方法才能养成。

三、剧本制作

师生一起创编教材，形成生活化的剧本。

步骤：进行教材解读分析、确定故事类型、确定题材及立意、拟订故事梗概、编写故事提纲、撰写剧本全案。

《上小学啦》剧本

人物：小白兔、小灰兔、兔爸爸、兔妈妈、长颈鹿老师、小蜗牛。

第一幕

音乐起（上学歌）

小白兔、小灰兔牵着手上场。

兔爸爸对兔妈妈说："今天终于开学了，两只小可爱也升级成了小学生，不知道他们俩能不能适应小学的生活。我们俩也先出门去干活吧，地里的萝卜都已经成熟了，再不去收就坏了。现在他们上小学了，自己的事情应该自己做，我们不用操心太多了。"

兔爸爸和兔妈妈说完就去地里拔萝卜了。

第二幕

长颈鹿老师拿着书本走进了一年级二班的教室。

长颈鹿老师："亲爱的小朋友们，恭喜你们成了一年级的学生。在这里，老师先给大家讲一个真实的故事。有一次，小花狗去小山羊家里做客，脸也没有洗，头也没有梳。结果，小山羊家里的鸡、鸭都躲得远远的。小山羊自己也受不了小花狗身上臭烘烘的味道，一杯水都没有喝完的工夫，小山羊就借口要去帮妈妈干活，让小花狗下次再来他家玩。谁知道为什么小山羊请小花狗下次再来玩？"

插播互动环节：请学生讨论为什么小山羊请小花狗下次再来玩？

学生自由讨论，引出要养成爱整洁的好习惯，并且适当讨论爱整洁的好习惯包括哪些，比如：勤洗澡、勤洗头、勤换衣服、勤剪指甲、不随地扔垃圾等。

第三幕

课间，小动物们在操场上玩耍休息，但是小蜗牛被留在了教室里面。

小蜗牛（急得快掉下眼泪）："呜呜呜——早知道上课时老师让写字的时候我认真写，现在也可以去操场玩耍了。刚刚上课老师让写字的时候，我心想着这些字简单，才不着急慢慢写。当时，我一会儿想上节课和同学玩的'写大字'游戏，一会儿玩我的新尺子，结果字就越写越慢，到下课

第六章 小学《道德与法治》教材使用的验证

都没有写完。哎,我真不应该在上课的时候开小差,拖拖拉拉,想东想西。我应该认真仔细听老师讲解,老师讲到哪儿,我就写到哪儿。"

小白兔看到小蜗牛哭了,热心地跑过来询问。

小白兔:"小蜗牛你怎么哭了?(看着小蜗牛面前的拼音本)哦?你是不是因为没有写完字,所以急得哭了呀?"

小蜗牛面带愧色地说:"嗯。"

小白兔:"小蜗牛,你别着急,我给你讲一个故事吧!从前有一只拖拉鸟,喜欢唱歌和跳舞。秋风起,筑巢忙,他说不急日子长。寒风呼呼睡不着,他说明天一定要筑巢。于是又是一个艳阳天,他又忙着唱歌与跳舞,别人劝他筑巢,他叫别人不要吵。他东捡一枝西捡一枝,窝儿一直没有搭好,结果到了冬天,北风吹,大雪飘,拖拉鸟被冻坏了。"

插播互动环节:猜一猜,小蜗牛听了这个故事会说什么呢?

讨论小蜗牛身上将会发生的变化,改变拖拉的习惯、方法有哪些。

第四幕

小白兔和小灰兔回到家里。

兔爸爸、兔妈妈在外面干活,刚刚回到家。

小白兔:"爸爸妈妈,今天我和小灰兔在学校玩得好开心呀!我很喜欢我的老师和同学们,我今天还帮助了小蜗牛呢!"

兔爸爸:"是吗?我的宝贝长大了,都会帮助他人了。小灰兔你呢?"

小灰兔很沮丧:"我今天在学校都没有小朋友跟我玩,他们见了我总是躲得远远的。今天老师给我们讲了小花狗的故事,我才不想学习小花狗,我要每天都洗澡换衣服,做一个整洁的小学生。"

兔妈妈欣慰地笑了:"小灰兔要做一个爱干净的小学生呀,那妈妈帮你吧!等会儿妈妈就帮你找整洁的衣服。"

小灰兔:"谢谢妈妈,那我现在自己去整理书包,我要我的书本也整整齐齐的。"

全家一起哈哈大笑起来。

第五幕

长颈鹿老师在教室里面给大家开班会。

长颈鹿老师:"同学们,到今天我们一年级开学一个月了,你觉得你

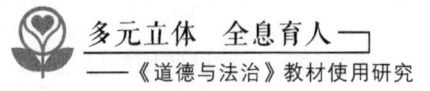

是一名合格的小学生了吗?"

小白兔:"我想来夸奖一下小蜗牛,我觉得他是一名合格的小学生了。上次我给他讲了拖拉鸟的故事,之后他每次写作业都是班上前几名写完的。"

长颈鹿老师:"小白兔真棒,看到了他人的优点和进步。"

小灰兔:"我觉得我是一个合格的小学生了,上次老师讲了小花狗的故事后,我每天回家都会洗澡,会换新衣服。我上一年级以来交到了很多好朋友,我的朋友们都夸奖我爱干净、爱整洁。"

长颈鹿老师:"是呀,爱整洁也是一个生活好习惯,小灰兔,你真棒!"

小蜗牛:"我觉得小白兔是我最喜欢的朋友,他是最优秀的小学生。他不仅乐于助人,还有很多学习好习惯。每天老师都会表扬他的坐姿和站姿,他做事情一点也不马虎,老师每次布置的任务他总是完成得最好。有一次我考试忘记检查,错了两道题。小白兔每道题都认真检查,结果得了100分。"

插播互动环节:说一说你上小学以来的变化吧,有取得进步的地方吗?
(从生活、学习两个方面关注进步的地方。)

快板:《校园文明歌》(全部演员)
上课听讲要专心,帮助同学要热心,
放学路上要当心,完成作业要细心,
遇到困难不灰心,对待集体要关心,
团结合作要齐心,师生互助心连心。

第六幕

长颈鹿老师总结:"我们班的每个小朋友都养成了良好的学习习惯,学习有方法、做事不拖拉;也养成了爱整洁的生活习惯,希望你们在以后的学习中继续坚持每一个习惯,你们一定会在二年级时有更大的进步。"

四、社会实践

在生活中善于总结自己的成长,有计划地学习和生活,初步养成良好的不马虎、不拖拉的生活学习习惯。

三年级下册《我和我的同伴》＋四年级下册《同伴与交往》整合设计

一、学情分析

三、四年级是小学教育的中段，这段时间正是学生知识、能力、情感、价值观形成的关键期。随着孩子交往范围的扩大和认知能力的发展，开始对很多事情形成自己的想法，但是辨别是非的能力还极其有限，社会交往缺乏经验，经常会遇到许多自己不明白的问题，开始产生一些不安和忧虑。

二、学习目标

通过学习了解如何和朋友相处，找到自己的朋友；

了解朋友之间相处诚信的重要性，知道不讲诚信不仅会对别人造成伤害，也会对自己造成伤害；

懂得诚信在人与人交往中是立身之本和处世之道。

三、剧本制作

师生一起创编教材，形成生活化的剧本。

步骤：进行教材解读分析、确定故事类型、确定题材及立意、拟订故事梗概、编写故事提纲、撰写剧本全案。

《做人要诚信》剧本

人物：爱保证、同学甲、同学乙、九色鹿、众动物（乌鸦、小兔、小猫、小狗）、调达、国王、王妃、人物甲、人物乙、人物丙

第一幕

（解说词：在四年级六班，有一个同学，大家都叫他"爱保证"，在学校和家里到处都能听到他保证的声音。）

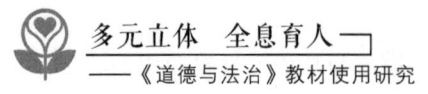

"爱保证"：（边走边大声嚷嚷）我保证下次一定带球拍，你们还别不信。

同学甲："爱保证"，你又在给谁保证啊？

"爱保证"：（恼怒状）什么叫"又"啊，我是经常向别人乱保证的人吗？

同学乙："爱保证"，保证了的事就要做到，如果保证了又不做到，就会和剧中的调达一样。

"爱保证"：（疑惑状）调达？什么调达？

同学甲：（手一挥）看了这场戏，你就明白了。

第二幕

（解说词：传说，在一片景色秀丽的山林中，生活着一只美丽的鹿。它的双角洁白如雪，身上的毛有九种鲜艳的颜色，人们都称它九色鹿。）

九色鹿：（欢快地跳着上）啊，这里的景色真美啊！（回头招呼）小伙伴们，快来呀！这里有明媚的阳光、鲜艳的花草，让我们一起来做游戏吧！

（乌鸦、小兔、小猫、小狗等欢跳着跑上。）

众动物：（和着《多么美》的乐曲，边唱边游戏。）

明媚的阳光多么美，多么美，

盛开的鲜花多么美，多么美。

让我们，共欢乐，

山林的生活真正美！

（幕后传来"救命啊，救命！"的呼救声。）

九色鹿：小伙伴们快停下！你们听到什么声音了吗？（幕后再次传来"救命啊，救命！"的呼救声）好像是有人在呼喊"救命"。

乌鸦：声音好像是从小河那边传过来的。

九色鹿：我们快去看看吧！

（众动物下，然后扶着调达上。）

调达：多谢各位救命之恩！你们的大恩大德我永世不忘……

小兔子：是九色鹿奋不顾身跳入汹涌的波涛中把你救上来的，你还是快谢谢他吧！

第六章 小学《道德与法治》教材使用的验证

调达:(跪下向九色鹿连连叩头,感激地)多谢神鹿救命之恩。我愿永远做您的奴仆,终身受您的驱使……

九色鹿:(扶起调达,温和地)我救你并不是要你做我的奴仆。你为什么会掉入水中呢?

调达:我是一个穷苦的山民,到山里来采药,看见小河中有一条大鱼,我想把它捕捞上来,一不小心就掉入了河里。要不是神鹿相救,我恐怕就……

九色鹿:噢!原来是这样。你快回家吧!只要你不向任何人泄露我的住处,就算是知恩图报了。

调达:(跪在九色鹿面前,举起右手,郑重起誓)苍天在上,我调达保证不向任何人说出九色鹿的住处。如果违背了我的誓言,甘愿受到上天的惩罚,让我死无葬身之地,永世不得超生……

九色鹿:(扶起调达)善良的人啊,我相信你!你快快回家吧!

调达:多谢神鹿救命之恩!您的大恩大德我会永远铭记在心的……(一步一叩首地下场。)

九色鹿:小伙伴们,让我们继续做游戏吧!

众动物:好!(在九色鹿的带领下,下场。)

第三幕

(解说词:有一天,这个国家的王妃做了一个梦,梦见了一头双角洁白如雪、身披九种鲜艳毛色的鹿。)

王妃:(从床上起来,美慕地)九色鹿可真美呀!它的毛皮多漂亮呀!(在地上走来走去,眼前一亮)如果用它的毛皮做一件衣服穿上,那我不是就更漂亮了吗?

大王:(上场)王妃,你醒了?

王妃:(向大王撒娇)大王,我昨夜梦见一只美丽的鹿,它身上有九种鲜艳的毛色,可漂亮啦!我想请大王把它捉来,我要用它的毛皮做一件漂亮的衣服穿。

大王:这……这……你的想法固然好,可是你让我到哪里给你捉九色鹿呢?这样吧,我让下人多给你做几件漂亮的衣服。

王妃:(又哭又闹)不嘛,不嘛,我就要九色鹿。如果大王不依我,

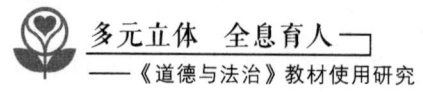

我就去死!

大王:(无可奈何地)好,好,好,你别闹了,我这就派人去张贴皇榜,重金悬赏捕捉九色鹿。

王妃:(转怒为喜)多谢大王!

(幕落)

第四幕

(幕启,许多人站在皇榜前,议论纷纷。)

人物甲:听说这只九色鹿很有灵性,还救过好多人的命呢!

人物乙:是啊!别说我们不知道,就是知道也不能去伤害它呀!

人物丙:听说大王重金悬赏捕捉九色鹿,是为了给王妃做一件漂亮的衣服。看来,九色鹿大难临头喽!(无奈地摇摇头)

(调达上场,挤进人群中观看皇榜。)

调达:(从人群中挤出来,摇摇头)九色鹿对我有救命之恩,我曾经对它郑重起誓,怎么能背信弃义呢?(欲下,又止)不过,如果说出它的下落,我就有一辈子享不尽的荣华富贵。(在边上走来走去,一会儿看看皇榜,一会儿低头思索)我到底该如何做呢?(一咬牙,下定决心)九色鹿呀九色鹿,不是我调达不懂得知恩图报,实在是大王的奖赏太重了。你既然已经救了我一次,何不再救我一次,用你的生命换来我一生的荣华富贵呢?

(调达挤进人群,揭下皇榜,然后下场。幕落。)

第五幕

(幕启,九色鹿在开满鲜花的草地上睡得正香。众动物上。)

众动物:(急匆匆地)九色鹿,九色鹿,你快醒醒吧!大王的军队捉你来了!

九色鹿:(从梦中醒来)噢!原来是你们呀,有什么事吗?

乌鸦:大事不好了!大王的军队捉你来了!是上次你救的那个叫调达的落水人带的路。听说,他们是想用你的皮毛给王妃做一件漂亮的衣服。

九色鹿:(将信将疑)不可能吧?他曾向我起誓,永不泄露我的住处。

小兔子:你还是快躲躲吧!要不然就来不及了。

(调达带领国王和将士们上场。)

调达：（手指九色鹿）陛下，这就是九色鹿。

大王：真的好漂亮呀！将士们，快把它给我捉住！

九色鹿：慢着！陛下，我想先给你讲一个故事。

大王：什么故事？

九色鹿：一年前，有一个人上山采药，不小心掉进了河水里。就在他快要淹死时，是我救了他。他曾发誓永不泄露我的住处，谁知他竟然是个见利忘义的小人！这个人现在就站在你的身边。大王，您与这种灵魂肮脏的小人一起来残害无辜，难道就不怕天下人笑话吗？

大王：（很惭愧）我治理国家这么多年，没想到却是非不分，差点儿伤害了美丽善良、见义勇为的九色鹿，真是惭愧呀！（面向调达）你这个背信弃义、恩将仇报的小人，害得我差点酿成大错。来人呀，把这个小人给我拉下去，重打八十大板，押入大牢，听候发落！（面向九色鹿）我一定要告诉我的臣民们，永远不许伤害你和你的伙伴们，如有违抗者，杀无赦！

九色鹿：感谢大王！

众动物：（齐声欢呼，跳起了舞蹈。）

第六幕

"爱保证"：（若有所思状）我终于明白原来乱保证却做不到竟也和调达这般，是不诚信的行为。看来我得改一改了。

同学甲：（开心状，拍了一下"爱保证"的肩）知错能改，善莫大焉。

同学乙：（开心状，走到"爱保证"另一侧，拍着"爱保证"的肩）以后我也不叫你"爱保证"了。

"爱保证"、同学甲及同学乙三人携手离开。

四、展演及讨论

1. 你怎么看待调达为了金钱出卖九色鹿的事情？
2. 通过这个故事，你明白了与人相处最重要的事情是什么吗？
3. 你还知道历史上哪些与诚信有关的故事吗？

五、社会实践

在生活中树立诚信意识，丰富社会交往经验，懂得说话要算话的道理并在生活中实践。

六年级上册《我们的守护者》+《法律保护我们健康成长》整合设计

一、学习目标

认识《中华人民共和国宪法》是我国的根本法，树立法律意识；

感受生活中的法律，了解关于未成年人的相关法律；

了解法律是保护我们权利的最有效、最有力的手段，能用已学的法律知识来保护自己。

二、教学重难点

重点：树立法律意识，了解关于未成年人的相关法律。

难点：了解法律是保护我们权利的最有效、最有力的手段，能用已学的法律知识来保护自己。

三、剧本制作

师生一起创编教材，形成生活化的剧本。

步骤：进行教材解读分析、确定故事类型、确定题材及立意、拟订故事梗概、编写故事提纲、撰写剧本全案。

第六章 小学《道德与法治》教材使用的验证

《守护者在何方》剧本

人物：包公，王朝，马汉，法官，警花甲、乙，李可怜，胡非为。

第一幕（李可怜、胡非为上场，邀约去网吧）

李可怜："天上一天，地上一年。就算老师是神仙，那也得讲三天三夜。"

胡非为：《王者荣耀》《穿越火线》《英雄联盟》《部落冲突》《和平精英》，样样俱全，当哩个当，咱走起！"

走进网吧……

（下场）

第二幕（包公拿着惊堂木上场，王朝、马汉上场）

王朝："咱包大人慧眼明察、足智多谋，连审石头都能找到蠹贼，这真是没谁了。"

马汉："是啊！"

只听一声"升堂"！

包公："肃静！"（一拍惊堂木）

包公："现在开审，我……"

只感觉眼前一花，身体一沉……

（下场）

第三幕（包公一屁股坐在法庭上，王朝、马汉也随着落入法庭中央，法官从侧门走入）

包公："我包拯办案秉公执法，铁面无私，不徇私情。今受皇上指派……"

法官：（边走边说）"听说此地有些青少年不服管教，为非作歹，残害百姓。特叫本官前来定夺……"

包公："王朝、马汉！"

（王朝、马汉揉揉眼睛）

包公："咦？我在哪？今日为何时？"

法官："哟！神仙自哪方仙山来？"

包公："本官乃宋朝二品大员，枢密副使包拯，此处可是开封府？"

法官："这是法庭，包公既来了，就审一案吧！"

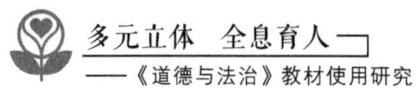

包公:"法庭?算了,管他是何处,不论法庭,还是开封府,咱一刀切,反正我就先审一案!"

包公:"王朝、马汉,现在何时?"

(全场安静)

法官:"大人有所不知,现乃公元2023年9月21日,此乃中华人民共和国!"

包公:"哎呀,我们可是跨过了近一千年来此审案,不妥之处请见谅!"

王朝:"回包大人话,该朝政府已派两名得力助手前来协办此案,请大人放心。"

包公:"好,让她们速速到来。"

王朝、马汉:"是!"(下)

(警花甲、乙上)

警花甲、乙(同时):"包公包大人,我们两位受司法部门委托,前来协助包大人审理未成年人案件。欢迎包大人光临本朝。请对本朝青少年管理制度多多指教。"

包公:"哪里,哪里,你们现代人哪用我这个老朽指教,见笑,见笑。现在升堂开审吧!"

警花甲、乙:"是!"(退到包公两边)

(退场)

第四幕(包大人,警花甲、乙,王朝,马汉,李可怜,胡非为上场)

包公:(拍惊堂木)"升堂。"

四人:"威——武——"

包公:"大胆狂徒,你为何不下跪?"

警花甲:"抱歉包大人,我们的司法制度早就废除了下跪这一条,所有犯罪嫌疑人在法庭上是可以坐下来的。"

包公:"哦?我乃朝廷命官,与犯人同庭而坐,成何体统?"

警花乙:"包大人,现代社会,法律面前人人平等。他犯了法,我们同样要保证他的人格尊严。"

包公:"啊,怪我不了解贵朝法律制度。"

第六章 小学《道德与法治》教材使用的验证

包公：（拍惊堂木）"堂下何人？所犯何罪？通通给我讲来。"

李可怜："我叫李可怜。今年9岁，我并没有犯什么罪啊！"

胡非为："我叫胡非为。今年14岁，禀大人，我们没有犯什么罪啊！"

包公："还想抵赖。王朝、马汉，快快大刑伺候！"

王朝、马汉："是！"

（杖打行刑）

李可怜、胡非为："包大人，我们冤枉啊！"

包公："既然你俩还是孩子，我且给你们机会诉说。有何冤情，请给我细细道来，不得丝毫隐瞒。否则决不饶恕！"

（退场）

第五幕（包公、李可怜、《中华人民共和国义务教育法》《中华人民共和国老年人权益保障法》上场）

包公："李可怜，你怎么没认识到自己的错误？父母是怎么教育你的？"

李可怜："回大人，我刚上小学的时候，爸爸妈妈出去打工了，就只有奶奶在家照顾我。可是奶奶身体不好，常常生病，我只能在家照顾奶奶。奶奶让爸爸送我去上学，可是爸爸说奶奶身体不好，我在家照顾好奶奶就行。"

《中华人民共和国义务教育法》："你爸爸怎么能这样呢！我是《中华人民共和国义务教育法》，法律明确规定必须保障适龄儿童、少年接受义务教育的权利。你爸爸让你在家照顾奶奶，不让你去上学是违法的。"

李可怜："是的，后来我们老师知道了，到家里来了解情况，发现只有我和生病的奶奶在家。老师立刻找到了爸爸，劝说他，还给他讲了《中华人民共和国义务教育法》的规定，说不让适龄儿童上学是违法的。我爸爸一听这事违法，才同意让我继续上学的。"

《中华人民共和国老年人权益保障法》："李可怜你知道吗，你爸爸不仅违反了《中华人民共和国义务教育法》，也违反了《中华人民共和国老年人权益保障法》，为了保障老年人的合法权益，弘扬中华民族敬老、养老、助老的传统，把孝道正式写入法律，规定：赡养人应当履行对老年人经济上供养、生活上照料和精神上慰藉的义务，照顾老年人的特殊需求。

所以，你爸爸让你在家里照顾生病的奶奶是不对的，这是你爸爸应该履行的赡养老人的义务。"

包公："哎，这么看来，你父亲既没有履行监护人的职责，也没有尽到赡养老年人的义务。受处罚的应该是他！"

第六幕（包公、胡非为、《中华人民共和国反家庭暴力法》《中华人民共和国劳动法》上场）

胡非为："包大人，我也不想这样，我也是个从小没爸爸管的孩子。没好好学习，才落到今天这地步。"

包公："那你慢慢道来，我来给你评评理。"

胡非为："我爸爸在工地工作，每天工作又忙又累，下班后，就喜欢和朋友在外面喝酒。回到家，只要我没在学习，他就会打我。要是我妈妈上来阻拦，他就会连妈妈一起打。他还边打边骂：'我在外面挣钱养家这么辛苦，你在家连孩子的学习都管不好……'经常打得我和妈妈鼻青脸肿，抱头痛哭。"

《中华人民共和国反家庭暴力法》："你爸爸这样做，违反了《中华人民共和国反家庭暴力法》。该法规定了监护人当以文明的方式进行家庭教育，依法履行监护和教育职责，不得实施家庭暴力。"

胡非为："可是我爸爸不懂法啊，他每次打我的时就是那句'黄荆条子出好汉'。更惨的是，如果爸爸在工作上遇到不开心的事，比如上上个月，他被施工队拖欠工资，施工队不给他发工资，回家他就把气撒到我的身上，又把我暴打一顿。"

《中华人民共和国劳动法》："我是《中华人民共和国劳动法》，你爸爸真傻，他被拖欠工资，应该去找施工队。依据《中华人民共和国劳动法》申请劳动仲裁啊！他回家打你，不仅领不到工资，还触犯了《中华人民共和国反家庭暴力法》，情节严重的话，还会被判刑呢！"

胡非为："哎！我爸要是懂法的话，他也就不会对我和我妈施暴了！我常常带着满身伤去上学，同学们看见了都笑话我，所以，为了不让同学们笑，我便偷偷的不去上学了！"

包公："你不去学校，老师不问你爸爸妈妈吗？"

胡非为："当然要问，我爸知道后，打得更厉害了！我妈怕我再被我

第六章 小学《道德与法治》教材使用的验证

爸打,又怕我去学校被同学笑话,就帮我一起撒谎骗老师。"

第七幕(包公、胡非为、李可怜,警花甲、乙上场)

包公:"听你们俩这么一说,还真是可怜!(一边说一边抹眼泪)你们两个年龄相差较大,又是怎么认识的呢?今天怎么会一起被抓呢?"

李可怜:"这个得从有一天上学说起。因为我爸爸妈妈都在外地打工,家里只有我和奶奶,奶奶身体不好,所以她会给我一些零钱,让我放学的时候,顺路买点菜回家。那天上学路上,突然冲出来一个大哥哥,叫我把钱给他,不给他就打我。我要是把钱给了他,我和奶奶怎么办呢?于是我死死地捏着裤兜,就是不给他钱,于是他就想动手打我。这时,胡非为刚好经过,帮助了我,边打他边喊抢劫,这才把那个大哥哥吓跑。他怕那个大哥哥又来欺负我,于是他就一路陪我上学。"

胡非为:"路上,可怜告诉了我他的故事,原来我们俩在学校都被同学瞧不起,被当成笑话。同病相怜的我们,便成了朋友。"

李可怜:"再后来,我们怕被同学笑话,于是经常一起逃课,不敢回家,就跑去网吧上网打游戏。"

包公:"慢点说慢点说,我听不太明白了。两位,上网是何意?是不是结网打鱼?"

警花甲:"不是的,包大人,那是现代信息社会的互联网络,只要用鼠标轻轻一点,就可以获取大量的知识和信息。"

包公:"没想到,现在都这么先进啦!你们不想去上学,是去网吧学习吗?"

胡非为:"不是的,我们是去打游戏。在游戏的世界里,我们就是王者,大家都唯我们马首是瞻。"

李可怜:"我们在网吧,玩得非常开心。网上什么都有,玩了就不想放下了,有时上网到天亮。"

警花乙:"报告包大人,网上存在一些不健康的信息和不良诱惑。青少年自控能力差,辨别是非能力不强,容易沉溺于网上的虚拟世界不能自拔,也容易被网络罪犯所利用,成为他们犯罪的工具。"

包公:"哦,你们现代社会的这些高科技可真让人捉摸不透啊。既然网络有许多不良诱惑,那么就应该阻止未成年人进入啊,为什么他们两个

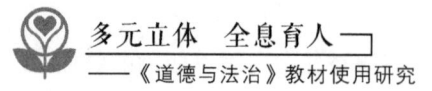

孩子还可以在网吧上网成性、夜不归宿呢？"

《中华人民共和国未成年人保护法》："当然要阻止！《中华人民共和国未成年人保护法》就是我国第一部专门保护未成年人各项合法权利的法律。"

警花甲："是的，国家在《互联网上网服务营业场所管理条例》中明确规定未成年人不能进网吧。"

胡非为："包大人，你可不知道，现在网吧和游戏厅老板只要给钱，什么人都可以进去。"

包公："啊？有这等事？王朝、马汉，请你们日后给我好好调查，如有允许未成年人进入网吧者，逮一个，严惩一个。"

王朝、马汉："遵命！"

第八幕（包大人，警花甲、乙，王朝、马汉、胡非为上场）

包公："既然你们刚刚说网吧老板只要给钱就让你们未成年人进去，那么你们的钱是从哪里来的呢？"

警花甲："禀包大人，他们从骗家里父母、老人的钱，一步一步发展到偷邻居的钱。这次的钱是他们合伙敲诈抢劫更小的孩子来的！"

胡非为："包大人，我什么都说了，我也是受网吧的诱惑，是受害者！爸爸辛苦打工挣钱，把所有的希望都寄托在我身上，妈妈也是一心一意照顾我，如果我进了看守所，他们会很伤心、绝望的！我知道错了，我一定改！"

包公："……真让人动情啊，唉……早知今日，何必当初。"

胡非为："包大人，可怜可怜我吧，你包大人宽容大量，就原谅我这一次吧，我今年只有14岁呀！你就放了我吧？"

包公："……这……"

（看两秘书，无助的样子）

警花乙："包大人，不可原谅他！他这是屡教不改！"

警花甲："包大人，（递上法律条文）你看，我国《刑法》第二百六十三条规定：以暴力、胁迫或者其他方法抢劫公私财物的，处三年以上十年以下有期徒刑，并处罚金；有下列情形之一的，处十年以上有期徒刑、无期徒刑或者死刑，并处罚金或者没收财产。"

第六章 小学《道德与法治》教材使用的验证

包公:"是啊!王法在此,本官怎敢放你?"

胡非为:"包大人哪,救救我吧!给我一次重新改过的机会吧!"

警花乙:"胡非为听着:《中华人民共和国未成年人保护法》明确规定,未成年人除了接受国家社会各方面的保护外,还必须提高自我保护意识和能力,必须严格遵守有关法律法规,接受学校和家长的正确教育。如果未成年人触犯了《刑法》,同样应负刑事责任。"

包公:"对,如果本官放了你,你还是执迷不悟,便还会去害人。你犯下大错,一切罪责本应由你自己承担。但本官念你年幼无知,为了教育你,让你有一次改过自新、重新做人的机会,也为警戒社会上的不稳定分子,本官现在郑重宣判:(站起,拍惊堂木)罪犯胡非为,判处有期徒刑一年,强制执行劳动教养。来人!"

王朝、马汉:"是。"

包公:"把他押入大牢。"

第九幕(包大人、法官、《中华人民共和国预防未成年人犯罪法》、王朝、马汉、李可怜上场)

包公:"李可怜,根据《中华人民共和国刑法》的相关规定,鉴于你今年才9岁,就不予你刑事处罚。"

李可怜:"谢谢包大人,我知道错了,今后一定会好好学习,不再犯法。"

包公:"法官大人,你们生活的这个世纪,如此小的年龄就有犯罪行为,你们难道不应该加强管教吗?"

《中华人民共和国预防未成年人犯罪法》:"禀包大人,我就是为了保障未成年人身心健康,培养未成年人良好品行,有效地预防未成年人犯罪而制定的法律。负责预防未成年人犯罪方面的教育、防范和矫治等职责。看来,我要多多走进学校、走进社区,让大家行动起来,对做出不良行为的未成年人及时进行教育、矫治,将可能诱发未成年人犯罪的环境隔离开来,以保护他们的健康成长。"

法官:"是的,我们一定要引起重视,积极开展宣传教育活动,为未成年人的健康成长保驾护航!"

包公:(拍惊堂木)"退堂!"

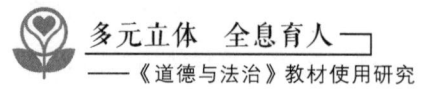

王朝、马汉:"威——武——"

法律保护我们成长,当我们的权利受到侵害时,应及时向老师、家长讲述情况,寻求法律专业人员的帮助,向有关部门寻求保护,运用法律维护我们的权益。

(谢幕)

四、合作探究

展演及讨论(列出拟讨论的问题)。

1. 你还知道哪些法律?
2. 看图说话:谁能保护我(插图)。
3. 法律知识竞赛(题库)。
4. 游戏和比赛如果没有规则就无法正常进行,社会交往如果没有法律,你认为会变成什么样?
5. 你认为生活中应该怎样维护《中华人民共和国宪法》的权威呢?
6. 回忆一下,在你的成长过程中,感受到了哪些来自家庭的关爱,讲述自己感触最深的故事,表达自己的感恩之心。
7. 留守儿童在成长中还可能面临哪些问题?就如何更好地关心、帮助留守儿童提出建议。
8. 想一想,在日常生活中,你还见到过哪些涉及未成年人权利保护的情形?
9. 法律故事会。

五、社会实践

在生活中运用法律保护自己的权益。

第七章　中学《道德与法治》教材使用的验证

七年级《法治初探》系列活动方案

一、学情分析

随着年龄和阅历的增长，初中学生的生活经验、社会见闻不断丰富，初步感受到法律与自己的生活息息相关。但由于他们的生理发育、心理发展还不成熟，思维水平和社会经验有限，对法律的认识比较片面。一提起法律，他们可能会更多地联想到威严、强制性，很少能想到法律的保障作用；也有学生违法犯罪却浑然不知，缺乏法律意识。我校作为法治教育基地，为增强学生法治意识，提高学生法治素养，针对七年级上期学生特别开设了《法治初探》系列活动，帮助学生尊法、学法、守法、用法，增强法律意识，健康成长。力图引导学生全面认识法律，体会法律让生活更美好，开启学生的法治教育之旅，同时，也为后续的法律学习奠定基础。

二、教材解读

本课所依据的课程标准的相应部分是"成长中的我"中的"心中有法"。具体对应的内容标准是："理解任何违法行为都要承担相应的法律责任，受到一定的法律制裁""知道法律对未成年人的特殊保护""知道不良心理和行为可能发展为违法犯罪，增强自我防范的意识"。

当学生对法律有了初步的了解，还需要进一步认识法律的公平正义。因此，本课结合学生实际，通过前置学习、分组准备、讨论拟订、模拟庭审、旁听交流等教学活动，让学生在实践参与中获得鲜活的法律知识，了解庭审各个角色的职能，让学生通过对法律知识的运用去维护庭审中的公平与正义，在实践中提升自己的法律素养。

三、教学目标

法治观念：通过参与典型案例的模拟庭审过程，感受法庭的公正与严肃性，增强法治意识，提升法治素养，做到尊法、学法、守法、用法。

责任意识：通过对真实角色（审判人员、公诉人、辩护人）的扮演，产生各自角色的角色意见，能从庭审参与工作人员的身份去思考和践行职责。

道德修养：学生通过模拟庭审，在实践中懂得相关法律知识，能够养成遵纪守法的良好道德品质。

四、教学过程

（一）前置学习

教师活动：让学生观看法治短剧《风筝》，了解犯罪嫌疑人从不良行为一步步走向违法犯罪的过程。

将学生分为四个组：审判组、公诉组、辩护组和旁听组。分别对各个小组进行培训。

学生活动：了解案情中的相关法律知识。

（二）议题驱动

教师活动：播放视频"走进法治校园"，引出核心问题：如何对犯罪嫌疑人进行审判？

学生活动：思考问题，合作探究。

（三）情境模拟

教师活动：指导审判组、公诉组、辩护组的同学模拟一场庭审。在合议休庭时，探究旁听席的作用。审判组给出审判结果。

学生活动：模拟庭审，角色扮演，深度参与，感受庭审的威严与公正。

（四）进行评价

教师活动：播放视频，引导学生对模拟庭审的过程和结果说出感受并评价。

学生活动：探究量刑误差的原因，说出观看真实庭审视频后的感受，在教师的引导下对模拟庭审进行评价。

八年级生物、地理、道法组跨学科主题融合活动方案

一、教学目标

了解成都建设绿色公园城市的理念和原则,培养环境保护意识;

以项目研究的方式,观察湿地的景观、水源、动植物等特点,分析湿地生物与地理环境之间的关系,尝试用所学知识解答疑问、发现规律,践行知行合一;

利用生物、地理等学科知识,研究湿地功能,深刻理解人地和谐发展的意义;

走进身边的湿地公园,关注公园城市的建设,关心家乡、关心社会,了解祖国发展的日新月异,培养热爱家乡、热爱大自然的情感,成为绿色生活的践行者。

二、实地考察

学生选择一个主题类型,收集所选择主题的相关信息,为绘制小报或录制微视频准备素材。

参考主题:

主题一:探究湿地功能。观测湿地的气温、湿度、风向等气象要素,查阅电子地图,寻找水的来源、绘制水系,探究湿地在调节气候、涵养水源等方面的作用。

主题二:了解湿地内的物种。利用相关App进行扫描,了解它们的生长特性,分析生物与地理环境之间的关系。

主题三:关注湿地中存在的环境问题。用照片的形式记录湿地之中的环境问题并且提出相关解决措施,为保护湿地献计献策。

主题四:体验湿地公园的游玩或运动项目。思考这些项目的开展利用了哪些地形、地貌等自然环境。

主题五:走访家附近的湿地公园,了解公园城市经济新业态,理解

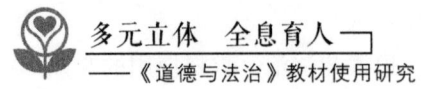

"有风景的地方有新经济"的公园城市发展蓝图。为祖国74岁生日献礼，拍下国旗元素与公园结合的照片。

三、小组合作

以小组的形式展示活动方案，教师结合实际进行评价，指导学生修改完善。

学生根据设计的方案，结合自身特点，小组讨论分工，确定角色任务，完成表格填写。

角色	姓名	任务
协调员		协调组间关系，组织组内讨论
监测员		监测活动实施进程，保障活动有序开展
实施者		收集相关资料，拍摄照片视频
……		……

教师出示成果呈现方式，学生根据兴趣和实际二选一。

（一）湿地保护宣传小报：绘制成都某一湿地公园环境地图

包括要素：成都湿地公园布局、相关动植物介绍、保护途径、醒目的宣传标语。

可用延伸、放大等方式标记该湿地生态系统中的生物种类，图文并茂地介绍该物种及与其他生物、地理环境之间的关系。

（二）研学微视频

要求：有突出主题，有封面、字幕，10分钟以内。以"班级＋姓名＋题目"的方式命名后，发送到教师邮箱。

注：活动均以小组为单位，6人一组。

四、成果展示

小组根据所选的呈现方式，在课中进行组间评价。

（一）宣传小报分享

课前收集小组的宣传小报作品并粘贴在教室周围，各小组有秩序地巡回观赏，借助教师发放的星级评价单进行小组评价，记录小报亮点和提出的建议。

小报评价标准		评价星级	自我评价	同伴评价
主题突出				
内容	包含4个要素，内容适宜具体			
	语句通顺流畅，字迹清晰工整			
整体布局	图画丰富，色彩搭配和谐，整体美观			

（二）微视频分享

教师将小组视频拷贝到电脑，按小组顺序依次播放，借助教师发放的星级评价单进行评价，记录微视频亮点和提出的建议。

微视频评价标准		评价星级	自我评价	同伴评价
主题突出				
内容	视频板块之间具有逻辑性			
	有一定吸引力，适当创新			
整体感受	视频清晰流畅，音乐使用恰当			

八年级上册《法不可违》教学设计

一、内容分析

《法不可违》包括"违法无小事"和"警惕身边的违法行为"两个板块。"违法无小事"强调法律是强制的社会规则，不违法是人们行为的底线；让学生明白什么是违法行为，能够分清楚民事违法行为、行政违法行为和刑事违法行为。"警惕身边的违法行为"主要帮助学生了解身边的行政违法行为，理解民法用规定权利和义务的方式来规范平等的社会成员之

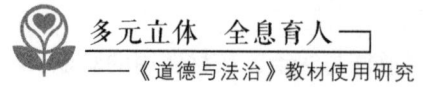

间的关系；遵章守法是社会和谐的保证，我们要认识一般违法行为的危害，自觉依法规范自己的行为。

二、教学目标

知识目标：知道什么是违法行为，了解违法行为的类别，懂得依法规范自身行为。树立应用法律和查询法律的意识，了解常见法律条文。

能力目标：逐步形成自觉按照社会要求规范自己活动的能力，远离违法行为。

情感态度与价值观目标：树立法律意识，增强守法观念，警惕身边的违法行为。

三、学生特征分析

通过平时的观察与了解，八年级学生法治观念尚未牢固树立，一方面，他们情绪不稳定，做事易冲动；另一方面，对法律相关知识了解不多，法治观念淡薄，如果没有接受相关的法治教育，极易造成违法行为。在课堂上，八年级学生具备了一定的自主学习、合作讨论的能力，能够积极主动地分享展示自己的想法，能够在观察、分析中有所感悟，但小组分工合作的方法、展示自己独特见解的能力、参与社会实践活动的能力等还需要进一步提升。

四、教学策略选择与设计

以"让学引思"的课堂教学理念为指引，让学生在情境中感悟法律是最刚性的社会规则，不违法是人们行为的底线；在自主学习、构建知识体系中掌握知识，理解违法行为及其类别；在自主比较、质疑释疑中清楚地分辨不同的违法行为；引领学生在分组讨论、比较分析、分享展示、案例分析等活动的基础上反思自己的言行举止，认清自己身边的违法行为，逐步增强法治观念、树立法律信仰，知道法不可违，警惕身边的违法行为，自觉远离和抵制违法行为。

五、教学重点及难点

教学重点：理解为什么说违法无小事。确立依据：本课的主要目标就是对八年级学生进行法不可违、违法无小事的教育，通过介绍法律规范的社会作用，说明法律规范的重要性，它是最刚性的社会规则，不违法是人们的行为底线。

教学难点：知道如何警惕身边的违法行为。确立依据：这部分内容主要聚焦身边的一般违法行为，分析行政违法行为、民事违法行为的特点和危害，学习如何警惕身边的违法行为，身边常见的违法行为有哪些，该如何防患于未然。

六、教学过程

（一）故事导入、场景激趣

教师活动：播放"高铁霸座男"视频片段。让学生思考：对"高铁霸座男"中的这个情境有什么看法？在现代社会，"霸座男"这样做合适吗？

学生活动：观看视频，思考并回答问题。

设计意图：视频展示，激发学生探究的兴趣，引发学生对法律及法不可违的思考。

（二）问题导读、新知研讨

教师活动：法律作为一种行为规范，为人们的行为提供一个模式、标准或方向。法律是评价人们的行为是否合法有效的准绳。法律是最刚性的社会规则，不违法是人们的行为底线。

学生活动：阅读材料，认真思考问题。结合教材内容和文字、图片材料，理解不违法是人们行为的底线。

设计意图：引导学生了解什么是违法行为及其导致的后果，增强学生用法律的眼光辨识自己行为的能力，增强法治意识，做到不违法。同时，该活动具有联系学生实际的生活经验、激发学生思考、活跃学生的思维、开启下文的作用。

（三）自主学习

教师活动：让学生研读课本第46～48页，思考：什么是违法行为？违

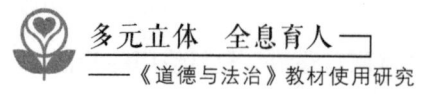

法行为可以分为哪几类?

学生活动:阅读教材,小组合作初步完成知识结构图并展示;提出问题,生生相互解答或师生共同解答。

设计意图:培养学生自主学习的能力,指导学生理解什么是违法行为及违法行为的类别。

(四)探究与分享

教师活动:让学生阅读教材第 47 页,思考:上述行为是不是违法行为?属于哪一类违法行为?你是如何分辨出来的?

学生活动:阅读材料、分组讨论、展示分享。

设计意图:引导学生在对比分析中分析民事违法行为、行政违法行为和刑事违法行为的不同表现、危害程度及所受处罚,了解违法行为的类别及其特点,帮助学生认识到违法的后果及其必然受到的处罚,增强学生的法治意识;培养学生的比较、分析和归纳能力。

(五)构建知识结构,比较分析

教师活动:让学生了解民事违法行为、行政违法行为和刑事违法行为之间有哪些区别和联系。

学生活动:构建完整知识结构图、分组讨论、展示分享。

设计意图:进一步理解分辨三类违法行为(社会危害、违反法律与法律责任不同),并进一步树立"法不可违"的思想。

小结:民事违法行为和行政违法行为的社会危害性较小,因而我们称它们为一般违法行为;刑事违法行为为严重违法行为,就是我们常说的犯罪。无论是一般违法行为还是犯罪,都要承担法律责任。

(六)警惕身边的违法行为

教师活动:让学生思考,以下案例各属于哪一类违法行为?可能会受到何种处罚?

1. 广西南宁市宾阳县两名青年男子身着仿二战期间日本军装在黎塘镇街道、车站等公共场所"作秀",引起群众围观,造成恶劣影响。

2.《结婚要交 5 000 元"二胎押金"?泸州女子造谣被罚 500 元》,四川泸州有网友发微博称,自己哥哥嫂嫂结婚,需要先交 5 000 元押金,不生二胎不退。微博发出以后,迅速在网上引起广泛传播。

3. 10月7日,某主播在直播过程中,肆意窜改国歌曲谱,嬉皮笑脸表现国歌内容,甚至还将国歌作为自己"网络音乐会"的"开幕曲"。经多名网友举报后,其直播间被封禁。

4. 艺龙旅行网使用"葛优躺"图片宣传本公司的旅游项目以及酒店预订,葛优认为侵犯了其肖像权,于是向法院起诉,索赔40万。

我们身边有类似的违法行为吗?这给了我们什么启示?

总结:我们要警惕身边的违法行为,增强守法观念,自觉规范自己的行为。

学生活动:阅读情境材料、交流讨论、合作学习、分享展示。

设计意图:引入第二目教学内容。通过真实案例分析,激发学生的学习兴趣、探究的热情和动力。

课堂渗透法律知识,对学生进行法治教育。设计的这些案例涉及行政违法行为、民事违法行为以及刑事违法行为旨在使学生初步认识不同违法行为的具体表现形式和相应的法律责任,感受其危害性,并在生活中加强防范。同时巩固学生对三类违法行为的理解与分辨,使其树立正确的法治观和人生观,知法守法。

(七)课堂小结

教师活动:让学生谈知识收获、谈树立遵守法律的意识和行为上的做法。

学生活动:学生个人积极总结发言。

设计意图:整理思路,形成体系;巩固新知,培养能力。

七、课后引导

在生活中践行:违法无小事、违法行为要承担责任、警惕身边的违法行为。

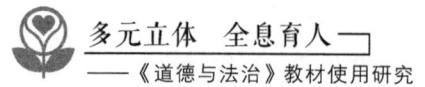

九年级上册《创新永无止境》教学设计

一、学习目标

知识目标：了解我国科技创新的现状；明白如何建设创新型国家；知道个人和企业应该如何创新。

能力目标：学会分析问题、解决问题，具备分析归纳的能力。

情感态度与价值观目标：在实际生活中树立创新意识，努力学习，培养自己的责任感，为建设创新型国家而努力。

二、学情分析

在知识方面，学生对"创新"有一定的知识储备。

在年龄特点方面，九年级学生思维活跃，善于思考，是培养创新意识和精神的重要时期。

三、教学重难点

教学重点：建设创新型国家的重要性以及建设创新型国家的重要举措。

教学难点：树立科技创新强国意识，理解创新精神。

四、教学过程

（一）藏头诗

教师活动：展示藏头诗。

提问：猜猜这首诗是谁写的，蕴含了什么精神？总结学生回答的要点，引出本课主题。

学生活动：回答问题，进入课堂情境。

第七章 中学《道德与法治》教材使用的验证

（二）走近北斗：我国科技创新的现状

教师活动：播放视频"走近北斗"。

提问：除了"北斗三号"卫星系统外，我国在科技创新领域还取得了哪些重大成就？

图片展示科技创新的成就，教师进行补充。

追问：我国在科技创新领域的成就是否意味着我国已经是创新强国，已经步入创新型国家的行列？为什么？

展示中美创新能力及相关经济发展对比表，小组讨论分析其不同。

学生活动：观看视频，回答问题；观看图片，小组讨论；结合相关案例，总结我国科技创新的现状。

（三）点亮北斗：建设创新型国家的措施

教师提问：北斗卫星导航系统完成全球星座部署是我国科技创新能力增强的体现。"北斗三号"卫星系统的正式开通需要具备哪些条件？

引导学生分析视频，得出建设创新型国家的措施。

学生活动：结合问题，小组讨论，回答问题；在教师引导下得出建设创新型国家的措施。

九年级上册《民主与法治》单元整合设计

一、教学目标

政治认同：爱国爱党，坚定不移地走中国特色社会主义法治道路。

道德修养：培养主人翁精神，做合格的公民。

法治观念：学会依法参与公共事务，以理性、公正、客观的态度看问题，逐步提高依法有序参与民主生活的能力。

健全人格：凝聚起法治共识，能够自觉在宪法和法律内行使权利，履行义务。

责任意识：增强社会责任感和主人翁意识。

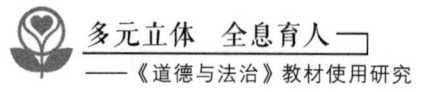

二、教学过程

（一）课堂导入

教师活动：播放视频"公园城市·诗韵天府"。提问：谁可以来保护湿地？如何保护湿地？

学生活动：欣赏视频，进入课堂情境；让学生体会碧水蓝天的城市画卷，直接感受湿地对我们生活的重要性。归纳视频中呈现的问题，并追问学生结合湿地游历实际，提出湿地还存在哪些问题。

（二）合作探究

教师活动：抛出议题，引导学生进行合作探究。

议题：《中华人民共和国湿地保护法》于2022年6月1日开始施行，这是我国首部专门保护湿地的法律，标志着我国湿地保护工作全面进入法治化轨道的新阶段。成都司法局现就《成都市湿地保护条例（草案）》（征求意见稿）向全体成都市民公开征求意见。

学生活动：通过思考问题，并在全班交流分享，有利于培养学生的参政意识。同时，学生对参政议政渠道的了解，也有利于推进学生主动关心城市、社会、国家的发展，积极参与民主生活，为实现中国式现代化奉献能量。

三、课后小结

结合材料，运用民主与法治相关知识，分析说明成都市如何为湿地保护和生态建设贡献"成都智慧"。

登录成都市人民政府门户网站，通过网络理政，参与意见征集和立法征集（每人必须选择一项，通过书面用语提交个人或者小组的意见和建议）。

第八章 结 论

百年大计，教育为本，教育是社会发展的重要组成部分，它关系着国家的长治久安。教育应当随着时代的进步而不断前进，道德与法治作为九年义务教育阶段的德育课程，肩负着提升学生道德素质、促进学生全面发展、为国家培养人才的重要职责。优秀的道德与法治教学模式有助于培养学生的学科核心素养，能唤醒学生对道德与法治学科的兴趣，有助于提高学生的协作能力，能促进学生的团队合作意识，有助于在生活中践行道德，将道德生活作为基本的生活方式。多元立体、全息育人是现代教育的重要理念，是推动学生全面发展的有效途径。在《道德与法治》教材的使用研究中，我们总结出以下几点经验，以达到多元立体、全息育人的目的。

一、明确目标，精心设计

（一）明确核心素养目标

道德与法治是义务教育阶段的思政课程，旨在提升学生思想政治素质、道德修养、法治素养和人格修养等，增强学生做中国人的志气、骨气、底气，为培养以实现中华民族伟大复兴为己任的有理想、有本领、有担当的时代新人打下牢固的思想根基。在此之下确立了以政治认同、道德修养、法治观念、健全人格和责任意识为主要内容的五大学科核心素养目标。这五个方面的核心素养相互交融、各有侧重，不可互相替代，覆盖了道德与法治的全部课程内容。既突出了课程在培养时代新人方面的独特贡献，符合义务教育阶段学生的发展特征，又与高中思想政治学科核心素养保持衔接，体现了育人方式的阶梯式上升和培养目标上一致的一体化设计。因此，学科核心素养作为教师进行教学设计与教学实施的风向标，从学习角度讲，探究活动应使学生掌握本堂课的基本知识与技能；从素养培育来看，探究活动的设计应更关注于培养学生自主学习、独立思考、逻辑思维能力、合作交流技巧等。以核心素养目标为指导，精心设计教学内容和教学活动。同时，也要充分考虑学生的年龄特点和认知水平，使教学内容更加贴近学生的实际需要。

（二）以《义务教育课程方案和课程标准（2022年版）》作为纲领性指导

《义务教育课程方案和课程标准（2022年版）》是指导教学模式构建的纲领性文件，在课程的基本理念、课程目标、课程内容、学业质量及课程实施建议等部分都做了明确详细的阐述，提出了面向全体学生的学习基本要求。课程标准是教师进行教学设计的指挥棒，它为教师备课明确了教学目标、检测标准等，教师在设计探究式教学目标时应与课程标准对学生的培养要求一致。教师在制定教学目标时，要总体浏览课程标准对本节课的要求，还应重点关注不同学段的内容要求及教学提示，尽可能地多角度全方位地考虑问题，设计目标，有助于学生自主建构知识。在道德与法治课教学设计过程中，首要应参考课程标准，使教学设计符合学生身心发展规律的同时保证学生核心素养的实现。同时应注意在实际教学中将教学目标尽可能简洁化，从而保证课堂教学中教学目标的顺利实现。

二、高效实施，全息育人

（一）创设合理情境

在道德与法治教学中，一方面，将具有情境代入感、具有鲜活时代气息、贴近学生思想行为特点的教学内容融入教学，体现价值、真实可信、具有典型的代表性。第一，体现价值，选择有利于培养学生的思想道德、政治素养和法纪意识的教学素材，充分展现社会主义核心价值理念和正确的道德观念。第二，强调真实可信，以学生为中心，贴近学生认知的现实社会和现实生活，注重社会大事与身边小事的结合。第三，关注典型性和代表性，教学素材的选择要符合新时代、新思想、新要求，应具有一定的普遍性和代表性。

另一方面，情境创设要科学合理。教师要对情境素材进行调整、加工和打磨，明确其指向性，更好地为课堂教学服务。从剧本创编等经验看，情境创设要尽可能做到一个教学内容贯穿一个主题，以采取"一事一例"

为主，采取多例时要分清主次和先后顺序，且各案例都要围绕主题进行。情境创设要坚持与教学目标相一致，实现教学方法为教学目标服务的价值需要。情境的合理创设，也离不开教师教学艺术的运用，需要借助授课语言、表情、动作等引导学生更好地融入情境之中。

（二）营造全息氛围

在课堂上，要全面激活情境体验的课堂氛围，实现全环境、全氛围、全资源的全息育人。新课程提倡的教学理念强调以学生的"学"评价教师的"教"，要充分调动学生的主体性。

第一，教师要改进提问技巧，引导学生自我思考、合作探究等，教师作为课堂活动的指导者，要学会把控课堂节奏，加强与学生的沟通交流。如设置两难情境问题、采取多种提问方式、情境问题要注意启发性等。

第二，学生应提升自我知识储备，拓宽认知的范围和深度，保持探究教学内容的积极性，主动参与，在激发自我意识中转变认知、提高思维水平。一方面，学生要转变对道德与法治教学的固有观念，认识到道德与法治课是对自身价值观念的塑造，创设的情境是为自身的成长以及未来的生活服务的，应积极在情境中进行价值辨析，在实际生活中遇到类似的情境时能够举一反三，做出正确的价值选择。另一方面，学生应该积极拓宽认知广度，挖掘知识的深度，学习各方面的知识和技能。

第三，学校要营造全方位的育人氛围。学校是学生学习生涯中活动时间最长的场所。因此，学校需要对校园文化认真打造，发挥学校每一面墙壁、每一个功能区域的育人功能。例如：学校的教学区、运动区和生活区，均要有不同的主题，发挥其育人功能。鼓励教学活动走出教室，走进校园。在不同的区域可以开展不同的校园实践活动，为学生的发展提供良好的环境支持。同时，也要注重教学方式的多元化，让学生在不同的教学环境中得到全面的发展。

三、多方合力，鼓励践行

道德与法治教育是一个长期的过程，需要学校、家庭、社会多方合力，共同推进。学生在课堂中参与课堂教学，在课后复习巩固所学知识，在阅读与学习中不断提升认知能力，学生的健康成长和发展离不开家庭、

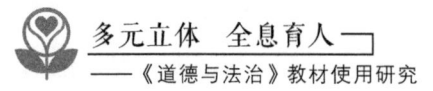

多元立体　全息育人
——《道德与法治》教材使用研究

学校和社会的多方面的引导和教育。学校要注重教育教学质量，家庭要注重家庭教育，社会要注重社会责任。只有这样，才能够真正实现多方合力下的全息育人。

（一）家庭协助育人

教育不只是学校的责任，家庭也是孩子成长的重要环境。在教学实践中，需要注重家庭教育的重要性，加强家校合作，让家庭成为学生道德与法治教育的重要阵地。怀特海（Alfred North Whitehead）曾经说过，教育所要传授的是一种深刻和特殊的知识，这种知识与知识掌握者的生活有着特殊的关系。[1] 家庭是儿童接受教育的最初场所，父母是进行生活化教育的第一任教师。在家庭中，家长要关爱孩子，以真情换真情，拉近亲子关系。学生的健康成长与家长的付出是成正比的，家长通过言传身教，让学生在充满正能量的榜样环境里，耳濡目染，内化为自己的道德行为。

（二）社会力量参与

社会也是学生成长的重要环境之一。在教学实践中，需要注重社会力量的参与，加强学校与社会的联系，让社会成为学生道德与法治教育的重要支撑。社会各方要承担起在培育年轻一代的责任，引导学生融入社会情境和生活情境。将道德与法治教学拓展到社会场域中去，在自己的生活中进行道德实践。让道德与法治课真正活起来，更好地引领学生成长，促进学生德性养成，使学生成为道德自觉、自为的人，增强学生的公民意识，培养独立人格精神。在教学实践中，可以通过社会实践、社会调查等方式，让学生了解社会现实，法律意识、公民意识、国家意识。

综上所述，多元立体、全息育人是推动学生全面发展的有效途径。在《道德与法治》教材的使用研究中，我们深入探讨了教材使用的方法和策略。我们相信，只有在多元立体、全息育人的教育理念指导下，才能够更好地培养出道德素养高和法治意识强的新时代人才。

---

[1]怀特海.教育的目的[M].徐汝舟，译.北京：生活·读书·新知三联书店，2002：21.

结　语

当前，我国教育的根本目的在于培养德、智、体、美全面发展的社会主义建设者和接班人。因此，各学校应当把德育摆在首要位置。马克斯·范梅南（Max Van Manen）认为教育是一种"使命"，是一种"召唤"，当孩子在呼喊我们的时候，他们是在召唤我们。教育的召唤就是那种召唤我们聆听孩子需求的召唤。[1] 道德与法治要深入学生内心世界，聆听学生的内心呼唤，引导学生不断反思自身生活，在生活实践中体会"做人"是一个无止境的过程。这样，教师便能更好地理解处于"未完成"状态下的学生，全身心地去感受他们在真实生活中所遭遇的一切，然后运用自己的教学智慧启发学生建构自己的生活。道德与法治的实施过程是一个教学相长的过程，师生融入各自生命情感进行"对话"，一起建构更美好的生活。

《道德与法治》教材的问世，不仅是适应社会发展的需要，更是新时代中国特色社会主义发展的需要，是我们践行社会主义核心价值观，实现伟大中国梦的需求，是建设社会主义伟大强国的历史使命。道德与法治教学研究，进一步丰富了教学的相关理论，并为课堂提供有效的教学设计与实施策略，便于本课程的教师更好地实施课堂教学，充分发挥道德与法治课堂的价值，为教学设计的优化提供了新思路。提出了具体的教学设计案例分析，具有一定的参考性和可操作性。

此外，本书还存在一些值得探讨的问题，如道德与法治课堂教学设计需要在实践中不断进行反思与探索，实践样本量还需要扩大，让道德与法治课真正活起来，更好地引领学生成长、促进学生德性养成。再如目前对于道德与法治教学的探索也主要聚焦于线下课堂，对于如何在网络环境下开展课程学习、如何拓展实施课外合作学习等创新形式还未进行深入的理论思考与实践探索。在未来的研究中，还需要借鉴最新的教育教学理论，

---

[1] 马克斯·范梅南. 教学机智——教育智慧的意蕴[M]. 李树英，译. 北京：教育科学出版社，2001：35.

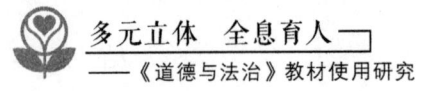

结合教学实践进一步探索课内＋课外、线上＋线下的道德与法治课合作学习创新模式，并将合作学习与学生的自主学习、探究学习、项目式学习等学习方式相结合，更好地推动由教到学、以学定教的课堂变革。

参考文献

一、专著

[1] 雅斯贝尔斯. 什么是教育［M］. 上海：三联书店，1991：26.

[2] 杜威. 民主主义与教育［M］. 魏莉，译. 武汉：长江文艺出版社，2018：21.

[3] 吉纳·E. 霍尔，雪莱·M. 霍德，实施变革：模式、原则与困境［M］. 吴晓玲，译. 杭州：浙江教育出版社，2004：11.

[4] 罗伯茨，普鲁伊特. 学习型学校的专业发展——合作活动的策略［M］. 赵丽，刘冷馨，等. 译. 北京：中国轻工业出版社，2004：5.

[5] 帕克·帕尔默. 教学勇气——漫步教师心灵［M］. 吴国珍，余巍，译. 上海：华东师范大学出版社，2005：3.

[6] 乔伊斯. 教学模式［M］. 荆建华，等译. 北京：中国轻工业出版社，2002：15.

[7] 约翰·杜威. 杜威教育论著选［M］. 赵祥麟，王承绪，译. 上海：华东师范大学出版社，1981：5.

[8] 焦尔当，裴新宁. 变构模型——学习研究的新路径［M］. 任友群，编. 北京：教育科学出版社，2010：187.

[9] Goodlad·J·I. Curriculum Inquiry：The Study of Curriculum Practice［M］. New York：M Graw-Hill，1979：5-16.

[10] 莱斯利. 教育中的建构主义［M］. 高文，译. 上海：华东师范大学出版社，2002：35.

[11] 伯纳德·威廉斯. 道德运气［M］. 徐向东，译. 上海：译文出版社，2013：2.

[12] 曾天山. 教材论［M］. 南昌：江西教育出版社，1997：23.

[13] 崔允漷. 学校课程实施过程质量评估［M］. 上海：华东师范大

学出版社，2017：15.

[14] 大卫·库伯. 体验学习——让体验成为学习和发展的源泉 [M]. 上海：华东师范大学出版社，2008：61-73.

[15] 加涅. 教学设计原理 [M]. 上海：华东师范大学出版社，2007.

[16] 教育部. 义务教育《道德与法治》课程标准（2022年版）[M]. 北京：北京师范大学出版社，2022：4.

[17] 马克思恩格斯选集（第1卷）.[M] 北京：人民出版社，1995：56.

[18] 孔凡哲，张恰. 教科书研究方法与质量保障研究 [M]. 长春：东北师范大学出版社，2015：81.

[19] 夸美纽斯. 大教学论 [M]. 傅任敢，译. 北京：教育科学出版社，2001：124.

[20] 理查德·保罗，琳达·埃尔德. 批判性思维工具 [M]. 侯玉波，译. 北京：机械工业出版社，2017：4.

[21] 林崇德. 教育与发展 [M]. 北京：北京师范大学出版社，2002：611.

[22] 林月霞，郭华. 深度学习：走向核心素养 [M]. 北京：教育科学出版社，2018：31.

[23] 鲁洁. 道德教育的当代论域 [M]. 北京：人民出版社. 2005：300.

[24] 鲁洁. 品德与社会（教师用书）（三年级上）[M]. 南京：江苏教育出版社，2002：2-4.

[25] 马克斯·范梅南. 教学机智——教育智慧的意蕴 [M]. 李树英，译. 北京：教育科学出版社，2001：35.

[26] 马云鹏. 课程与教学论 [M]. 北京：中共广播电视大学出版社，2005：249.

[27] 尼葛洛庞帝. 数字化生存 [M]. 胡泳，范海燕，译. 海口：海南出版社，1997：7.

[28] 皮亚杰. 发生认识论原理 [M]. 北京：商务印书馆，1993：186.

[29] 全国十二所重点师范大学. 教育学基础 [M]. 北京：教育科学出版社，2014：211.

[30] 盛群力. 现代教学设计论（修订版）[M]. 杭州：浙江教育出版社，2010.

[31] 王春易，赵继红. 从教走向学——在课堂上落实核心素养[M]. 北京：中国人民大学出版社，2020.

[32] 习近平. 思政课是落实立德树人根本任务的关键课程[M]. 北京：人民出版社，2020：21.

[33] 余林. 课堂教学评价[M]. 北京：人民教育出版社，2013：227.

[34] 余灵灵. 哈贝马斯传[M]. 石家庄：河北人民出版社，1981：181.

[35] 钟启泉. 课堂研究[M]. 上海：华东师范大学出版社，2016：17.

[36] 朱永新. 苏霍姆林斯基教育箴言[M]. 北京：科学教育出版社，2016：58-59.

[37] 佐藤学. 教师的挑战：宁静的课堂革命[M]. 上海：华东师范大学出版社，2011：4.

二、期刊

[1] 曾家延，崔允漷. 学生使用教科书研究：教材研究的新取向[J]. 课程·教材·教法，2019（11）：67-74.

[2] 陈碧珍. 当前我国道德与法治课程实施的现实困境及路径探析[J]. 教育观察，2021，10（19）：10-12.

[3] 陈芬. 小学道德与法治课程"开放式教学法"[J]. 基础教育论坛，2020（27）：75.

[4] 程伟. 教材中的优秀传统文化教育——以统编小学道德与法治教材为例[J]. 基础教育课程，2022（2）：12-18.

[5] 程伟. 新中国成立以来小学德育教材建设的回顾与展望[J]. 基础教育课程，2021（13）：58-65.

[6] 丁铁. 谈初中道德与法治课程教学生活化[J]. 学科教育，2020（27）：83.

[7] 冯建军. 构建德智体美劳全面培养的教育体系：理据与策略[J].

西北师大学报（社会科学版），2020，57（3）：5-14.

[8] 冯建军. 义务教育道德与法治课程理念 [J]. 课程·教材·教法，2022，42（6）：20-28.

[9] 冯建军. 义务教育道德与法治课程性质 [J]. 思想政治课教学，2022（5）：4-10.

[10] 冯增俊. 美国小学德育课程模式历史转型及启示 [J]. 教育研究，2003（12）：51-56.

[11] 高柏. 道德与法治课程立德树人教育目标的偏离与复归 [J]. 教学与管理，2020（25）：66-69.

[12] 高维，路璐. 统编教材与国家认同——小学道德与法治教材中的国家认同教育内容研究 [J]. 基础教育课程，2020（19）：56-62.

[13] 高维，王安雯. 我们赖以教学的隐喻——统编初中道德与法治教材中的隐喻研究 [J]. 基础教育，2021，18（2）：53-64.

[14] 高维，颜蒙蒙. 统编教材与国家认同——统编初中道德与法治教材中的国家认同教育内容研究 [J]. 教育学报，2020（3）：34-43.

[15] 郭思乐. 德育的真正基础：学生的美好学习生活——论教学生态在德育中的地位 [J]. 教育研究，2005（10）：3-10.

[16] 郭元祥. "回归生活世界"的教学意蕴 [J]. 全球教育展望，2005，34（9）：32-37.

[17] 郭元祥. 论教育的过程属性和过程价值——生成性思维视域中的教育过程观 [J]. 教育研究，2005（9）：3-8.

[18] 韩迎春. 中国与新加坡中小学德育过程的设计比较 [J]. 河北师范大学学报（教育科学版），2010，12（8）：33-36.

[19] 胡斌武. 国外学科德育课程的实施模式 [J]. 重庆工学院学报，2006（1）：116-118.

[20] 胡满姣，徐卫平. 小学《道德与法治》教材的个性化使用 [J]. 教学与管理，2020（35）：58-60.

[21] 胡一鸣. 道德与法治课程教学方法新探 [J]. 湖北教育（教育教学），2020（8）：61.

[22] 黄慧. 解码新加坡德育 [J]. 中学政治教学参考，2018（26）：17-19.

[23] 黄玉华. 学有所值：道德与法治课教学的着力点［J］. 中学政治教学参考，2021（26）：9-11.

[24] 黄志成，王俊. 弗莱雷的"对话式教学"述评［J］. 全球教育展望，2021（6）：57-60.

[25] 姜春玲. 道德与法治学科核心素养的培育［J］. 中国教育学刊，2021（10）：107.

[26] 蒋健. 道德与法治课道德教育的路径探索——基于学习圈理论［J］. 中学政治教学参考，2021（46）：30-31.

[27] 李环. 让学生经历完整且有深度的道德学习过程［J］. 中国教育学刊，2021（7）：106.

[28] 李如密. 关于教学模式若干理论问题的探讨［J］. 课程·教材·教法，1996（4）：25-29.

[29] 李晓东，柯楠茜. 道德与法治课程的核心素养培育——基于《义务教育道德与法治课程标准（2022年版）》的解读［J］. 教师教育学报，2022，9（4）：48-54.

[30] 李晓东，李楠. 义务教育道德与法治课程的新要求及教学应对——以统编教材《道德与法治》（八年级上册）为例［J］. 天津师范大学学报（基础教育版），2022，23（4）：7-13.

[31] 李晓东. 议题式教学设计与实施中的几个关键问题［J］. 教学月刊中学版（政治教学），2019（1）：25-28.

[32] 李晔. 道德与法治课堂教学的具身性转向——以"公民基本权利"为例［J］. 中学政治教学参考，2020（36）：10-11.

[33] 李兆云. 向美而教：道德与法治审美化教学实践探索［J］. 中学政治教学参考，2020（28）：15-16.

[34] 梁淑芳. 浅谈如何在初中道德与法治课中充分发挥立德树人的作用［J］. 国家通用语言文字教学与研究，2022（2）：16-18.

[35] 刘儒德. 建构主义教学观［J］. 江西教育，2008（5）：41-41.

[36] 刘兆芙. 问题导向式的高校思想道德与法治课程教学模式探索［J］. 教育观察，2021，10（47）：95-98.

[37] 本刊编辑部. 素养导向，一体化设计道德与法治课程标准——《义务教育道德与法治课程标准（2022年版）》解读［J］. 基础教育课程，

2022（9）：23-29.

[38] 柳国辉. 教师课堂时间管理的误区与有效超越 [J]. 中国教育学刊，2014（7）：39-41.

[39] 鲁洁. 道德教育的根本作为：引导生活的建构 [J]. 教育研究，2010，31（6）：3-8，29.

[40] 鲁洁. 生活·道德·道德教育 [J]. 教育研究，2006（10）：3-7.

[41] 鲁洁. 做成一个人——道德教育的根本指向 [J]. 教育研究，2007（11）：11-15.

[42] 陆宏英. 课堂深度对话：内涵、特征及教学建构——以统编教材小学《道德与法治》教学为例 [J]. 上海教育科研，2021（12）：87-90.

[43] 路云，戴慧. 利用思辨性话题提升学生思辨力——以《道德与法治》七年级上册教材为例 [J]. 中学政治教学参考，2020（17）：23-25.

[44] 罗丽珍. "生活化"教育模式在小学品德与社会教学中的实践运用 [J]. 现代中小学教育，2018，34（4）：14-16.

[45] 马骥. 促进深度学习的道德与法治课堂建构——以"走近教师"为例 [J]. 中学政治教学参考，2021（34）：33-34.

[46] 马圆圆. 真实性评价：道德与法治课程教学评价的新路向 [J]. 内蒙古师范大学学报（教育科学版），2021，34（5）：117-122，146.

[47] 孟志海. 例谈情境教学法在思想品德课中的运用 [J]. 文教资料，2015（29）：155-156.

[48] 欧捷. 道德与法治一体化教学的有效策略 [J]. 中学政治教学参考，2021（26）：33-34.

[49] 攀峰. 论走向生活世界的教学目的观 [J]. 教育研究，2007（1）：24-29.

[50] 裴新宁，刘新阳. 为21世纪重建教育——欧盟"核心素养"框架的确立 [J]. 全球教育展望，2013（12）：90.

[51] 裴云. 美、日德育和社会课程对我国思想政治课程改革的借鉴意义 [J]. 内蒙古师范大学学报（教育科学版），2008，21（12）：80-83.

[52] 钱扑，辛敏芳. 中美社会科教材比较研究——以美国《学校与家庭》和中国《品德与社会》为例 [J]. 全球教育展望，2009，38（6）：82-86.

[53] 邱利见，刘学智. 守正创新：我国初中德育教材建设的回顾与展望[J]. 出版科学，2021，29（2）：23-31.

[54] 石晓芸. 重构·融合·统整·评价·创生——道德与法治混合式教学改革实践探索[J]. 中学政治教学参考，2022（10）：13-15.

[55] 石烨，刘长海. 日本小学"部编本"德育教材研究[J]. 上海教育科研，2019（1）：66-70.

[56] 孙彩平. 小学德育教材中儿童德育境遇的转变及其伦理困境[J]. 华中师范大学学报（人文社会科学版），2016，55（3）：162-170.

[57] 唐敏琪. 应用多种教学方法，提高小学道德与法治教学质量[J]. 科幻画报，2020（8）：135.

[58] 陶元红. 统编小学《道德与法治》中年段教材的编写特点与实施建议[J]. 课程·教材·教法，2019，39（10）：19-23，29.

[59] 王磊，刘军伟，张雪梅. 初中道德与法治的课堂特质与建构[J]. 人民教育，2021（12）：53-55.

[60] 王秀玲，季文华，丁祖全. 小学道德与法治课堂教学现状调研——以安徽省为例[J]. 中国德育，2019（16）：31-37.

[61] 魏新强. 新加坡学校德育途径及启示[J]. 中国青年研究，2010（8）：104-108.

[62] 吴呈苓. "再生"与"复古"之间：日本2017年版《学习指导要领》述评[J]. 外国中小学教育，2018（6）：1-7.

[63] 吴康宁. "互联网＋教育"背景下高中思想政治混合式教学模式探究[J]. 中学课程辅导（教师教育），2020（16）：118.

[64] 吴小翠. 体验式教学在初中道德与法治课程中的运用[J]. 亚太教育，2022（5）：88-90.

[65] 吴勇军，高立. 培育深度思维的道德与法治课堂实践[J]. 中学政治教学参考，2021（22）：55-57.

[66] 向颖，何国良. 多元评价促进学生发展[J]. 思想政治课教学，2019（8）：77-80.

[67] 向颖，黄琳琳. 初中道德与法治"即时评价"的课堂实践[J]. 思想政治课教学，2021（5）：46-49.

[68] 辛继湘. 教学论实践智慧的缺失与重建[J]. 课程·教材·教

法，2011，31（3）：13-17.

[69] 徐诞. 知行合一方得始终——小学道德与法治学科教师素养的现实建构[J]. 小学教学研究，2019（20）：28-30.

[70] 徐静. "体验式"教学在小学道德与法治教学中的应用[J]. 教育实践与研究，2018（9）：12.

[71] 严仲连，马云鹏. 论课程价值的实现与理性选择[J]. 教育理论与实践，2010（11）：40.

[72] 杨彩霞，邹晓东. 以学生为中心的高校教学质量保障：理念建构与改进策略[J]. 教育发展研究，2015（3）：30-44.

[73] 杨一鸣，王磊. 彰显国家意志促进人的全面发展——新时代初中《道德与法治》教材编写思想刍议[J]. 中国教育学刊，2018（4）：12-17.

[74] 易连云，易然. "学科逻辑"与"实践使命"：道德与法治课程建设思考——基于学校德育要素分析[J]. 教育文化论坛，2022，14（3）：23-28.

[75] 殷久华. 初中道德与法治教学设计应力求返璞归真[J]. 中学政治教学参考，2022（2）：6-9.

[76] 俞红珍. 教材的"二次开发"：涵义与本质[J]. 课程·教材·教法，2005（12）：9-13.

[77] 虞明霞，陈艳. 初中道德与法治教学新样态之构建[J]. 中学政治教学参考，2021（38）：48-49.

[78] 张克新，徐永胜. 新时代初中道德与法治学业评价改革十大关键词[J]. 中学政治教学参考，2021（26）：72-74.

[79] 张松祥. 我国中小学"副科"悖论的误导及其弊治[J]. 教育理论与实践，2013，33（11）：3-6.

[80] 张益. 试论大、中学道德与法治教师专业素养的培育与衔接[J]. 现代基础教育研究，2015，17（1）：88-92.

[81] 张召永. 用评价体系引领道德与法治教学[J]. 中学政治教学参考，2020（28）：65-68.

[82] 章乐. 小学德育课程实效性的提升策略——兼论统编小学道德与法治四年级教材的特点[J]. 课程·教材·教法，2019，39（10）：24-29.

[83] 赵健. 从学习创新到教学组织创新——试论学习共同体研究的理

论背景、分析框架与教学实践［J］. 教育发展研究，2004（7-8）：18-20.

［84］郑金洲. 重构课堂［J］. 华东师范大学学报（教育科学版），2001（3）：53-63.

［85］钟启泉. 教育改革的核心在于教师专业发展［J］. 基础教育论坛，2017（7）：3-5.

［86］周凤霞. 聚焦问题与提问——初中道德与法治教学中对问题与提问有效性的思考［J］. 牡丹江教育学院学报，2021（10）：126-128.

［87］周序. 核心素养：从知识的放逐到知识的回归［J］. 课程·教材·教法，2017，37（2）：61-66.

［88］朱丽. 从"选拔为先"到"素养为重"：中国教学评价改革40年［J］. 全球教育展望，2018，47（8）：37-47.

［89］朱民. 对教学模式理论的认识和实践——启发研究式教学模式的构建与应用［J］. 化学教育，1998，19（3）：4-7.

［90］朱小蔓，王坤. 初中《道德与法治》教材使用对教师的期待与引领［J］. 中国教育学刊，2018（4）：24-28.

［91］冉亚辉. 我国义务教育阶段德育新课程现状及其评析——以人教版义务教育阶段德育教材为样本［J］. 教育与教学研究，2010，24（6）：96-100.

三、硕博论文

［1］常爽爽. 初中《道德与法治》课堂生态优化策略研究［D］. 信阳：信阳师范学院，2022：11-12.

［2］郭艺倩. 中英两国中学德育课程比较研究［D］. 乌鲁木齐：新疆师范大学，2016：26.

［3］黎圆圆. 小组合作学习在初中《道德与法治》教学中的运用研究［D］. 洛阳：洛阳师范学院，2022：2.

［4］李紫娴. 情境教学法在初中道德与法治课教学中的运用研究［D］. 漳州：闽南师范大学，2022：39.

［5］刘瑜. 初中道德与法治"情境体验＋协作学习"教学模式研究［D］. 重庆：西南大学，2021：29.

［6］陆璐. 北欧青少年核心价值观教育研究［D］. 南京：东南大学，2019：57.

［7］骆云锦. 初中道德与法治课程实施现状调查及对策研究［D］. 西安：西安理工大学，2019：8.

［8］邱甜. 初中道德与法治课堂有效提问研究［D］. 扬州：扬州大学，2022：23.

［9］宋虹瑶. 小学德育校本课程开发现状及问题研究［D］. 海口：海南师范大学，2020：67.

［10］宋怡璠. 隐喻理论在对外汉语报刊阅读课的教学应用研究［D］. 西安：陕西师范大学，2020.

［11］田金雨. 小学德育教师队伍专业化研究［D］. 扬州：扬州大学，2019：78.

［12］王蕊. 英国隐性德育对我国高校思想政治教育的方法论启示［D］. 合肥：合肥工业大学，2014：36.

［13］王霞. 初中道德与法治课体验式法治教学研究［D］. 扬州：扬州大学，2022：26.

［14］邢敏. 新时代初中道德与法治生活化教学优化策略研究［D］. 合肥：合肥师范学院，2022：15.

［15］杨婧雯. 中国与新加坡中小学德育比较研究［D］. 上海：上海外国语大学，2018：78.

［16］叶艺雯. 初中道德与法治课优质提问研究［D］. 合肥：合肥师范学院，2022：21-24.

［17］易秋莎. 中英两国中小学德育课程比较研究［D］. 武汉：武汉纺织大学，2012：27.

［18］于洋. 案例教学法在初中道德与法治课法治教学中的应用研究［D］. 长春：吉林外国语大学，2022：28.

［19］郑晓晗. 小学依托校本课程实施生活德育的研究——以上海市Y小学为例［D］. 安庆：安庆师范大学，2020：23.

［20］李海波. 逆向教学单元设计在初中道德与法治教学中的应用研究［D］. 广州：广州大学，2022：2.

四、外文

[1] Costley Kevin C, Harrington Kayla. Character Education: A Growing Need in American Schools. Online Submission: 2012.

[2] D. W. Johnson, R. T. Johnson. New Developments in Social Interdependence Theory [J]. Genetic, Social, and General Psychology Monographs, 2005, 131 (4): 289.

[3] Faiz Melike, Dönmez Cengiz. Opinions of Some Nationals (North American, South Korean, Chinese, Indian, Turkish, and Latin American) on Some Concepts of Citizenship Education [J]. Universal Journal of Educational Research, 2017, 5 (4): 631-640.

[4] Ference Marton, Roger Saljo. On Qualitative Difference in Learning: Outcome and Process. British Journal of Educational Psychology, vol. 46, 1976, pp. 4-11.

[5] Harrist, R. Steven Richardson Frank C. Self and Other: Tensions within Modern Liberal Individual is mand Moral Education [C]. Forumon Public Policy Online, Oxford Round Table. 2006, 1.

[6] Hoge JohnDouglas. Core Values and Morality Perspectives in Contemporary American Society: An Educator's Point of View. 2001.

[7] Hollingshead Barbara, Crump Christi, Eddy Rochelle, RoweDina. Rachel's Challenge: A Moral Compass for Character Education [J]. Kappa Delta Pi Record, 2009, 45 (3): 111-115.

[8] Hymowitz Kay S. Bringingina New Era in Character Education [J]. Public Interes, 2003, 151: 104-109.

[9] Jennings P. A. CARE for Teachers: A Mindfulness Based Approachto Promoting Teachers' Social and Emotional Competence and Well Being [A]. Schonert Reichl K. A. &Roeser. R. W. (Eds.). Handbook of Mindfulness in Education [C]. Mindfulness in Behavioral Health, 2016: 133-148.

[10] NovakowskiJulia. Revisiting Pluralism and Multicultural is in

the Works of William James and W. E. B. Du Bois for Guidance in Education Today [J]. Philosophical Studies in Education, 2018, 49: 47-57.

[11] Pike, Mark A. British Values and Virtues: Schooling in Christianity and Character? [J]. British Journal of Religious Education, 2019, 41 (3): 352-360.

[12] Puolimatka, Tapio. Pluralism and Education in Values. Research Bulletin 74. 1990.

[13] Remillard·J·T, Heck·D·J. Conceptualizing the Curriculum Enactment Process in Mathematics Education [J]. The International Journal on Mathematics Education, 2014, 46 (5): 705-718.

[14] White, John. Should Religious Education Be a Compulsory School Subject? [J]. British Journal of Religious Education, 2004, 26 (2): 151-164.

五、网页及其他

[1] 国家主席习近平发表二〇二二年新年贺词 [N]. 人民网, 2021-12-31.

[2] 习近平. 用新时代中国特色社会主义思想铸魂育人, 贯彻党的教育方针落实立德树人根本任务 [N]. 人民日报, 2019-3-19 (1).

[3] 习近平主持召开学校思想政治理论课教师座谈会. [N]. 人民日报, 2019-03-19 (1-2).

[4] 杨振斌. 坚持立德树人培养时代新人 [N]. 光明日报, 2019-01-02 (6).

[5] 中共中央国务院印发深化新时代教育评价改革总体方案 [N]. 人民日报, 2020-10-14 (1).

[6] 教育部办公厅. 关于2016年中小学教学用书有关事项的通知 [EB/OL]. http://www.moe.gov.cn/srcsite/A26/moe_714/201604/t20160428_241261.Html. (2016-04-08).

[7] 我国学校德育体系将进入"五个德育"新境界. [EB/OL] https://m.sohu.com/a/293972791_176210.

[8] 中共中央办公厅国务院办公厅印发《关于进一步减轻义务教育阶段学生作业负担和校外培训负担的意见》[EB/OL]. http：//www. gov. cn/zhengce/2021-07/24/content_5627132. htm

[9] 中共中央国务院. 关于深化教育改革，全面推进素质教育的决定. [EB/OL] http：//old. moe. gov. cn/publicfiles/business/htmlfiles/moe/moe_177/200407/2478. html.

[10] 中华人民共和国教育部. 关于全面深化课程改革落实立德树人根本任务的意见[Z]. 2014-03-30.

[11] 中华人民共和国教育部. 全日制义务教育品德与社会课程标准（实验稿）[S]. 北京：北京师范大学出版社，2002：2.

[12] 教育部. 义务教育道德与法治课程标准（2022年版）[S]. 北京：北京师范大学出版社，2022.

[13] 刘美慧. 议题中心教学法在公民教育之应用 迈向二十一世纪的公民教育研讨会论文集[C]. 台北：台湾师范大学，1997：23-27.

[14] 郑爱香. 中华优秀传统文化在德育课程中的体现研究[C]//教育部基础教育课程改革研究中心. 2020年"区域优质教育资源的整合研究"研讨会论文集. [出版者不详]，2020：2. DOI：10. 26914/c. cnkihy. 2020. 049825.

后 记

不惑之年，作为一位所谓的高校教师，才诞生出第一部"学术型"著作，算是不幸。

一直以来，因为中师出身的"先天不足"，没有经过正规的学术训练，科研之路举步维艰，虽也写写论文、报报课题、做做研究……但总归都是小打小闹，申请一下校级、厅级课题，发点文章，挣点科研分，能完成学校的考核任务，也算是幸运。

有幸与优秀的同事共事，在他们的鼓励和帮助下，开始尝试申报高层次的课题，读文献、写本子、讨论、修改……好在运气不错，得到命运之神眷顾，在快步入中年之际，中了一个教育部人文社科青年课题。

有幸得到优秀的中小学领导的帮助。在需要教学案例之时，成都市泡桐树小学、成都市七中育才学校汇源校区的相关领导施以援手，提供了联合研究的机会，使著作的使用验证内容得以丰富。有幸加入高德胜老师门下。在华东师范大学学习期间，在具有浓厚学术氛围的师门里，我像一个混迹于偶像圈的粉丝，努力靠近，但又自惭行秽。老师的博学、老师的德行、老师的睿智，让我庆幸之余，又不敢对外自称是高门学子，担心有辱师门。

有幸成为一位母亲。因为社会角色赋予的责任，让我不能躺平摸鱼，为了给孩子创造更好的学习条件和学习环境，为了更好的榜样示范，只有踏实认真，一路前行。

感谢老师，感谢章乐师兄、唐燕师姐，学术偶像像一盏盏明灯，让我找到努力的方向，照亮前行之路；感谢黄艺竹校长、肖健书记，他们为我传递着教育者的情怀，让我在研究工作中不忘初心；感谢谢丽莎教授、晏祥辉教授、杨其勇教授、曾颖博士，在大家的帮助下，才能摸到学术之门，逐渐实现专业精进；感谢超生、卡比、抗抗，大家相互鼓励，不断进取，携手前行。